全国革命老区县发展史丛书·广东卷

平远县革命老区发展史

平远县革命老区发展史编委会 编

SPM 南方出版传媒 广东人民出版社
·广州·

图书在版编目（CIP）数据

平远县革命老区发展史 / 平远县革命老区发展史编委会编．—广州：广东人民出版社，2020.5

（全国革命老区县发展史丛书·广东卷）

ISBN 978-7-218-13931-9

Ⅰ.①平… Ⅱ.①平… Ⅲ.①平远县—地方史 Ⅳ.①K296.54

中国版本图书馆CIP数据核字（2019）第235952号

PINGYUAN XIAN GEMING LAOQU FAZHANSHI

平远县革命老区发展史

平远县革命老区发展史编委会 编　　　　　版权所有　翻印必究

出 版 人：肖风华

责任编辑：钱　丰
特约编辑：向路安
装帧设计：张力平
责任技编：周星奎

出版发行：广东人民出版社
地　　址：广州市海珠区新港西路204号2号楼（邮政编码：510300）
电　　话：（020）85716809（总编室）
传　　真：（020）85716872
网　　址：http://www.gdpph.com
印　　刷：广州市浩诚印刷有限公司
开　　本：715mm×995mm　1/16
印　　张：19.625　　插　页：7　　字　数：260千
版　　次：2020年5月第1版
印　　次：2020年5月第1次印刷
定　　价：70.00元

如发现印装质量问题，影响阅读，请与出版社（020-85716849）联系调换。

售书热线：（020）85716826

广东省编纂《革命老区县发展史》丛书指导小组

组　长：陈开枝（广东省老区建设促进会会长）
副组长：林华景（广东省老区建设促进会常务副会长）
　　　　宋宗约（广东省农业农村厅副巡视员、广东省老区建设促进会副会长）
　　　　刘文炎（广东省老区建设促进会副会长）
　　　　郑木胜（广东省老区建设促进会副会长）
　　　　姚泽源（广东省老区建设促进会副会长兼秘书长）
　　　　谭世勋（广东省老区建设促进会副会长）
　　　　廖纪坤（广东省农业农村厅总经济师）

办公室

主　任：姚泽源（兼）
副主任：韦　浩（广东省农业农村厅扶贫协作与老区建设处处长）
　　　　柯绍华（广东省老区建设促进会副秘书长）
　　　　伍依丽（广东省老区建设促进会副秘书长）

《平远县革命老区发展史》编委会

顾　　问：宋才华　杨　栋
主　　任：胡新文
副 主 任：肖桂华　陈琼宏　黄钧震　谢　平
委　　员：王志平　王远明　韩园德　李　程
　　　　　马志康　丘德尧
主　　编：谢　平
副 主 编：马志康
编　　纂：林丙新　张日光
审　　稿：中共平远县委党史研究室
　　　　　平远县人民政府地方志办公室

总序

在举国欢庆新中国成立70周年前夕，中国老区建设促进会王健会长请我为《全国革命老区县发展史》丛书作序，作为一名在老区战斗过并得到老区人民生死相助的老兵，回首往事，心潮澎湃，感慨万千，深感义不容辞，欣然应允。

中国革命老区，是以毛泽东为代表的中国共产党人在领导人民推翻帝国主义、封建主义和官僚资本主义三座大山，争取民族独立和人民解放伟大斗争中建立的革命根据地，在这片红色的土地上，诞生了无数可歌可泣的革命英雄儿女，为后人树起了一座不朽的丰碑，她是新中国的摇篮，是党和军队的根。

在艰苦卓绝的战争年代，老区人民把自己的命运与中华民族的命运紧紧地联系在一起，与中国共产党和人民军队的命运紧紧地联系在一起，他们生死相依，患难与共。我曾亲历过战争年代，并得到过老区红哥红嫂的救助，切身感受到发生在身边的一幕幕撼天动地的革命故事，在那极其艰难的条件下，老区人民倾其所有、破家支前，不怕艰难困苦，不怕流血牺牲。"最后一碗米送去做军粮，最后一尺布送去做军装，最后一件老棉袄盖在担架上，最后一个亲骨肉送去上战场"，这是当时伟大的老区人民为建立新中国做出巨大牺牲的真实写照，它将永远镌刻在中国共产党、中国人民解放军、中华人民共和国的历史丰碑上。他们的光辉业绩永载史册，他们的革命精神必将影响一代又一代的革命新人，造就一代又一代的民族脊梁。

在社会主义革命和建设时期，革命老区和老区人民响应党的号召，面对落后的面貌、脆弱的经济、恶劣的生态环境，他们本色不变，精神不丢，自力更生，艰苦奋斗，干一行爱一行。始终坚持"革命理想高于天"，自觉做共产主义远大理想的坚定信仰者和忠实实践者，勇于向恶劣的自然环境和贫穷落后宣战，他们在各条战线上为国建功立业，用平凡的双手创造了一个又一个不平凡的奇迹，彰显了老区人的崇高精神和人格力量。

在改革开放的伟大进程中，老区人民解放思想，勇于创新，发奋图强，攻坚克难，老区的经济社会建设取得了辉煌成就。特别是在改变中国的面貌、中华民族的面貌、中国人民的面貌、中国共产党的面貌的伟大实践中发挥了至关重要的作用。老区人民既是改革开放的参与者，也是改革开放的推动者。

艰苦练意志，危难见精神。老区人民在近百年的革命战争、社会主义建设和改革开放的伟大实践中，孕育形成了伟大的老区精神：爱党信党、坚定不移的理想信念；舍生忘死、无私奉献的博大胸怀；不屈不挠、敢于胜利的英雄气概；自强不息、艰苦奋斗的顽强斗志；求真务实、开拓创新的科学态度；鱼水情深、生死相依的光荣传统。这是党和人民宝贵的精神财富、丰厚的政治资源，是凝心聚力、振奋民族精神的重要法宝，也是社会主义核心价值观的重要内容。

中国老区建设促进会怀着强烈的政治责任感和历史使命感，组织全国各地老促会人员克服困难，尽心竭力编纂《全国革命老区县发展史》丛书，记录老区的光辉历史和辉煌成就，传承红色基因，弘扬老区精神，是功在当代，利及千秋的一件大事。手捧这部丛书的部分书稿，读着书中的故事，倍感亲切，深感这部丛书具有资政、育人、存史的社会功能，有着重要的时代和历史价值。它是不忘初心、牢记使命的源头活水,是赞颂共产党、讴歌老区人民的一部精品力作,是弘扬老区精神、传承红色记忆的丰厚载体,是一项继承优秀传统文化、弘扬革命文化、发展社会主义先进文化,坚定"四个自信"的宏大文化工程。它必将成为一种文化品牌,为各界人士了解老区宣传老区支持老区提供一部有价值的研究史料。希望读者朋友们能从中了解并牢记这些为党和民族的利益不断奉献的老区人民,从中得到教益,汲取人生奋斗的精神动力。

新时代赋予新使命,新起点开启新征程。让我们更加紧密地团结在以习近平同志为核心的党中央周围,坚持以习近平新时代中国特色社会主义思想为指导,增强"四个意识",坚定"四个自信",做到"两个维护",弘扬老区精神,铭记苦难辉煌。为实现"两个一百年"奋斗目标,实现中华民族伟大复兴的中国梦作出新的更大的贡献!

2019年4月11日

编写说明

2017年6月,中国老区建设促进会组织全国各地老促会启动编纂《全国革命老区县发展史》丛书,按照"建立中国共产党、成立中华人民共和国、推进改革开放和中国特色社会主义事业"三大里程碑的历史脉络,系统书写革命老区百年历史,深入挖掘革命老区红色文化资源,这对于充实丰富中国革命史籍宝库、在新时代传承红色基因、弘扬革命精神、强固根本,对于激励人们在新的历史条件下夺取中国特色社会主义伟大胜利,实现中华民族伟大复兴的中国梦具有重要意义。

丛书编纂以习近平新时代中国特色社会主义思想为指导,以《中国共产党历史》《中国共产党的九十年》等重要文献为基本依据,以党的领导为核心,以老区人民为主体,以老区发展为主线,体现历史进程特征,突出时代发展特色,坚持辩证唯物主义和历史唯物主义相统一、历史真实性与内容可读性相统一的原则,书写革命老区从站起来、富起来到强起来的光辉革命史、不懈奋斗史、辉煌成就史,把老区人民的伟大贡献、伟大创造、伟人成就、伟大精神充分展示出来,形成一部具有厚重历史特征和鲜明时代特色的精品力作。这是一部培根铸魂、守正创新,既为历史立言,又为时代服务,字里行间流淌着红色血脉、催生着革命激情的传世之作。丛书的编纂出版将成为讴歌党讴歌人民讴歌时代、传播红色文化、为革命老区和老区人民树碑立传的重要载体。

丛书按照编年体与纪事本末体相结合、以编年体为主的编写体例确定框架结构；运用时经事纬、点面结合的方式记述史实；坚持人事结合、以事带人的原则处理人与事的关系；采取夹叙夹议、叙论结合以叙为主的方法展开内容。做到了史料与史论、历史与现实、政治与学术统一，文献性、学术性、知识性相兼容。

为编纂好《全国革命老区县发展史》丛书，打造红色文化品牌，中国老区建设促进会认真组织积极协调，提出政治立场鲜明、史料真实准确、思想论述深刻、历史维度厚重、时代特色突出、编写体例规范、篇目布局合理、审读把关严格、出版制作精良的编纂出版总要求，力求达到革命史籍精品的精神高度、思想深度、知识广度、语言力度，增强丛书的权威性和社会影响力。各省（区、市）、市（州、盟）、县（市、区、旗）老促会的同志，以强烈的使命感、责任感和紧迫感，勇于担当，积极作为，认真实施，组织由老促会成员、专家学者等参加的十余万人编纂队伍。编纂工作主体责任在县，省、市组织协调、有力指导、审读把关。各方面人员以高度负责的精神和科学严谨的态度，满腔热情地投入工作，为丛书编纂出版作出了重要贡献。丛书编纂工作还得到了党和国家有关部委、地方各级党委政府及有关部门的大力支持和积极参与，社会各界也给予了热情帮助。中共中央政治局原委员、中央军委原副主席、原国务委员兼国防部长迟浩田上将，对老区人民怀有深厚感情，对革命老区建设发展十分关注，欣然为《全国革命老区县发展史》丛书作总序。

丛书由总册和1599部分册（每个革命老区县编纂1部分册）组成，共1600册。鉴于丛书所记述的史实内容多、时间跨度长和编纂时间紧，不妥之处，敬请批评指正。

中国老区建设促进会

"中央苏区县——平远"主题纪念雕塑

中共平远县委、平远县人民政府机关鸟瞰图

平远县城全景图（2018年）

毓秀书院位于平远县东石镇灵水村白岽下。1928年10月，中共平远县委成立，县委机关设在毓秀书院。1985年3月，平远县人民政府确定毓秀书院为平远县重点文物保护单位。2007年，中共平远县委、平远县人民政府重修毓秀书院，并在院内陈列展出平远县革命斗争史。毓秀书院是平远县革命传统教育基地和红色旅游景点之一

平远县革命老区发展史

1957年建成的平远县革命烈士陵园

2009年建成的平远县红军纪念园

2011年12月18日,平远县举行被确认为中央苏区县庆祝大会

平远县优质水稻基地

2008年,平远县被广东省园艺学会授予"广东脐橙之乡"。图为2008年12月1日打破吉尼斯世界纪录的平远脐橙水果拼图

龙文—黄田省级自然保护区

平远县工业园区一角

济广高速公路平远段县城互通

平远县城南进城大道

平远县宜居小区——平城花园

2006年10月29日，平远中学举行建校100周年庆祝典礼

2009年重修的程旼故居

2015年建成的平远县实验小学

2011年建成的平远县文化体育中心

平远县人民医院门诊大楼

国家AAAA级景区——平远五指石

广东南台山国家森林公园中的天然卧佛山

上举相思谷景区

美丽乡村——河头镇向阳村

1929年11月13日,朱德、陈毅、朱云卿率领红四军进入平远八尺角坑村,宣传中国共产党的政策和主张。图为八尺角坑村

1947—1949年,梅平武工队在大柘黄沙村建立秘密根据地。图为梅平武工队旧址

目录 Contents

序　言 / 001

第一章　平远县县域概况 / 001

第一节　自然地理 / 002

第二节　建置沿革 / 005

第三节　行政区划 / 007

第四节　民族人口 / 009

第二章　平远县革命斗争史 / 011

第一节　大革命时期和土地革命战争时期 / 012

　　一、中共平远县地方党组织创建前的时代背景 / 012

　　二、中共平远县地方党组织的建立 / 013

　　三、中共平远县第一次党员大会的召开与平远农民运动的兴起 / 016

　　四、中共平远县委成立与平远农民运动的发展 / 020

　　五、蕉平红军独立营的武装斗争 / 026

六、中共平远县委机关迁入丹溪根据地 / 028

　　七、红四军分兵平远，农民运动如火如荼 / 032

　　八、红四军北撤，中共平远县委机关迁回丹溪 / 041

　　九、苏区人民的浴血战斗 / 042

　　十、蕉平寻苏区的形成和发展 / 044

第二节　全面抗战时期 / 053

　　一、平远开展抗日救亡运动概况 / 053

　　二、超光社和先锋读书会的建立及其抗日宣传活动 / 054

第三节　全国解放战争时期 / 056

　　一、边县党组织进行革命渗透，揭开解放战争时期平远武装斗争的序幕 / 056

　　二、开展武装出击，摧毁国民党乡政权 / 059

　　三、挺出外围，南台战斗失利 / 061

　　四、南台战斗失利后，白色恐怖笼罩平远 / 066

　　五、梅平武工队重返平远及中共梅兴平蕉边县委、梅平区委成立 / 067

　　六、中国人民解放军闽粤赣边纵队成立及独四大队整编 / 070

　　七、平远解放 / 073

　　八、抗击国民党胡琏兵团窜扰，实现平远全境完全解放 / 076

第三章　平远县经济社会发展史 / 083

第一节　巩固新政，探索发展 / 084

一、革除旧制，建立新制 / 084

二、农村经济和地方工业的发展 / 101

三、计划经济体制下的商品流通 / 111

四、农田水利、电力、交通及通信建设 / 113

五、文教卫体事业的发展 / 117

六、社会救助制度的建立 / 123

第二节　改革开放，快速发展 / 127

一、农村经济体制改革 / 127

二、企业经营体制改革 / 136

三、流通领域体制改革 / 141

四、财税和金融体制改革 / 144

五、政治体制改革 / 147

六、科教文卫体制改革 / 155

七、社会保障制度改革 / 164

八、社会事业长足发展 / 170

九、党的政治思想和廉政建设 / 188

第三节　伟大复兴，高质发展 / 194

一、经济向高质量发展转变 / 194

二、民生福祉显著提升 / 201

三、生态环境更加靓丽 / 205

四、社会事业建设全面推进 / 207

五、党风政风持续向好 / 217

　　六、新时代新征程 / 221

第四章　革命遗址、纪念建筑 / 225

第一节　被列为县级以上文物保护单位的革命遗址 / 227

　　一、中共平远县委、东石区委、平远县第一个苏维埃政府旧址（毓秀书院）/ 227

　　二、仁居邹坊农会旧址（邹坊文祠）/ 228

　　三、红四军第一纵队军需处旧址（仁居善友草庐）/ 229

　　四、红四军军部和第一纵队政治部旧址（仁居中学）/ 229

　　五、红四军第一纵队司令部旧址（仁居泰山萧公祠）/ 230

　　六、红四军第一纵队后勤处旧址（仁居张家试馆）/ 231

　　七、红四军第一纵队驻地旧址（仁居下四家李屋）/ 232

　　八、红四军第二纵队第四支队驻地旧址［仁居陇西堂（儒林第）］/ 233

　　九、平远县总工会、仁居区革命委员会、红四军驻地旧址（仁居镇仁居村东门街10号）/ 234

　　十、红四军第一纵队政委驻地旧址（仁居华宝馆）/ 235

　　十一、广东四大银行金库旧址 / 236

第二节　中央苏区重要交通运输线遗址——"马克思路"和"列宁路" / 237

第三节　红军墙标 / 239

第四节　中华人民共和国成立以后兴建的纪念建筑 / 240

　　一、东石石北革命烈士陵园 / 240

二、平远县革命烈士陵园 / 241

三、平远县红军纪念园 / 242

四、平远县烈士纪念园 / 243

附 录 / 245

附录一 历史文献 / 246

附录二 革命大事记 / 252

附录三 革命歌谣 / 263

附录四 革命历史人物 / 267

附录五 历任县委书记、县长简况 / 285

后 记 / 288

序言

平远县，位于粤、闽、赣三省交界处，建县于明嘉靖四十一年（1562年）。

平远县虽建县时间不长，却是一块历史文化深厚的土地。早在1 500多年前，客家先贤程旼为避战乱从中原辗转千里来到粤东（今平远坝头）并扎根于此。他一生殚精竭虑，积极传播中原文化，传授农耕技术，兴办公益事业，教化乡俗民风，其德行获得南齐高帝赞赏。为表彰程旼在粤东地区义化育人的功德，501年，朝廷特从海阳县析出部分地方设立程乡县。因此，粤东有了"先有程旼，后有程乡"之说。在客家先贤程旼的影响下，平远乡民崇尚中原文化，城乡私塾逐渐兴起，读书风气日益盛行。千百年来，文人书生文风大振，仁人志士不胜枚举。明朝崇祯年间，进士韩元勋曾出使琉球，赐一品服俸。现代以来，农家子弟姚德胜只身赴南洋，白手起家成为"姚百万"之后，回乡捐资建校兴学育才，深得后人效法。北京航空学院（今北京航空航天大学）一级教授、陀螺研究室主任林士谔，留学美国时以《飞机自动控制理论》获航空学博士学位。他提出的"高阶方程劈因解根法"被命名为"林士谔法"，一直沿用至今。还有20世纪60年代被日本书法家称之为当代中国八大书法家之一的华南师范大学中文系教授吴三立、哲学家吴康、中国土木水利（交通）建设之父曾养甫、外交大使吕志先等一大批名人贤士，都是从这块偏远山区走出去的佼佼者。

平远县虽是远山偏壤之地，却孕育了众多的英雄豪杰。明末清初，差干人谢志良曾被封为太原总兵，拥南明隆武帝入福州称帝，不久与隆武帝一同殉难。清朝末年，秀才出身的姚雨平投笔从戎，追随孙中山革命，南征北战，成长为广东北伐军总司令，为推翻封建帝制、建立民国，立下殊勋。在抗日战争中，江湾英勇杀敌的黄梅兴将军、死守上海宝山县的姚子青将军，更是名震中外。1938年3月12日，毛泽东在"纪念孙中山先生逝世十三周年及追悼抗敌阵亡将士大会"上的演说词中，赞扬黄梅兴等抗日英烈"无不给了全中国人民以崇高伟大的模范"！还有许许多多的革命英烈，他们或为抵御外辱保家卫国，或为实现民族独立效命疆场，或为中华民族的解放事业英勇献身。

平远县虽远离都市喧嚣，却曾响彻革命号角。20世纪20年代初中国共产党组织建立后，中共汕头地委、中共梅县部委就多次秘密委派中共党员到平远了解社情民意，宣传马列主义思想。1925年3月和11月，国民革命军两次东征抵达平远时期，以政治部主任周恩来率领的学生军教导团为主的宣传队伍，经常到学校、到圩镇、到群众集会的场所宣传孙中山"联俄、联共、扶助农工"三大政策和中国革命的重大意义，唤起了平远青年的革命热情。1926年秋和1927年春，中共汕头地委、中共梅县部委先后派共产党员在平远发展中共党员、建立党组织，为成立中共平远县委打下了坚实基础。1929年11月至1930年5月，朱德、陈毅、朱云卿等率领的红四军曾三次在关键时刻进入平远。在红四军帮助下，平远开始建立革命政权，开展土地革命，组织武装斗争。毛泽东在《寻乌调查》中对平远开展革命斗争的做法作了充分肯定。1931年1月15日，广东的平远、蕉岭和江西的寻乌三县苏区合并为蕉平寻县，平远随之成为中央苏区所辖地域。中央苏区建立后，有两条经过平远通往中央苏区核心区的重要交通运输线。这两条交通运输线，主要为中央苏区提供后勤物资保障，在中央苏区建设和反"围剿"斗争中发挥了重大作用，被中共蕉平寻县委、县苏维埃政府分别命名为"马克思路"和"列宁路"。

平远县虽属欠发达地区，但是一块充满魅力的生态绿洲。中华人民共和国成立后，苏区人民在中国共产党领导下，废除了沿袭千百年的封建剥削制度，建立社会主义制度，进行社会主义建设，经济持续发展，社会不断进步，人民生活逐步改善。特别是改革开放以来，全县人民在中共平远县委、平远县人民政府带领下，革故鼎新，砥砺奋进，加快振兴发展。通过调整农业生产关系，建立健全以家庭经营为基础的双层经营体制和社会服务化体系，大力发展"三高"（高产、高质、高经济效益）农业，促进传统农业向现代农业转型，有效拓宽了农民的致富门路。坚持工业强县不动摇，兴建生态工业园区，加大招商引资力度，大力培育稀土深加工、机械铸造、优质建材和电子信息等优势产业。充分利用保存良好的自然生态资源，大力发展生态旅游，带动第三产业快速发展。大力抓好交通、通讯、电力、城建等基础设施建设，努力改善自身发展和外商投资环境。统筹推进教育医疗、扶贫开发、社会保障、平安建设等重点民生，城乡生产生活条件大大改善，城乡公共服务差距不断缩小。坚持从严治党，突出抓好党员干部的思想政治建设和党风廉政建设，营造风清气正的政务环境。

平远县虽基础差底子薄，经过全县人民的开拓进取、奋斗实践，经济社会发生了历史性巨变。先后建成了全国绿色食品原料（脐橙）标准化生产基地、全国农产品加工创业基地、广东凉茶药材生产基地、广东省中医药文化养生旅游示范基地，建成了占地面积400多公顷，以稀土新材料、机械制造、家居建材、电子信息为主导的生态工业园区。先后获得"全国粮食生产先进县""全国造林绿化先进县""全国造林绿化模范县""中国仙草之乡""中国油茶之乡""中国绿色名县""广东脐橙之乡"等荣誉称号；先后被评为"中国最佳文化休闲旅游县""中国最佳文化生态旅游目的地""全国十佳生态休闲旅游城市""中国最美生态休闲旅游名县""全国休闲农业与乡村旅游示范县""全国森林旅游示范县""中国百佳深呼吸小城""中国候鸟旅居县""广东旅游创新发展十强县""中国民间文化艺术之乡""广东省推进教育现代化先进县""全国法治县创建活动先进单位""广东最具安全感山区县"；先后成功创建"广东省卫生县城""广东省县级文明城市"。过去的边陲小县，今天已发展成为国家生态文明示范区梅州先行区。

新时代新征程，新机遇新挑战。2017年4月，习近平总书记对广东工作作出重要批示，对广东提出"四个坚持、三个支撑、两个走在前列"（坚持党的领导、坚持中国特色社会主义、坚持新发展理念、坚持改革开放，为全国推进供给侧结构性改革、实施创新驱动发展战略、构建开放型经济新体制提供支撑，努力在全面建成小康社会、加快建设社会主义现代化新征程上走在前列）的要求。2018年3月，习近平总书记又对广东提出了"四个走在全国前列"（在构建推动经济高质量发展的体制机制上走在全国前列，在建设现代化经济体系上走在全国前列，在形成全面开放新格局上走在全国前列，在营造共建共治共享社会治理格局上走在全国前列）的奋斗目标。中共广东省委和中共梅州市委按照习近平总书记的重要批示，结合实施主体功能区战略，进一步明晰珠三角、东西两翼和粤北山区的发展定位，确立了山区的发展方向。

在新的形势下，中共平远县委、平远县人民政府积极顺应新时代新变化新要求，坚持以习近平新时代中国特色社会主义思想统领平远一切工作，按照习近平总书记要求广东"四个走在全国前列"的指示，积极对接广东省"一核一带一区"（将区域发展格局明确为三大板块：推动珠三角核心区优化发展；把粤东、粤西打造成新增长极，与珠三角城市串珠成链形成沿海经济带；把粤北山区建设成为生态发展区，以生态优先和绿色发展为引领，在高水平保护中实现高质量发展）和梅州市"一区两带六组团"（"一区"即建设梅州市中心城区，"两带"即梅兴华丰产业聚集带和梅江韩江绿色健康文化旅游产业带，"六组团"即依托兴宁、平远、蕉岭、大埔、丰顺、五华六个县域的资源禀赋和产业基础，以县域为基础，以中心镇、专业镇为节点，以产业园区为载体，以交通、水利、信息、环保等基础设施为支撑，打造特色主导产业，以工哺农，以城带乡，促进县域经济特色化、组团式发展、城乡统筹发展）发展战略，坚持生态优先、绿色发展，主攻"一城一区一带"（建设宜居宜业美丽县城、生态工业园区、生态富民带），开启建设新时代幸福平远新的征程。

中共平远县委、平远县人民政府将"不忘初心、牢记使命"，带领全县人民紧密团结在以习近平总书记为核心的中共中央周围，积极传承苏区精神，奋力拼搏，克难攻坚，加快平远振兴发展步伐，奋力开创改革发展新局面！

弹指一挥间，回首已百年。史书是智慧的收藏，能让智者翻阅昨天，珍惜今天，创造明天；了解创业历史，评判功过得失，升华奋斗激情！

2019年是中华人民共和国成立70周年，2021年是中国共产党建党100周年。根据中国老区建设促进会《关于编纂全国1 599个革命老区发展史的安排意见》，中共平远县委、平远县人民政府成立了《平远县革命老区发展史》编纂委员会，平远县老区建设促进会组织人员编纂了《平远县革命老区发展史》，将此作为纪念中华人民共和国成立70周年和中国共产党建党100周年的献礼之一。谨以此书献给为中华民族的伟大复兴、为平远的解放事业和经济社会发展贡献正能量的时代群体。

是为序。

《平远县革命老区发展史》编委会
2019年8月

第一章
平远县县域概况

第一节 自然地理

平远县地处广东省东北部，梅州市西北部，位于北纬24°23′38″~24°56′01″，东经115°23′41″~116°07′01″之间。东邻蕉岭县，南接梅州市梅县区、兴宁市，西、北分别与江西省、福建省交界。全县总面积1 381平方千米。

平远县属丘陵山区，山地、丘陵占总面积的80.8%，其余为河谷盆地。地形平面呈四指并拢向上的巴掌状。因有闽赣边境的武夷山脉南伸所致，西北部高于东南部，形成北高南低的地势，海拔高度大多为200~800米。县境内海拔1 000米以上的山峰有4座：北部与江西省交界的项山甑，海拔1 529.8米，为平远县最高峰；西部八尺的角山嶂，海拔1 030米；中部东石的尖山，海拔1 007米；东部与蕉岭县交界的铁山嶂，海拔1 164米。差干镇的五指石和石正的南台山，属丹霞地貌，形成南北对峙的姐妹山，为古今游人向往的风景山，海拔分别为460米、645米。

平远县地处南亚热带与中亚热带过渡的气候区，气候温和，四季分明，冬夏长，春秋短，雨热同季，热量丰富，雨量充足，风力小，霜期短。年平均气温20.7℃，历年变化范围在20.1℃~21.7℃之间，变幅1.6℃；年平均日照时数1 859.8小时，日照百分率为42%；年平均降水量为1 683.6毫米。

平远县境内主要河流有3条，即北部的差干河、中部的柚树河和南部的石正河，均属韩江水系。全县集雨面积100平方千米以上的河流7条，10平方千米以上的小溪18条。这些河流，除差干河自西向东流外，其他河流均由西北流向东南。此外，八尺境的排下溪，向西北经江西省寻乌县到广东省龙川县汇入东江，是县境内唯一不属韩江水系支流。

平远县土地资源丰富，且土地肥沃。地带性的自然土壤为红壤，有利于发展立体生态农业和多种商品生产基地。全县土地面积138 100公顷。其中，农用地127 247.3公顷，建设用地7 753.3公顷，未利用地3 099.4公顷。人均土地面积0.57公顷。

平远县水力资源丰富，水力资源理论蕴藏量为5.82万千瓦，可开发量为5.16万千瓦，发电量为1.63亿千瓦时，是全国首批100个电气化县之一。

平远县矿物资源丰富。黑色金属矿物有铁矿和锰矿；有色金属和贵金属有钨、钼、钴、铜、锡、铅、锌、铋、金；稀有金属矿有钽、铌、铷、稀土；建筑材料和非金属矿物有石灰岩、高岭土、萤石、脉石英、珍珠岩、沸石、钾长石、建筑石等；燃料矿物有无烟煤；其他矿物有铀矿、矿泉水、温泉等。

平远县森林资源丰富，是全国造林绿化先进县、中国绿色名县、广东省林业生态县、广东省用材林基地县。2016年，全县林业用地面积10.88万公顷，森林覆盖率78.35%，活立木蓄积824万立方米。县内龙文—黄田自然保护区为省级自然保护区。

平远县是全国森林旅游示范县。旅游资源按国家旅游分类系统标准，主要涉及自然旅游资源、人文旅游资源和服务资源三大景系，共有7个景类、37个景型。主要景区有五指石景区、松溪河景区、南台山景区、上举相思谷景区（龙文景区）、大河背景区和仁居古镇等。广东省地质公园、国家AAAA级景区、省级风景名胜区五指石以"中国丹霞地貌盆景"著称，景区内的高空栈道——五指石栈道是广东旅游的新亮点。松溪河景区是国家AAA

级旅游景区，景区内有清道光年间建造的保存完好的石拱桥——松溪桥，是通往福建省武平县下坝村的必经之桥，也是革命战争年代红四军走过的红军路。粤东名胜、广东南台山国家森林公园的南台卧佛山，被人们称之为"天然卧佛"。上举相思谷景区（龙文景区）是国家AAA级旅游景区。大河背景区内，群峰突兀，岩崖峻峭，呈现独特的"奇峰丛立，沟壑纵横，赤壁悬崖"的丹霞地貌景观，山势雄浑，自然风光秀丽。国家AAA级景区长田曼佗山庄，一片花海。国家AAA级景区中行金穗休闲旅游区生态保护良好，生意盎然。

第二节 建置沿革

平远县始设于明嘉靖四十一年（1562年）。当时以广东程乡县的豪居都（仁居）为中心，并析福建的武平、上杭，江西的安远，广东惠州府的兴宁四县边地，以原设在豪居都林子营通判府馆址为基础，扩大筑城，罢馆置县。因其界于武平、安远之间，故名"平远"。初隶江西赣州府。明嘉靖四十三年（1564年），调整县域，归还闽赣两省武平、上杭、安远三县原析之地，增析程乡的义化、长田、石窟三都及兴宁原析之大信一里，仍组成平远县，改隶广东潮州府，县治仍设在豪居都。明崇祯七年（1634年），析平远的石窟一图、二图，及程乡部分地域，增置镇平县（今蕉岭县）。清雍正十一年（1733年），程乡县升格为嘉应州，平远改隶嘉应州，与程乡、兴宁、长乐、镇平4县并称嘉应五属。

中华民国成立后，废除原有建制，省县之间另设道。1914年，设潮循道，平远为下属之一县。1920年，裁道，平远直属于省。1936年8月，两广还政中央，广东取消"绥靖区"，改设9个行政督察区，平远属第六区。1949年，调整改属第九行政督察区。

1949年5月22日，平远宣告和平解放。中华人民共和国成立后，省县之间仍沿袭民国时期的专员公署制，作为省派出机构以管辖县，平远隶属兴梅专员公署。1952年，兴梅专署撤销，改隶粤东行政公署。1956年，粤东行政公署撤销，分设惠阳、汕头两个专区，平远隶属汕头专区。1965年，兴梅与潮汕分设专区，平远隶属梅县地区行政专员公署。1988年，梅县行署改为市一级政权机构，称梅州市，平远隶属梅州市。

1951年5月，大信乡划归兴宁县辖。1956年1月，梅县石扇乡黄竹坪村划入平远热柘乡。至此，县属地域均为原程乡县地。县治所在地，从1562年建县至1952年的390年，一直在仁居镇（明朝称"豪居都"）。1952年6月，平远与蕉岭合署办公，领导土地改革。1952年8月，广东省人民政府发文："平远并入蕉岭县"，"保留平远县名"，县治设在蕉城镇。1954年3月，平远与蕉岭分县而治，平远县治迁到大柘镇。1958年11月，平远并入兴宁县，县治设在兴城镇。1961年1月，兴宁与平远分县。此后，平远县治一直设在大柘镇。

第三节 行政区划

平远明朝建县后，设4都2图，即义田都、义化都、长田都、石窟都，石窟一图、二图。明崇祯年间割石窟一图、二图与镇平，仍有四都，后改划为15乡。1937年调整为13乡，全县划为160保、1 758甲。1941年，实行新县制，全县调整为142保、1 676甲。

中华人民共和国成立初期，全县设7个区、3个市、56个行政村。1950年调整为4个区、2个镇、13个乡。1954年，划为4个区、71个小乡、2个镇。1956年撤区并乡，成立13个乡、1个镇、71个村。1958年"政社合一"，全县成立4个人民公社、1个镇。1961年与兴宁分县后，平远县调整为14个公社、3个农场、1个镇。20世纪70年代中期，划为16个公社、1个镇。1983年11月，取消人民公社建制，恢复区、乡建制。全县设14个区（差干、仁居、黄畲、八尺、中行、河头、上举、泗水、东石、坝头、大柘、石正、长田、热柘）、1个区级镇（大柘镇）、95个乡、3个城镇管理区、4个县属国营农林场。

1986年11月撤区建乡设镇。全县设立5个镇（大柘、仁居、东石、石正、八尺）、11个乡（差干、黄畲、河头、中行、上举、泗水、坝头、茅坪、超竹、长田、热柘）、149个村、7个城镇居委会。1994年，11个乡改镇建制，全县设16个镇。2003年9月，撤销超竹镇、黄畲镇和茅坪镇的镇级行政区划建制。原超竹镇并入大柘镇，原黄畲镇并入仁居镇，原茅坪镇并入东石镇。2004年11月，撤销坝头镇的镇级行政区划将其并入大柘镇行政区划。行政区划调整后，全县设差干、仁居、八尺、河头、中行、上举、泗水、东石、大柘、石正、长田、热柘共12个镇。至2017年，全县行政区划一直未变。

第四节 民族人口

平远居民祖先均为由北南迁的中原汉族移民，大抵初迁至闽赣两省或广东省内各县，再由闽赣两省或广东省内各县迁至平远，聚族而居。据现存的平远县志记载，在清顺治八年（1651年），平远实有男女2 291人，至嘉庆二十四年（1819年）共有9 478人，前后168年间共增加7 187人，年均只增43人。嘉庆二十五年（1820年）至1927年，因资料缺失，人口数不详。1928年至1939年，全县有10万余人。1940年，由于战乱、饥荒、疫病等，减为95 048人。1946年，全县人口增至101 782人。至1949年年末，全县人口106 037人。1953年至2017年，曾进行6次人口普查：1953年7月1日第一次全国人口普查，平远总人口110 415人，全部为汉族。1964年7月1日第二次全国人口普查，平远总人口129 435人（其中，汉族129 426人，少数民族9人）。1982年7月1日第三次全国人口普查，平远总人口209 226人（其中，汉族209 185人，少数民族41人）。1990年7月1日第四次全国人口普查，平远总人口228 051人（其中，汉族227 997人，少数民族54人）。2000年11月1日第五次全国人口普查，平远总人口249 509人（其中，汉族249 376人，少数民族133人）。2010年11月1日第六次全国人口普查，平远总人口260 337人（其中，汉族260 189人，少数民族148人）。少数民族有壮族、苗族、瑶族、满族、黎族、土家族、蒙古族等16个。全县姓氏共有157个。2017年，全县户籍人口266 595人,常住人口235 032人。平远居民语言以客家话为主。改革开放以后,外来人口逐渐增多,普通话交流已较为普遍。

第二章

平远县革命斗争史

第一节 大革命时期和土地革命战争时期

一、中共平远县地方党组织创建前的时代背景

1921年7月，中国共产党第一次全国代表大会在上海和浙江嘉兴南湖召开，正式成立中国共产党。

1922年7月，中国共产党在上海举行第二次全国代表大会。中共第二次全国代表大会为中国人民的革命斗争提出了反对帝国主义和封建主义的奋斗目标。中共二大后，广东革命斗争形势迅速发展。

1923年6月，中国共产党在广州召开第三次全国代表大会。大会接受共产国际关于同中国国民党合作的指示，决定采取共产党员以个人身份加入中国国民党的方式实现国共合作。1924年1月，在广州召开的国民党第一次全国代表大会，接受中国共产党提出的反帝反封建的主张，正式确立"联俄、联共、扶助农工"三大政策。国共两党第一次合作的实现，推动了革命运动的迅速发展。

1925年5月30日，上海工人、学生及群众为抗议日本纱厂资本家枪杀工人顾正红而举行反帝游行时，突然遭到租界巡捕开枪镇压，酿成震惊中外的"五卅"惨案。于是，在中国共产党的领导下，掀起了一个以工人阶级为先导和主力军，有全国各阶层群众参加的直接反对帝国主义的民族革命运动浪潮。

"五卅"惨案的消息传到平远后，平远中学师生义愤填膺，

立即组织声援并掀起反帝、反军阀、抑制日货和查、烧日货高潮。学校设立"五卅惨案外交后援委员会",由李巴林(原名李捷桃,平远县东石人)和谢立猷担任常委,带动全校学生积极进行反帝反封建的宣传。与此同时,平远中学师生积极宣传发动全县工人、农民进行声援,并募集到4 000多银圆汇往上海,支援上海民众罢工、罢市、罢课的"三罢"斗争。

1925年3月和11月,国民革命军先后两次东征到平远,给平远人民送来了马列主义,为平远建立中共党组织提供了思想基础。

1926年秋,中共汕头地委派中共党员、东江农工运动人员养成所学员魏挺群、连云鹊到平远,任平远农民运动特派员。魏挺群、连云鹊到平远后,深入乡村,大力宣传"二五减租",吸收东石铁民中学进步教师林汉偶加入中国共产党,组织开展农民运动,为平远建立中共党组织营造了良好的社会环境。

二、中共平远县地方党组织的建立

(一)中共平远中学支部的诞生

1927年2月,中共梅县部委通过嘉应大学教书的地下党员陈志莘(平远中行人)介绍,派部委委员杨广存到平远中学以教书为掩护秘密进行革命活动。杨广存到平远中学后任教务主任。其间,杨广存积极宣传马列主义,向学生讲解《共产主义ABC》《资本论》《唯物史观》《共产党宣言》《新社会观》《向导周报》等革命书刊,物色进步教职员和学生,发展党员建立党组织。他发现三年级学生、学生会主席李巴林和钟锡璆(江西寻乌县留车人)思想进步,便吸收他们加入中国共产党。

1927年3月8日,中共平远中学支部正式成立,杨广存任书记,李巴林为组织委员,钟锡璆为宣传委员,支部隶属梅县部委领导。

中共平远中学支部旧址——中枢楼

杨广存,广东梅县人。1919年梅州中学毕业后,考入国立北京大学经济系。1923年在国立北京大学加入中国共产党。1926年后回乡开展革命活动。1927年2月受中共梅县部委派遣到平远发展党组织,是中共平远县地方党组织的创始人。

中共平远中学支部成立后,紧紧依靠学生会,创办了《平中青年》周刊,及时报道新时事、新动向,大力宣传革命道理,揭露弊政,抨击国民党反动势力对中国共产党的诽谤。《平中青年》成为青年学生探讨革命理论,交流学习心得的进步刊物。

中共平远中学支部成立后,发展吸收学生李文光等10多人入党,接着在学生中发展一批团员,成立平远中学团支部。团支部在党支部领导下开展工作。党支部利用节假日和课余时间组织党员、团员深入到工人和农民中去宣传革命,关心工人、农民疾苦。

1927年3月底,八尺乡发生一起2名爆竹工人遭殴打、捆绑游街并被非法关押事件。杨广存得知此事件是由国民党平远县党部支持后,立即与党员李巴林、钟锡璆等一起,到国民党大柘区分部提出抗议,迫使国民党平远县党部无条件释放被害工人,并赔偿工人的损失。

1927年4月12日,蒋介石发动反革命政变,公开背叛革命,大肆屠杀共产党人。4月20日，国民党平远当局开始清查共产党人，平远农运特派员连云鹊、魏挺群与杨广存一起，星夜离开平远，回到梅县。杨广存回到梅县后，还十分关心平远中学的党员、团员，寄信给他们说："暴风雨即将过去，望同学们安心读书和工作。"提醒党员、团员在恶劣的环境下，要更加隐蔽地进行活动，防止暴露身份，避免不必要的损失，等待革命高潮的到来。

1927年7月，暑假在即，鉴于部分党员将毕业离校，其他党员暑假要返乡，支部召开党员大会，制订暑假工作计划及确定下期平远中学支部负责人。会议要求每个党员负起责任，在乡村开展群众工作，对敢于斗争，思想进步，决心为劳苦大众谋利益的积极分子可介绍入党。会议决定下期支部负责人为朱天仁。

（二）中共平远中学支部的作用和影响

中共平远中学支部于1927年3月8日成立，"四一二"反革命政变后转入秘密活动，时间虽然很短，但其影响深远，意义重大。

（1）中共平远中学支部成立后，创办了《平中青年》周刊，大力宣传革命道理，及时报道新时事、新动向，揭露弊政，动员广大青年同国民党反动势力作斗争，点燃了平远的革命烈火。

（2）中共平远中学支部的建立，为农民运动培养和输送了领导骨干。

共产党员李巴林、钟锡璆从平远中学毕业回乡后，积极从事党的工作，进行革命宣传，组织农民协会，开展"二五减租"斗争，有力地推动了平远和寻乌两县农民运动的开展。

1927年秋，李巴林与林成藩、曾庆禄等人首先在东石建立平远第一个农民协会——太平农会。随后，坝头、河头、八尺、热柘等地相继成立农会。仅一个月的时间，平远就有数万农民参加农会，各地农会在共产党领导下，开展了轰轰烈烈的农民革命运动，并取得巨大的胜利。

钟锡璆在原籍地寻乌留车以开办农民夜校为掩护，积极从事党的地下工作。1928年3月25日，钟锡璆与古柏、刘维锷等人在寻乌组织武装暴动，钟锡璆任暴动副总指挥和南路总指挥，参加暴动的革命群众有四五万人。寻乌的"三二五"暴动，震撼闽粤赣边区，是一次农村包围城市，武装夺取政权的尝试。它从根本上动摇了国民党当局在寻乌的统治基础，为人民革命斗争提供了有益的经验，产生了深远的影响。

三、中共平远县第一次党员大会的召开与平远农民运动的兴起

1927年7月，平远中学党员、团员及外地工作或学习的中共党员回到家乡平远，共同的革命理想使他们很快结合在一起，为平远农民运动的开展起到核心作用。

东石、坝头是回乡党员、团员比较集中的地方。李巴林、朱天仁、刘仕祥、刘秀仁、林荣贤、林传兴、刘玉贤等是平远中学回乡的党员、团员；曾庆禄、丘登明是梅县东山中学毕业回乡的党员；林汉偶、李兴祯是铁民中学党员。还有从大埔百侯中学和高陂中学回乡的教师党员林成潘、张昌英等。

林成潘、张昌英、曾庆禄先后回到家乡后，首先组织成立中共东（东石）坝（坝头）支部，林成潘任书记，曾庆禄为组织委员，张昌英为宣传委员，支部集合地点设在华通小学，每周召开一次支部会议，研究讨论发展党员和建立党组织等事宜。

1927年8月，由东坝党支部发起，召集东石、坝头各回乡党员，在东石大屋场树林中秘密召开平远县第一次党员大会。经会议认真研究讨论，决定成立党的统一领导机构——中共平远区

委。到会党员选举林成藩为区委书记，会议决定派李巴林、朱天仁到梅县部委报告平远区委成立的情况并请示工作。

东石大屋场

会后，李巴林、朱天仁历尽千辛万苦，找到梅城西门外杨屋村共产党的地下交通站，向李梅荪、杨瑞书汇报请示工作并带回中共梅县部委的指示文件。中共平远区委根据梅县部委指示，召开区委会议，作出如下决定：（1）组织农民协会，开展"二五减租"；（2）在农民运动中吸收党员，发展党组织；（3）指定李巴林为农运专干，负责全县各乡农民运动的联络工作；（4）吸收黄荣章、林滚如、黄佐干、黄雪桥、李捷淳加入中国共产党。

区委会议召开后，各党员遵照区委决议，积极开展工作。1927年秋，由李巴林等人组织的东石沙排乡农民协会首先成立，命名为太平农会，农会选举刘增郎为主席，林士基为副主席，林钦海为文书。太平农会成立后，首先发出农会宣言，号召农民加入农会，实行"二五减租"。

随后，在太平农会的带动下，各地竞相组织农会，涌现出大批农民积极分子。相继成立农会组织的有：东石的灵水、黄行、大水、大仁、坳上、太阳、茅坪、洋背、石磜、白岭，坝头的河陂水、坑背、南山等地。

1927年秋，在梅县读书时加入中国共产党的黄维耀回到家乡

太平农会旧址——东石沙排坳刘屋

河头太阳垂青村后主动与平远区委接上关系。随后,平远区委农运专干李巴林来到河头,传达区委指示并与黄维耀研究开展农民运动等事宜。黄维耀根据区委指示,串联社会青年黄锦秀、陈学生、陈星辉、陈维耀、陈家义、陈月盛等,组织成立太阳寨、潭背、杞树坝农会,宣传"二五减租",开展革命活动。

1927年秋,东石、坝头、河头组织数万农民加入农会,其声势浩大,势不可挡。面对农民运动不断发展,地主豪绅叹息不已,暗中串通,想方设法抵抗"二五减租",破坏农民运动。他们采取恐吓、收买等手段,以脱佃、吊佃相威胁,妄图阻止农民运动的发展。

中共平远区委为此召集各村农会干部会议,共同研究对策,针锋相对地同地主豪绅作斗争。区委与各村农会商定:(1)坚决实行"二五减租",如地主不答应,则不交租;(2)农户间不得抢佃夺佃,如有抢佃夺佃者,令有种无收;(3)成立区农会,加强统一领导。1927年秋,东石区农会成立,林汉偶任农会主席,朱昌洪任副主席。由于区委及时为农民撑腰,从而坚定了农民同地主豪绅作斗争的决心,使农民运动继续不断发展。

1927年秋，东石全境实行"二五减租"，使农民少交租谷10多万千克。

1927年秋，中共平远县地方党组织在农民运动中不断发展壮大，先后建立起东石灵水、黄行、坳上、车子岗、大仁，坝头坑背、南山等党支部，全县党员发展到70多人。

1928年春，在南昌起义部队转战潮汕失利的形势下，中共平远区委为了保存实力，作出暂停活动的决定，领导人林成藩、林汉偶遭国民党平远当局通缉而先后避往南洋。

1928年春，平远革命斗争虽然一度陷入比较被动的局面，但革命的烈火始终没有熄灭。河头太阳寨、潭背和杞树坝农会一直没有停止活动。

在平远中学入团的陈维汉从平远中学初中毕业回到家乡太阳村后，很快投入家乡的革命活动。不久，村里聘请陈维汉为小学教师。陈维汉一面教书，一面尽力协助黄维耀开展工作。1928年6月下旬，河头乡农民协会成立，陈星辉任主席。河头乡农民协会成立后，组织广大农民开展轰轰烈烈的"二五减租"斗争，活动范围迅速发展到黄沙下、河清、柞树径、田心等地。

1928年春，曾庆禄在石北灵水毓秀书院以教书为掩护，积极开展地下革命活动，培养发展党员，先后吸收当地青年谢天白、丘展鹏、黄荣章、李万炎、刘仁清等人入党。他们以毓秀书院为据点，秘密串联当地农运骨干积极开展革命活动。5月19日晚，在灵水村的平岽顶秘密召开石北乡农民协会成立大会，到会40多人，选举曾庆禄为主席，丘展鹏为副主席，同时成立以李万炎为队长、由20多人组成的平远第一支赤卫队。接着成立妇女会和儿童团，推选陈亚惠为妇女会主任，李良生为儿童团团长。从此，石北乡农民紧紧地团结在中共党组织的周围，与封建地主阶级和国民党反动派进行针锋相对的斗争。

毗邻蕉岭县鸭薮里的热柘磜尾村于1928年6月燃起革命之火。

1928年6月,蕉岭县中共党组织的主要领导人邓崇卯(又名陈远光,蕉岭长江乡人)、陈德明、赖清芳等在蕉岭新铺组织农民暴动后,遭到国民党蕉岭县地方反动武装的连续追捕。邓崇卯等便以行地理、查风水为名,深入山区,走村串户,发动群众,建立山村革命根据地。6月22日,邓崇卯、陈德明、巫志光(五华人,九龙嶂红军学校毕业生)、陈阿三等以探亲为名到平远热柘磜尾村曹洪添家里,秘密进行革命串联活动。

8月间,邓崇卯组织磜尾村农民40多人在德化学校集会,成立热水乡农民协会,选举曹进洪为主席,曹贱桂为宣传委员,曹洪添为财政委员,丘添运为妇女委员。1928年秋,邓崇卯先后发展曹进洪、吴国祯、曹洪添、曹贱桂、曹柏生等人加入中国共产党,成立热水党支部。热水党支部成立后,农会组织迅速发展壮大,很快扩展到完里、院境等村,入会人数800多人。

热水乡农会旧址

四、中共平远县委成立与平远农民运动的发展

1928年夏,钟锡璆因组织江西寻乌"三二五"暴动失败,转移到平远活动。钟锡璆在坝头贤关林荣贤家住了半个多月,与林荣贤共同探讨寻乌"三二五"暴动失败的经验教训。夜间,他们到船上与船员工人接触,宣传革命道理,发展工人入党,建立船员工人党小组和篷船工会。其间,钟锡璆还到东石

找李巴林共同探讨革命斗争策略，研究如何继续组织开展农民运动事宜。

1928年8月，李巴林召集曾庆禄、林荣贤等人在东石松溪小学开会，研究讨论组建中共平远县委事宜。会上吸收了一批党员，成立中共平远临时县委，李巴林等为临时县委负责人，统一领导全县的革命斗争活动。会后，曾庆禄、李巴林分别与各党支部联系，筹备成立中共平远县委。

1928年8月至10月，在中共平远临时县委领导下，各党支部得以整顿恢复，全县先后建立党支部12个，共有党员70多人。东石灵水支部，曾庆禄任书记；铁民中学支部，李兴祯任书记；黄行支部，李捷淳任书记；坳上村支部，黄荣章任书记；车子岗支部，黄佐平任书记；大仁支部，林滚如任书记；坝头坑背支部，余秀兴任书记；南山下支部，张树祺任书记；河头太阳支部，黄维耀任书记；八尺上远支部，张辅高任书记；中行儒地支部，易儒坤任书记；平远中学支部，林荣贤任书记。

1928年10月，各党支部代表李巴林、林荣贤、张树祺、黄荣章、黄维耀等在东石塔下集会，成立中共平远县委，选举李巴林为县委书记。

会议决定：（1）继续发展党员。（2）以"用斗争手段争取广大群众，重新组织工会农会等民众团体"为工作路线。（3）决定以东石毓秀书院为县委驻地，党的一切工作改由秘密方式进行。（4）迅速寻找上级党的组织，以取得工作指导。（5）调整人事安排，建立全县地下交通网。派黄佐平到东石黄行小学教书，任黄行支部书记；派黄雪桥到锅岙小学教书，任锅岙交通站站长，负责与蕉岭方面联系；任命姚月盛为良畲交通站站长，负责与江西寻乌方面联系；派丘展鹏在毓秀书院教书，负责全县总交通。

中共平远县委成立会议遗址

县委会议之后,县委委派共产党员张辅高在八尺组织开展农民运动。张辅高已于1928年受聘为八尺樟田翠英小学教员。张辅高在八尺以教书作掩护,积极开展秘密活动,先后吸收农民积极分子谢耀轩、沈祥云入党,建立樟田党支部。接着发展金(金溪)甜(甜畲)村农民积极分子韩垂腾、韩兰芳入党,建立金(金溪)甜(甜畲)村党支部,两个支部均由张辅高任书记。在建立党支部后,又分别建立樟田、金溪两个与江西党组织和中央苏区联系的地下交通站,为沟通平远党组织与寻乌党组织和红军的联系发挥了重要作用。

1929年2月,县委书记李巴林与林荣贤到河头指导整顿农会和赤卫队组织。农会以陈学生为会长,黄锦秀为副会长;赤卫队由黄锦秀任队长。赤卫队下设垂青、潭背、杞树坝三个分队。赤卫队成立后,迅速开展了收缴反动派枪支弹药和打土豪等革命活动。

金溪交通站旧址

第二章 平远县革命斗争史

1929年3月17日，在毓秀书院成立中共东石区委，书记、组织委员、宣传委员分别由曾庆禄、谢天白、李万炎担任。灵水支部书记改由丘展鹏担任。此时，曾庆禄已受聘为毓秀书院校长，他以校长的身份，趁该校改办完小需增加教员的机会，聘请共产党员李万炎、黄荣章、李巴林、丘展鹏为教员，使党的力量大大加强，党的组织活动更加频繁，有力地推动了石北乡农民运动的发展。

1929年4月，中共东江特委派刘某（大埔人）到平远视察工作。其间，县委在东石灵水石浸堂召开全县党员代表大会，总结检查党的工作，明确工作方向。刘特派员对平远工作表示满意，指示平远要有专职人员从事党的工作。经讨论，决定李巴林为县委专职人员，集中精力做好工作，加强与邻县党的联系，并决定

东石毓秀书院

建立武装队伍,开展打土豪,组织领导农民的革命斗争。

1929年4月,县委书记李巴林赴蕉岭参加平远县委和蕉岭县委联席会议,共商组建武装问题。为了打击敌人,扫除障碍,解决两县党的活动经费,决定以蕉岭、平远两县交界处鸭蓣里为基地,共同组建革命武装,命名为蕉平红军独立营。

1929年4月,根据中共东江特委指示,县委书记李巴林辞去东石毓秀书院教员职务,连同县委机关从毓秀书院转移到河头太阳村陈学生家中。此时,河头的革命形势迅速发展,成立了中共河头区委,黄维耀任书记。河头区委下辖河头、中行、八尺等地。太阳支部书记改由陈学生担任。

1929年5月,太阳支部书记陈学生根据县委要求,带领一批青年到鸭蓣里参加红军。县委机关迁到东石灵水树头塘。

1929年5月,红四军干部修治文到平远县委任组织委员。县委主要成员为:书记李巴林,组织委员修治文、林汉俱(1928年冬从南洋回来),宣传委员曾庆禄,总交通丘展鹏。这时,全县

1929年中共平远县委机关办公旧址——河头太阳村陈屋

各级党组织有较大发展，共有2个区委、8个支部、130多名党员。

1929年8月，国民党平远当局在全县开展"清乡"镇压农民运动。国民党平远县县长梁石荪驻扎河头"清乡"，成立河头"清乡委员会"。8月13日，国民党在河头"清乡"时，由黄益谦、刘仁仙带领"清乡队"（自卫队）到太阳村"清乡"，抓走陈维汉、陈星辉、陈瑞萌，并残忍地将他们杀害。"清乡队"在太阳村大肆奸淫掳掠，抢夺村民的塘鱼、肥猪、家禽等财物一大批，勒索银圆3 000多元。为了遏止国民党反动派的残暴行径，中共河头区委利用绅士饶菊逸在平远的影响，动员饶菊逸支持被害家属上诉，从而迫使国民党平远当局停止了"清乡"。

1929年9月11日，石北乡苏维埃政府在毓秀书院成立，曾庆禄被推选为主席，丘展鹏为副主席。此后又发展了李汉年、林华昌等入党。石北乡的革命活动从此更加活跃，曾庆禄、丘展鹏、李万炎等人白天教书，晚上进行革命活动。赤卫队员、农会会员经常出击，破坏敌人的通讯设备，散发革命传单，张贴宣传标语，还在毓秀书院公开演出白话剧，揭露国民党反动政府的腐败和旧社会的黑暗，呼吁民众砸烂封建枷锁。

石北乡的农民运动狠狠地打击了当地的反动势力，石北反动势力又恨又怕，他们与国民党反动派互相勾结，千方百计镇压石北农民运动，到处通缉曾庆禄，企图扼杀革命力量，扑灭正在熊熊燃烧的革命烈火。这时，东石区委决定暂时转入秘密活动，区委书记曾庆禄以"出南洋筹款小学"为名辞去毓秀书院校长职务，与李万炎、丘展鹏、李巴林等转入地下秘密从事革命斗争。

1929年秋冬间，东石的灵水、白岭、麻塘，河头的太阳、潭背、杞树坝等地的农民，在当地党组织的领导下，克服种种困难，继续坚持斗争。

五、蕉平红军独立营的武装斗争

蕉岭与平远，山水相连，人民世代友好往来。尤其在土地革命战争时期，公路交通未开发，水路的坝头—樟演—柚树—徐溪—新铺是平远通往蕉岭的唯一运输交通渠道。因此，两县的革命斗争活动也紧密地联系在一起。

1929年3月，按中共东江特委关于"蕉岭、平远尽可能暴动或开展游击战"的要求，县委书记李巴林赴蕉岭与蕉岭县委联系，恰逢油坑里半山张农民举行武装暴动，李巴林亲自参与暴动的组织指挥。战斗结束后，李巴林与蕉岭县委共同商讨两县工作，研究加强两县联系以及组建武装问题。

4月初，李巴林再次到蕉岭与蕉岭县委商讨两县共同建立武装问题。这时，平远还未有县级革命武装，而蕉岭的革命武装（称东江红军蕉岭独立营）经过与敌人连续战斗，兵员大大减少，已由150多人减至40多人，且枪弹不足。为贯彻中共东江特委的指示，继续有力地消灭敌人，解决两县党的活动经费，决定以蕉平边境鸭薮里为基地，共同组建武装，命名为蕉平红军独立营。商定如下：（1）蕉平红军独立营受平远和蕉岭两县县委领导；（2）兵员由两县党组织发动工农群众参加，筹办经费由两

蕉平红军独立营旧址

县县委共同负责；（3）以原蕉岭武装为基础，张宏昌（蕉岭县委书记）为营长，邓崇卯（即陈远光，蕉岭县委主要成员）为政治委员；（4）武器装备除两县县委现有枪支外，动员兵员带枪弹入伍。

县委书记李巴林回到平远后，即着手部署发动青年参军入伍。5月上旬，平远选送李腾二、林珍绪、余晋华、黄锦秀等20多人到鸭薮里参加红军。

蕉平红军独立营建立后，边集训，边武装出击，活动于梅县的悦来、白渡、石扇，蕉岭的新铺、三圳、尖圳、徐溪，平远的柚树、长田、坝头、大柘等地。5月底，蕉平红军独立营夜袭热柘乡公所，缴获步枪10支，子弹300发，没收土豪刘耀合的财物一批。7月12日，邓崇卯、巫志光等率独立营及部分群众积极分子，编为便衣队、先锋队、大刀队、破坏队等袭击大柘乡公所，收缴枪支子弹一批。7月底，蕉平红军独立营武装出击悦来圩场，消灭了自卫队，缴获长枪20多支、驳壳枪1支。

蕉平红军独立营成立后，共缴获各式枪支40多支，兵员从成立之初的80多人增至140多人。

蕉平红军独立营经连续出击后，营长张宏昌、政委邓崇卯等认真分析了斗争形势，认为独立营近期四处出击可能招致敌人来犯，必须做好反击敌人的准备。7月间的一个晚上，张宏昌亲自查哨，不幸被哨兵误伤，伤势严重。张宏昌负伤后，营长改由巫志光担任。

7月下旬，梅县、蕉岭、平远三县反动当局组织军警1 600多人，联合"围剿"三坑鸭薮里，蕉平红军独立营处于强敌的包围之中。红军独立营与敌对峙两日，终因力量众寡悬殊，山头阵地被敌军占领，敌人逐渐收缩包围圈。在这紧要关头，为保存力量，营委决定指挥队伍向平远方向突围，实现到寻乌丹溪与寻乌红二十一纵队会合的计划。虽经独立营上下团结一心，奋力突出包围，但平远民团穷追不舍，在热柘至大柘途中，又遭国民党军警截击，红军尖兵李腾二、余某两人被敌俘去杀害于坝头。红军经七子岽到达河头，据河头区委报告，叶子畲李碧豪部及仲石、八尺民团均向河头进犯，堵截红军，因此改为向东石撤退。天黑后，红军走深山小道，攀山越岭撤退到东石，后又转入蕉岭黄坑。到达黄坑后，经前哨探听得知鸭薮里已被敌人烧光，而蕉岭"围剿"红军之敌尚未撤退，仍驻五里径附近。因此，独立营营委作出"为保存红军，将队伍化整为零，藏入民间，待机再起"的决定。

平远籍队员黄锦秀等10多人辗转潜入丹溪，加入丹溪赤卫队，与丹溪人民一起开展革命斗争，从而使平远的党的武装得以保留下来。

六、中共平远县委机关迁入丹溪根据地

1929年9月，中共东江特委派员巡视蕉岭、平远，总结了蕉平红军独立营失败的教训，提出中共应加强对武装斗争的领导，中共组织要充分依靠农会、赤卫队，积蓄力量，继续同国民党反动派作斗争。

1929年10月31日，红四军攻打梅城失利后，朱德军长、朱云卿参谋长率领红四军第一、二、三纵队撤离梅城，实行战略转移。11月1日，由梅县团的负责人卢伟良任向导，在东江特委和梅县县委部分负责人护送下，经梅县城北、大坪、梅西撤至平远石正宿营，部队驻扎在石正中学和石正圩附近的乡村农家，军部领导人驻天主教堂。是日中午，红四军在石正圩召开群众大会，宣传共产党和红军的政治主张。当天，朱德军长亲自到石正中学向师生作题为"要为革命读书，读书不忘革命"的演讲报告，动

1929年红四军实行战略转移，途经平远时军部设在石正中学

员师生参加革命，参加红军。当晚，由赴上海向中央汇报工作刚回来的前委书记陈毅在天主教堂主持召开前委（扩大）会议，传达中央"九月来信"，总结红四军出击东江、反攻梅城的经验教训，形成《前委报告》报粤省委并转报中央。

1929年11月2日，红四军离开石正进入江西寻乌岑峰。红四军在寻乌一带活动后，于13日由留车出发，经上磜进入平远八尺角坑。红四军途经八尺时，沿途演讲宣传并书写"打倒土豪，没收土地""农民组织农会"等标语，大力宣传共产党的政策和主张，号召农民组织农会和赤卫队，打倒土豪劣绅和国民党反动派。

11月13日，朱德率红四军路过八尺，为农民运动大造声势，唤醒了广大民众。13日晚，红四军部队到达平远县城仁居。红四军在县城收缴了国民党平远警察局的全部军械，破开国民党监狱，释放全部政治犯并开展政治宣传。

1929年11月15日,红四军离开平远县城仁居,经差干开往福建武平,回师闽西。

就在红四军离开平远后的一天,河头"清乡"委员、太阳村的国民党走狗陈耀堂神气活现地上县城仁居"履行公务"。河头区委了解情况后,马上作出决定,派出赤卫队员在西洋地段伏击陈耀堂。西洋是河头到县城仁居的必经之地,又是偏僻山径。当陈耀堂从县城返回到西洋时,即被赤卫队员击毙。

红四军从寻乌转战闽西,途经平远,政治影响极大,给中共平远县委极大的鼓舞。中共平远县委决心克服困难,继续斗争,并决定转移至丹溪。

1929年12月,中共平远县委组织县区党员骨干转移至丹溪,以丹溪木畬头为县委机关驻地,将丹溪划为平远第八区,同时成立中共丹溪区委、丹溪区苏维埃政府和丹溪区赤卫大队。丹溪区赤卫大队60多人,何洪任队长。全区建有李坑里、木畬头、竹岭3个党支部。从此,中共平远县委开始了与寻乌县委密切配合、并肩战斗的艰苦岁月。

1930年1月23日,兴宁、平远、寻乌、龙川四县的国民党反动武装3 000余人分5路对以寻乌大田为中心的红色苏区进行疯狂"围剿"。寻乌红二十一纵队和地方赤卫队共700多人联合对国民党反动武装进行阻击,以红二十一纵队为主的红色武装采取灵活的战略战术,首先击溃牛斗光一路来犯之敌,然后集中兵力在大田击败以国民党平远县警中队为主的丹溪一路之敌800多人,最终使敌军的"会剿"解体。这次阻击战共毙敌10多人,缴获敌人长、短枪100多支,子弹一大批,生俘李碧豪部第三大队队长胡光明及八尺、河头民团60余人。

大田战败后,国民党当局不甘失败,于1月底再次集结反动武装2 000余人围攻大田。因赤卫队弹药不足,且力量众寡悬殊,大田被敌攻陷，四周碉堡及民房被敌焚烧殆尽，苏区群众遭受残酷摧残。

1930年2月中旬，中共东江特委巡视员刘光夏在寻乌主持召开兴宁、平远、寻乌、龙川四县联席会议，组建红军五十团。红军五十团兵员由寻乌红二十一纵队和各县选送的赤卫队员组成。红五十团以刘光夏为团长，陈俊为政委，邝才诚任参谋长，袁荣任政治部主任。

红五十团成立后，经过编练整训，于2月下旬进攻平远石正乡公所，歼灭敌团防队，缴获长、短枪100多支及子弹一批，接着进攻八尺，摧毁了八尺乡公所，焚烧了八尺文祠，没收了八尺圩"文合福"商店物资一批。

1930年2月下旬，石正谢福生、王藻二、凌芹生等10多人接应寻乌赤卫队200多人在石正圩暴动，没收了15户土豪的浮财。

1930年2月下旬，寻乌境内红色区域已占大部分，唯澄江、吉潭、三标及寻乌县城仍为国民党反动武装把持。其中，反动势力以澄江谢家猷部为最强，有兵力500多人。红五十团为完成赣粤革命根据地连成一片计划，决定集中兵力摧毁谢家猷部，但此役失利。由于红五十团在战略上对敌人力量估计不准，战术上采取全面包围式，加之对地形不熟，结果反被谢家猷部包围，团长刘光夏、参谋长邝才诚在突围中牺牲。

1930年4月，中共平远县委组织丹溪赤卫队攻打仲石，战斗失利，赤卫队中队长黄锦秀在战斗中负伤（后转移到良畲黄泥排养伤，被敌捕杀），赤卫队返回丹溪。这时，适红四军分兵安远、寻乌，分别建立了县苏维埃政权。5月上旬，红四军通知平远县委，决定派红四军第一纵队分兵平远游击，协助平远县委组织开展武装暴动。

七、红四军分兵平远,农民运动如火如荼

(一)红四军分兵平远游击

1930年5月14日,红四军按照前敌委员会的既定计划,派纵队司令员林彪率领第一纵队1000多人从江西寻乌分兵平远游击,为红军部队筹粮筹款及协助地方组织工农群众打土豪分田地,举行武装暴动,建立红色政权。

红四军进军平远前夕,中共平远县委已建立东石、河头、丹溪3个区委,下辖24个支部,共有党员160人。同时,全县农会已发展会员1万多人。

中共平远县委接到红四军将分兵平远的通知后,即召集会议,研究部署接应红军事宜并作出紧急决定:(1)派组织委员修治文与红四军接头,报告平远县委组织状况及东江国民党反动武装分布情况。(2)派李巴林、易儒峰分别到东石区、河八区(河头、八尺)布置配合红军工作。(3)安排各区党员负责规划和主持暴动,组织赤卫队,准备武器。(4)动员群众严密监视土豪劣绅的行动。(5)传达暴动纪律:不得损害农民一草一木,不得私打土豪,不得窝藏和放走土豪劣绅,无县委命令不得杀人,无县委命令不得烧屋。(6)抽调丹溪赤卫大队100人随红四军进城,为平远县城城防部队。

会后,县委秘书易儒峰深入河八区布置接应红军工作。其时,因中共河头区委书记黄维耀被国民党河头乡公所逮捕杀害,敌人气焰嚣张。易儒峰与陈学生、张辅高一起,秘密召开区委扩大会议,传达县委决定,落实配合红军的各项工作。陈学生、张辅高在河头、八尺一面组织训练赤卫队,一面组织调查地方反动势力情况,以迎接红四军的到来。

1930年4月13日,李巴林召集曾庆禄、黄荣章、丘展鹏、丘

南兴等在东石灵水曾达光家中开会，研究迎接红四军的准备工作，被国民党平远当局发觉，遭到县警中队包围袭击。突围中，丘展鹏不幸被捕，后遭杀害。

1930年5月14日，中国工农红军第四军第一纵队1 000多人分两路挺进平远。一路由甄士光带队，由寻乌满坑出发，于8时45分进入平远筀竹乡，击溃企图阻拦红军的九乡五社后备队，毙敌2人，伤1人。叶子畲潘满山部、八尺韩逸炉等地方反动武装闻讯深藏山薮。红军即在河头、八尺发动群众，开展土地革命。另一路由纵队司令员林彪、政治委员彭祜、政治部主任谢唯俊率领，由寻乌吉潭经大畲坳、邹坊至平远县城仁居。当红军到达仁居西门附近麟石下时，遭到国民党平远县警中队及地方民团共500多人的阻击。敌军在麟石上居高临下，疯狂扫射，企图封锁进城道路。红四军在纵队司令员林彪的指挥下，以部分兵力占领左侧高坡作阵地战；另一部分兵力冲过山脚，反身向盘踞麟石之敌进行猛烈反攻，仅10多分钟时间即把敌军击溃。国民党平远县长罗骏超弃城逃跑，退守在畲脑山子坳一带。

麟石之战遗址

红四军第一纵队司令部旧址——泰山萧氏公祠

红四军第一纵队顺利进入平远县城仁居后,司令部及林彪驻仁居萧氏公祠,政委彭祜驻东门街的华宝馆,政治部驻附城中学(仁居中学),大部分官兵驻扎在学校及各姓祠堂和老百姓的厅堂里。当日,全县城乡一片沸腾,欢庆县城获得解放。红四军破开国民党仁居监狱,释放在押的35名犯人,其中有共产党员张洪辉、赤卫队员姚科元等。

红四军分兵平远之前,国民党平远当局害怕人民群众与江西中央苏区红军联系,曾在群众中大肆宣传"共产党共产共妻""红军是杀人放火的土匪"等。当红四军进驻仁居后,全城商店不敢开门,停止营业。红四军为了消除反动宣传所造成的影响,帮助人民群众认识红军,认识共产党,拥护红军,拥护共产党,于是在群众中开展强大的政治宣传。一是挨家挨户宣传红军的性质、宗旨,使群众懂得红军是工农的军队,是穷人的军队,是帮助工农打土豪的军队。二是用棕做笔,熬煮墨角、乌烟作颜料,大量书写墙壁标语,开展革命宣传。三是教唱红军歌曲。红军在会前会后,街头巷尾,白天黑夜,到处教唱红军歌曲。其中有一首《红军纪律歌》流传最广:

红军纪律最严明,爱护老百姓,到处受欢迎;

工农如兄弟,穷苦更相亲,说话要和气,开口不骂人;

士农工商,穷苦大众,个个都欢迎;

出发与宿营,样样要记清,房子扫干净,借物要送还,损坏要赔钱;

军队与百姓,团结一条心,土豪劣绅白狗子,一定能肃清。

红四军在大力开展政治宣传的同时,更是言行一致,纪律严明,从而博得群众的信赖和拥护。红四军部队驻扎在仁居,严格遵守纪律,不骚扰百姓,不喝酒,不赌钱,说话和气,买

位于仁居镇仁居村下街刘家祠围墙上的红军标语:"国民党是土豪劣绅洋奴恶棍军阀官僚的狐群狗党! 红军4"

卖公平。因此,县城各商店很快恢复了营业。商店老板积极组织货源,雇人到福建武平的下坝圩挑运食盐、菜脯、咸鱼、杂货等保证全城供给。米铺老板积极组织人力加工大米,老百姓宰猪杀牛,做好红军的补给,市场更加繁荣。

(二)建立县区红色政权

1930年5月14日,红四军分兵平远进占县城仁居后,中共平远县委即派黄荣章等与红四军第一纵队政治委员彭祜接洽,县委

领导随后从丹溪率100多名赤卫队员进驻仁居作为城防部队。县委机关先驻县城仁居林家祠，后迁至仁居东门平阳楼。

平远县革命委员会旧址——林家祠

中共平远县委机关进驻县城仁居后，密切配合红四军开展强大的政治宣传，动员群众加入农会、商会，参加赤卫队，开展打土豪。

5月17日，中共平远县委在仁居东较场召开群众大会，宣布成立平远县革命委员会、平远县模范赤卫队和赤卫队总指挥部，任命陈学生为县革命委员会主席，陈炳南为县模范赤卫队大队长，李巴林为赤卫队总指挥部总指挥。

中共平远县委在红四军指导下，召开全县党员代表大会，参加会议人数40多人，彭祜、谢唯俊到会指导。会议主要议程是讨论建立县区红色政权和研究制定全县分期分批暴动计划。

全县党员代表大会决定将全县划为8个行政区并建立相应的党政军组织。第一区为仁居区，辖仁居、邹坊、黄畲三乡。第二区为河八区，辖八尺、河头（中行）两乡。第三区为东石区，辖东石、泗水、坝头三乡。第四区为大柘区，辖大柘、超竹两乡。第五区为石正区，辖石正一乡。第六区为长热区，辖长田、热水、小柘三乡。第七区为差干区，辖差干一乡。第八区为丹溪区，辖茅坪上村、茅坪下村、里坑、彭公寨四乡。原大柘属大信乡划为兴宁辖区。

中共平远县委、平远县革命委员会任命：第一区（仁居区）革命委员会主席为严东屏，赤卫队长为郑祥。第二区（河八区）区委书记兼区革命委员会主席为张辅高，赤卫队长为朱福光。第三区（东石区）区委书记兼区革命委员会主席为曾庆禄，赤卫队长为曾达光。第八区（丹溪区）区委书记为赖守仁，区苏维埃政府主席为钟国仁。

中共平远县党员代表大会决定在全县分期开展暴动，每期7天。第一期在仁居区、河八区开展暴动，第二期在东石区开展暴动，第三期在大柘区开展暴动，第四期在石正区、长热区开展暴动。

（三）打土豪、分田地，农民运动如火如荼

红四军分兵平远期间，中共平远县委、平远县革命委员会在红四军指导帮助下，发动和组织全县各区乡广大农民开展了轰轰烈烈的以打土豪、分田地为主要内容的武装暴动。

在县革命委员会指导下，第一区（仁居区）乡村农民协会和赤卫队相继成立。广大人民群众情绪激昂，与长期压迫剥削穷人的土豪劣绅、地主阶级和国民党反动派开展针锋相对的斗争，不纳税、不还粮、不还土豪的账，打土豪、开谷仓、分田地，在仁居掀起空前的农民运动高潮。其间，仁居区农民协会组织赤卫队没收土豪稻谷380多石，收缴银圆1 400多元，以及其他物资一大批。

在打土豪、开谷仓、烧契约、分浮财的同时，仁居全区以村

为单位，开展分田运动。各村分田办法是开会动员，农会制订计划，一般以原耕为基础，每人两担谷田左右，裁丰补少，抽肥补瘦，分田时用纸做成三角旗，上面写上"耕者有其田，分给某某人"。插在分配的田块中，并由农会宣布：某某地方某某地块，面积多少，分给某某人，永远不再向土豪劣绅交租。

红四军进驻平远期间，河八区委组织赤卫队打土豪40多户，没收稻谷1 000多石，银圆1万多元，生猪100多头，布匹及其他物资一大批。所得斗争果实，除上交红军、补充部队给养外，全部分给农民。在打土豪向地主要钱、要粮、要物的同时，没收了地主的土地，平均分配给农民，边分田地边插红旗。几天时间，全区各乡村大片田地红旗招展。广大农民欢声雷动，高呼"中国共产党万岁！红军万岁！"

石北苏区人民获悉红四军分兵平远游击后，斗争情绪十分高涨，纷纷要求区委迅速派人与在县城（仁居）的红军取得联系，请求一纵队派部队来协同作战，以狠狠打击敌人。于是，区委决定派人送信到平远县城与第一纵队联系。

赤卫队员曾福香，一马当先接受送信任务。他化装成农民，把信藏在斗笠中，但刚行至畲脑村即被敌人逮捕。敌人用尽诱、骗、迫、刑等各种毒辣手段，企图使他变节告密。但曾福香坚贞不屈，国民党反动派恼羞成怒，下令将曾福香就地杀害。

曾福香被敌人杀害后，东石区委又派刘矮三化装成乞丐前往平远县城送信。由于被红军吓得丧魂落魄，反动派对行人严加盘查，连乞丐也不放过，刘矮三在畲脑又落入敌手。敌人把刘矮三吊在梁上，颈上挂着一个装满石头的大竹篮，活活地将他吊死。

赤卫队员林登寿听到两次送信的同志均被敌人杀害后，无比义愤，当即要求区委派他去送信。林登寿化装成货郎绕道前往平远县城，但在途经畲脑的仓子下时，不幸又被敌人捕获。在凶残的敌人面前，林登寿始终没有泄露党的秘密。最后，被敌人残忍地杀害。

虽然一连三次派出送信的同志都英勇地牺牲了，但是，石北苏区人民仍不屈不挠，誓与国民党反动派斗争到底。赤卫队员李万均、林庆洪自告奋勇，坚决要求承担继续送信的任务。他们两人吸取前几次的经验教训，绕道大和嶂、上举、乌柏溪，爬山越岭，克服重重困难，终于到达平远县城，亲手把信交给了纵队领导。

5月21日，红四军第一纵队派出第一支队开赴石北，协助东石区委开展武装暴动。在红四军的帮助下，石北赤卫队扩充到150多人，其中50多人派驻东石圩镇，30多人参加县模范赤卫队，70多人留驻石北乡。

为期7天的东石区暴动，斗争土豪劣绅20多场，处决土豪3人，缴获步枪20多支、子弹400多发、火粉枪30多支、马1匹，没收稻谷200多石、生猪10多头、棉布40多匹、衣服数百件、银圆4 900元。所缴获的枪弹用于武装赤卫队，所没收的财物大部分分发给农民渡荒。

正当如火如荼的农民革命运动迅速开展的时候，红四军第一纵队突然接到前委发来的撤离命令。5月31日，红四军第一纵队奉命撤离平远，经福建下坝回师闽西，征调北上。

从5月14日至31日，红四军第一纵队进驻平远历时18天。其间，开展了声势浩大的宣传发动工作，点燃了革命烈火，全县打土豪取得辉煌战绩，共没收稻谷2 000多石、银圆1.8万多元，缴获长、短枪300多支，子弹700多发，马1匹及其他物资一大批。所缴获的谷子、衣物分发给贫苦农民，银圆上交红军作军饷，枪弹上交一部分给红军，其余装备交县区赤卫队。红军进驻平远期间，人民群众群情奋发，笑逐颜开；土豪劣绅威风扫地。

（四）红四军分兵平远的历史意义

1930年5月14日至31日，红四军分兵平远游击，时间虽然短暂，但在平远革命斗争史上写下了光辉的一页。在红四军进驻平远期间，广大贫苦农民扬眉吐气，从县城到乡村，到处红旗招展，一片欢腾，以"打土豪、分田地"为中心的农民运动如火如荼，全县自上而下成立革命委员会和乡村苏维埃政府。

（1）红四军开展强大的政治宣传，振奋了平远人民的革命精神。通过红军的宣传，广大人民群众革命热情高涨。红军纪律严明，对老百姓秋毫无犯，与国民党军队到处损民害民形成鲜明对比，从而赢得人民群众的衷心拥护。红四军进驻平远期间，广大青年纷纷要求参加红军，其中有林钦才、丘文祥等20多人参加了红军。

（2）推动了平远土地革命运动的迅猛发展。红四军来平远之前，平远县委还驻在丹溪，所属东石区委、河头区委还处于地下，力量弱小，群众没有组织发动起来。红四军分兵平远，平远县委借助红军力量，开展轰轰烈烈的土地革命运动，建立了完整的县、区革命政权和武装组织。平远红色区域的建立，使平远与赣南、闽西苏区连成一片，推动了粤东北地区的土地革命。

（3）红四军分兵平远，在粤赣边境筑起一堵保卫中央苏区的南面屏障，阻止和牵制了敌人"围剿"中央苏区的兵力。毛泽东正是利用红军分兵游击的机会，在寻乌深入商店、作坊和农村，广泛接触工人、农民和社会各界人士，进行了历时20多天的社会调查，写出了《寻乌调查》和《反对本本主义》这两篇光辉著作，为中国共产党在土地革命时期制定正确的土地革命路线和政策提供了可靠的依据。

红四军在当时特定的环境条件下分兵寻乌、安远、平远，使革命人民为之鼓舞，反动势力为之胆寒，革命斗争为之发展，在中国革命史上立下了不可磨灭的功绩。

八、红四军北撤，中共平远县委机关迁回丹溪

1930年5月31日，红四军第一纵队奉前敌委员会命令，提前撤离平远。红四军北撤后，反动势力疯狂反扑，形势急剧恶化。6月3日，县区领导人陈学生、张辅高等在八尺老圩区农会召开会议时，遭到韩逸炉、韩文韶、韩岳生等地方反动武装有预谋的包围袭击。县革命委员会主席陈学生，河八区委书记张辅高，河八区农会主席肖碧堂，河八区粮食主任肖梓珊，河八区农会委员易元发、韩应崇和2名赤卫队员及寻乌上礤乡苏维埃主席曾少廷共9人牺牲。地反首恶韩世鳌指使刽子手把陈学生的头颅砍下，挂在仁居东较场门前的电线杆上示众。陈学生、张辅高等在八尺遇难，史称"八尺事件"。在敌人袭击八尺的当天，河头乡赤卫队在陈维耀带领下火速向八尺进发。当他们到达香田坳时，得知陈

1930年6月3日"八尺事件"发生地——八尺老圩

学生等县区领导人大部分已牺牲,八尺已陷敌手。因此,他们只得返回太阳村,并随时准备抗击来犯之敌。

6月5日,韩逸炉、李碧豪、冯乘六及仁居土豪劣绅的反动武装疯狂进犯县城,城防赤卫队与敌血战一小时,城防队队长何洪等牺牲,县城失守,县党政军机关被迫转移到丹溪,以丹溪木畲头为县委机关驻地,开始了更加艰难的革命斗争历程。

中共平远县委机关驻地旧址——丹溪木畲头

九、苏区人民的浴血战斗

红四军第一纵队撤离平远后,中共平远县党政军机关被迫转移到丹溪,苏区人民经受了国民党反动派的血腥镇压。

国民党反动派占据县城后,首先在仁居、邹坊、黄畲大肆捕杀农运干部和赤卫队员,下令涂刷红军标语,追回契约,宣布所分土地无效。仁居工会主席黎光、飞龙农会主席赖文汉、县革委干部王云彬、赤卫队员丘林古等惨遭杀害。井下农会委员吴杞寿、仁居农会财粮委员冯宗仪、井下赤卫队员丘天生等不少农运干部、赤卫队员被捕入狱，惨遭迫害。

面对国民党反动派的疯狂镇压，仁居人民不屈不挠，想方设法保护好红军墙标。一部分赤卫队员被迫离开故土，辗转到寻乌加入蕉平寻赤卫队，坚持与国民党反动派进行针锋相对的斗争；一部分农运干部留在仁居，继续坚持地下斗争，贴标语、剪电线，破坏敌人的交通，阻挡敌人向江西中央苏区进攻；一部分农运骨干组织送盐、送米，千方百计冲破国民党反动派的重重关卡，源源不断地为中央苏区和红军输送物资，做好军队和苏区人民的补给。

6月3日"八尺事件"后，河八区笼罩在白色恐怖之中，反动势力极其嚣张。八尺地反韩逸炉、韩世鳌、韩岳生、韩文韶等利用五社后备队等反动武装，进行反攻倒算，到处搜捕共产党员和区乡赤色人员。樟田村赤卫队员沈祥云、沈万郎，四维乡赤卫队员韩芳定、韩石民，河八区赤卫队员、南塘村农会主席张昌伦等先后被捕，有的惨遭杀害。

河头的太阳村遭到国民党反动派的多次洗劫。苏区人民面对严酷的斗争形势仍坚强不屈，勇敢抗击来犯之敌。

仲石张立朝自卫队和叶子畲潘满山、李碧豪匪部受命"血洗"河头太阳村。为了保卫家乡人民的生命财产，太阳村赤卫队员在陈维耀等带领下，在敌人进犯的必经之地龙头寨山头布阵。他们采取虚张声势的战术，把一部分赤卫队员分布在附近的几个山头上，以比较集中的兵力堵住隘口。当敌人的前锋进入隘口时，即开枪射击。霎时，枪声、喊杀声、冲锋号声齐鸣，附近山头一片火光。敌人被打得晕头转向，狼狈而逃。

几天后，国民党平远当局组织河头乡自卫队和仲石自卫队再次"围剿"太阳村。在强敌压境之下，为保存实力，守在香田坳的河八区赤卫队便由儒地撤入丹溪；守在家乡的太阳村赤卫队员也奉命撤向丹溪。

红四军撤离平远后，国民党反动派卷土重来。平远县城仁居于6月5日重陷敌手。中共平远县委根据当时敌强我弱的情况，组织县委成员及县赤卫队先后撤到福建的下坝，后辗转到寻乌县的丹溪。东石区赤卫队长曾达光、石北乡妇女主任陈亚惠、农会主席林宝华根据县委指示，带领一批赤卫队员留守石北，保卫苏区人民的生命财产安全。

6月6日下午，以东石吴振轩为首的反动势力，纠集吴柳堂、吴应文等地方民团80多人，对石北灵水、白岭进行"围剿"。东石区赤卫队长曾达光带领留守石北苏区的80多名赤卫队员奋力反击，打退了敌人的第一次"围剿"。翌日，国民党政府平远县长罗骏超增派500多兵力对石北进行第二次"围剿"，赤卫队反"围剿"失利。6月9日、6月11日，罗骏超再派重兵疯狂"围剿"石北苏区。在这三次"围剿"中，敌人到处烧杀抢掠，无恶不作，石北苏区遭受空前劫难，25人惨遭杀害，12人被捕，被烧毁房屋600多间，被抢走耕牛64头，生猪122头，被勒索银圆1.34万元，劫后饿死、病死58人。

土地革命战争时期，平远苏区人民在中国共产党的领导下，高举革命红旗，团结战斗，在与国民党反动派进行针锋相对的斗争中，抛头颅，洒热血，为革命付出了巨大牺牲，作出了重大贡献，在平远革命斗争史上，用鲜血谱写了光辉的一页。

十、蕉平寻苏区的形成和发展

（一）中共蕉平寻县委的成立与蕉平寻苏区的形成

广东的蕉岭、平远与江西的寻乌山水相连，位于中央苏区的南端。蕉岭、平远、寻乌三县于1928年先后建立了县委,开展了轰轰烈烈的土地革命斗争,开辟了大片红色区域并先后成立了各自的县级政权和武装组织。后来,由于受李立三"左"倾冒险主义的危害和国民党反动派的多次"围剿",至1930年冬,蕉岭、平远两县红色区域和党的武装组织接连遭到破坏。蕉岭县的党组织已转入地下,其红色武装由邓崇卯等率领转战于蕉岭平远边境,红色区域所剩无几。平远县委转移到寻乌边境丹溪,其赤卫大队与兴宁、寻乌邻县红色武装互相配合,共同战斗,艰难地与敌周旋,县内红色区域和党组织大部分遭到破坏。寻乌革命斗争形势非常严峻,寻乌与赣南党组织的联系中断,而且受广东邻县国民党反动武装的不断侵扰进犯,红色武装大有被敌颠覆的危险。1930年11月,中共闽粤赣边区特委根据蕉平寻三县革命斗争的客观实际和形势发展的需要,决定将寻乌、蕉岭、平远三县合并建立蕉平寻县委,隶属中共闽粤赣苏区特委西北分委领导。

1930年11月20日,中共闽粤赣边区特委西北分委负责人刘琴西到寻乌县委所在地留车,按照西北分委的要求,将东江游击队与平远、寻乌、龙川等地游击队合编为红十一军独立营。独立营共有兵力500多人,编为三个连一个特务排,彭城任营长,罗文彩任副营长,罗屏汉任政委。

1930年12月11日,中共闽粤赣边区特委西北分委给龙川、兴宁、寻乌、平远、蕉岭县委发出指示信,指示寻乌、平远、蕉岭三县,"由寻乌县委即召集蕉平两县委筹备蕉平寻三县合并党团代表会",并派刘琴西、李巴林到留车,具体指导蕉平寻三县合并党团代表大会和工农兵第一次代表大会的筹备工作。

1931年1月15日,蕉平寻三县党团代表大会与工农兵第一次代表大会在寻乌黄田召开。党团代表大会主席团由赵冠鹏、赵尚杰、赖兴邦（平远赤卫大队队长）、李大南、廖裕德、林汉偶（平远代表）、陈传标（平远代表）、曾加棉（平远代表）、罗月福共9人组成，会议于1月21日闭幕。

蕉平寻县委机关驻地旧址之一——鹿背角

会议主要是"讨论今后一切工作的方针和总的策略、路线和组织"。大会选举产生以赵冠鹏、曾加棉、林汉偶、易敬永、李大南、赖兴邦、邝三妹为委员，廖裕德、刘葵五、温焕清为候补委员，赵冠鹏为书记，刘兰芬为秘书长的中共蕉平寻县委员会。选举曾不凡为团县委书记。蕉平寻县工农兵第一次代表大会选举李大南为县苏维埃政府主席。县委和县苏维埃政府机关设在寻乌黄田（后迁至鹿背角等地）。

蕉平寻三县党团代表大会与工农兵第一次代表大会通过如下五项决议：（1）健全苏维埃政权组织和军事组织；（2）确定苏维埃的经济政策；（3）反对"左"倾机会主义；（4）猛烈扩大红军；（5）做好青年、妇女工作。

蕉平寻三县党团代表大会与工农兵第一次代表大会确定全县设三蕉铺区、新平尺区、石坝东长区、光留篁区、吉澄寻区共5个区。

蕉平寻县委成立后，对内称县委，对外则称"印刷部"。县委内设组织部、宣传部，分别由廖醒中、罗月福、林汉偶等负责。县以下设区、乡两级党组织，区设区委、乡设支部。

蕉平寻县委成立后不久，因革命形势发展的需要，全县改设为寻城区、吉潭区、篁乡区、留车区、大柘区、八尺区、坝头区、平城区、蕉城区、新铺区共10个区，区以下设乡。

蕉平寻三县党团代表大会与工农兵第一次代表大会的胜利召开，宣告了蕉平寻革命根据地的正式形成，蕉平寻苏区辖区面积3 370平方千米，共20多万人。

（二）蕉平寻苏区的党政军和群团组织建设

蕉平寻县委、县苏维埃政府成立后，认真贯彻党团代表大会和工农兵代表大会作出的各项重要决议，积极进行苏区各项建设，开展武装斗争，取得了很大成绩。

县党团代表大会和工农兵代表大会召开以后，县委、县苏维埃政府即派人到蕉平寻各地贯彻"两大会议"精神。1931年2月21日，蕉平地区在蕉岭的三坑召开党员代表会议。来自蕉岭、平远和梅县的白渡、松源的50多名中共党员参加了此次会议。会议由陈侃、邓崇卯主持，主要内容是传达"两大会议"精神，总结经验教训，批判李立三错误路线，深入发动群众继续坚持斗争。县委、县苏维埃政府还派谢天白、黄兰四到平远开展工作，在平城建立党的特别支部。

为了加强党组织的领导，增强党的战斗力，蕉平寻县委于1月下旬至2月中旬先后召开了三次组织工作会议，在短期内发展党员320人。1931年，蕉平寻苏区共有中共党员600多人。共产党员在各自的岗位上，带领广大人民群众冲锋陷阵，发挥了先锋模范作用。

蕉平寻县委重视政治宣传和思想教育工作。为造就苏区干部，提高党政军领导干部的政治素质和指挥能力，县委先后在芳田、留车、黄砂等地开办支部书记训练班、苏维埃政府干部训练班和军事干部训练班，共培训干部100多人。县委创办了《赤报》《支部生活》《红旗》等宣传刊物，各区还办有区级党报。

每逢革命纪念日，各类宣传活动开展得丰富多彩。如"二七""三二五""五一""五四""五卅""七一""八一"及十月革命纪念日，县委均发布文告进行布置。1931年3月25日，是寻乌农民举行武装暴动三周年纪念日，蕉平寻苏区各地普遍举行纪念活动。尤其是篁乡、岑峰、公平、留车、河角等地隆重召开庆祝大会，化装演讲，演出话剧。会后，群众手执彩旗，肩扛梭镖、土铳、步枪示威游行。

县委在加强党组织建设的同时，大力发展各种革命的群众组织，充分发挥群团组织在生产和革命斗争中的作用。1931年2月7日，蕉平寻苏区召开全县工人代表大会，100多人出席会议。大会讨论了土地、军事、政权、债务、城市政策、劳动、工人文化教育等问题，通过了《优待红军条例》和慰问工人、农民的决议。大会通过选举产生县总工会领导机构。总工会下设店员、理发、小商、泥木、缝衣、五金等分会。蕉平地区还成立了篷船、煤炭行业工会。1931年间，还建立了县、区、乡三级雇农工会和贫农团组织。有组织的工人、农民在发展苏区经济、扩大红军、支援红军等方面发挥了巨大的作用。

蕉平寻第一次党团代表大会后，县、区、乡各级共青团组织先后建立，团县委创办了《团的生活》《蕉平寻青年》等刊物。各级团组织积极发动青少年参加演出队、标语队，深入村寨贴标语、发传单等，进行宣传鼓动，有力地打击了国民党反动派的嚣张气焰。在扩红运动中，团组织积极发动70多名青年应征当红军。蕉平寻第一次党团代表大会后，县区乡各级相继建立儿童团组织，县设总队、区设大队、乡设小队，根据地内的少年儿童全部编入儿童团。通过培养训练，儿童团团员担负站岗、放哨、侦探、送信、宣传、慰劳红军等任务。

蕉平寻第一次党团代表大会后，县、区、乡各级相继设立妇女委员会。各级妇女委员会发挥了积极的作用。平时开展做军鞋、优待红军家属、代耕代劳等活动，战时组织发动妇女参加洗衣队、暴动队、运输队、慰劳队、救护队等。在扩红运动中，曾呈现过"妻送郎、郎送妻，夫妻双双当红军"的动人场面。

蕉平寻县委重视武装建设，红色武装力量不断发展壮大。1930年11月，根据赣南行委指示，赣南各县赤色武装统一编为红军三十五军，原寻乌县赤卫总队编为红三十五军特务营，陈必达任营长。与此同时，寻乌县从各区征调赤卫队员，重建县赤卫总队。

1930年11月下旬，东江红十一军参谋长梁锡祜，西北分委负责人刘琴西在罗屏汉、潘火昌陪同下，到寻乌留车做好各地游击大队的整编工作，将东江游击队、寻乌游击大队、平远游击大队、兴宁游击大队、龙川游击大队合编为红军第十一军独立营。彭城任营长，罗文彩任副营长，罗屏汉任政治委员。独立营初设3个连共200多人，后发展为4个连共500多人。1931年2月8日，蕉平寻县委决定，集中各县农民武装编成县赤卫总队，并从光留篁区选送15名中共党员，吉澄寻区选送10名中共党员，新平尺区选送5名中共党员入伍，以加强县赤卫总队的领导。4月间，县赤卫总队又改编为红色连，共3个排。1931年秋，以红十一军独立营为主体，兼收地方赤卫队，扩编为东江红军蕉平寻独立团。

1931年，蕉平寻县红色武装与苏区人民同心协力，并肩战斗，先后粉碎了国民党反动派的三次"围剿"。

1931年2月间，反动头子谢家猷率500多团匪，纠集盘踞在叶子畲的潘满山匪部100多人，向车头猛扑。红三十五军独立营、蕉平寻赤卫总队会同龙川杨子杰部队，预先形成鼎足之势，埋伏在车头村外山上，待匪敌进入村中心时，三路伏兵一齐冲杀，使敌军顷刻瓦解，打死打伤及俘敌多人，缴枪20多支，并把生擒的潘匪参谋长肖文处决，还从肖文身上搜获兴宁、龙川、寻乌、平远四县反动武装联合"会剿"苏区的"作战计划"。3天后，潘匪又纠集兴宁、平远、龙川三县反动团匪，分四路"围剿"大田苏区，因红三十五军独立营已开往三标，致使大田被攻陷。敌军烧杀抢掠后分四路逃窜，蕉平寻县地方赤卫队、游击队选择力量较小的潘匪一路猛烈追击，在廷岭打得敌军丢枪弃物，四处逃窜。

3月至4月，潘匪又纠集兴宁张英部队200多人"围剿"龙图苏区，在村里行暴抢掠至深夜。县赤卫总队挑选30名勇士组成大刀队，冲入敌军阵地英勇杀敌，只剩少数匪徒侥幸逃脱。

1931年6月间，匪首古乐三、潘梦春、严国兴、汤志伊、陈士英、谢海筹等联合组织兵力1 000多人，向高头、司城、大仙背等苏区"围剿"。苏区红军独立营、县红色连及区乡赤卫队同仇敌忾，奋力拼杀。经过6天激战，终于击败敌军进犯，取得反"围剿"战斗的胜利，匪首古乐三化装狼狈逃遁。

（三）蕉平寻苏区的经济建设

蕉平寻苏区建立后，县委、县苏维埃政府领导全县人民彻底分配土地，开展大生产运动。

土地革命战争时期，蕉平寻三县合并之前，各地都不同程度地进行了土地分配，但在分配土地过程中，曾出现过一些分配不公的现象，如干部分好田，富农分坏田，地主不分田等。分配不合理，挫伤了群众的积极性。蕉平寻县委成立后，接连发布文告，对彻底分配土地作出详细规定。水田的分配，规定以乡为单位，遵循"抽多补少，抽肥补瘦"的原则，按人口平均分配。茶山、竹山、木梓山按人口平分。工人与农民一样分配土地。用材林、薪炭林则未分配，可自由砍伐。合理解决土地分配问题后，极大地调动了工农群众的积极性。各乡村组织变工组或变工队，实行生产互助。1931年，蕉平寻苏区农业生产获得历史上从未有

第二章 平远县革命斗争史

过的大丰收。

在经济建设方面，县委、县苏维埃政府除了按政策规定做好土地、山林的分配工作外，对寻乌地区私营的裁缝、造纸、打铁、木匠、雨伞等手工作坊及蕉平地区的石灰、煤炭等小型厂场积极扶持其发展。同时，苏区政府还开办了生产合作社和消费合作社。通过经营工商业，对发展生产、疏通渠道、调剂余缺、控制物价起到了很好的调节作用。此外，县委、县苏维埃政府还发动群众，熬制硝盐，加工药材，并开办兵工厂，进行翻造子弹和修理枪械。

为粉碎国民党对中央苏区的经济封锁，县委和县苏维埃政府实行以边境贸易、中转经销等办法对付国民党的经济封锁。中央苏区寻乌地区的进出口物资均由蕉岭、平远和兴宁、龙川地区的个体商贩通过山路中转、晚上偷运、乔装过境等办法，把土特产品运出去换回日常用品以满足苏区人民生活的需要。当年，为打破国民党的经济封锁起过重大作用的商业贸易通道——石正至岑峰、中行至留车两条山路，被蕉平寻县委分别命名为"列宁路"和"马克思路"。

随着生产的发展，苏区文化教育事业也得到蓬勃发展。在县委和县苏维埃政府的领导下，各乡均建立了列宁小学，教材由县统一编印，适龄儿童都能上学读书。为了培养师

"列宁路"之一段——平远石正安仁村段

资，县苏维埃政府还在罗塘村开办了一所列宁师范学校。

经济、文化、教育事业的发展，提高了人民群众对共产党和红军的认识，使扩红、筹粮筹款等工作得以胜利开展，为1931年蕉平寻苏区三次反"围剿"的胜利奠定了基础。

（四）蕉平寻苏区的后期斗争

1931年4月，中共闽粤赣苏区特委西北分委派梁锡祜、罗华明分别担任蕉平寻党、团县委书记。这一时期，龟缩在蕉平寻苏区周边的国民党县警和反动民团伺机疯狂反扑，不少干部群众惨遭国民党反动派杀害。

1932年后，原蕉岭、平远及寻乌南部地区被打散的革命武装仍顽强地在原地坚持斗争。由红十一军独立营扩编成的蕉平寻独立团，仍在粤赣边打游击，遏制广东军阀进犯。寻乌南半部的留车、芳田等红区的农民赤卫队，誓与红区共存亡，与白匪开展殊死斗争。留车区芳田乡600多军民，在周围都是白区的情况下，坚壁清野，退守于山坑寨，凭借山寨居高临下的险要位置，以人在阵地在的坚强意志，打退了敌人的多次进攻。直到1932年3月，因敌军用大炮轰开寨门，阵地才被攻陷。撤退时，赤卫队员除一部分带领群众转移外，大部分仍坚守阵地，子弹打光了，就用大刀、石块，甚至用牙齿跟敌人肉搏，赤卫队员的英雄气概威震敌胆，气壮山河。

中共蕉平寻县委、县苏维埃政府在特定的历史条件下根据斗争形势的需要而建立，在领导蕉平寻苏区人民开展土地革命、武装斗争和经济文化建设中，特别是在保卫中央苏区南大门，粉碎敌人三次"围剿"的斗争中，建立了不朽的历史功勋，其功绩永载史册。

第二节 全面抗战时期

一、平远开展抗日救亡运动概况

1931年9月18日,日本帝国主义武装侵略中国东北。此后,以蒋介石为首的国民党政府却置民族危亡于不顾,提出"攘外必先安内"的口号,实行不抵抗政策,对日本侵略者妥协退让,而对共产党的军队则继续倾力"清剿",扼杀抗日武装力量。中国共产党从"九一八"事变起就坚决主张对日抗战,并制定了"团结一切可以团结的力量,建立抗日民族统一战线"的战略方针,并做了大量卓有成效的工作。1936年12月发生的西安事变的和平解决,对促成以国共两党合作为基础的抗日民族统一战线起了重要作用。

1937年7月7日,日本帝国主义者以制造卢沟桥事变为起点,发动全面侵华战争。1937年7月8日,中国共产党向全国发出通电,号召全国人民、军队团结起来,筑成民族统一战线的坚固长城,抵抗日本的侵略。面对全国不断高涨的抗日救亡运动热潮,在中国共产党的积极推动下,国民党政府不得不接受中国共产党和爱国人士的抗日主张,实现了第二次国共合作,从此中国进入全面抗战时期。

抗战中后期,中共党组织安插李颂寿、饶展湘等30多名中共党员和进步人士到平远超竹、中行、石正、仁居、坝头的一些中小学，以教书为掩护，开展抗日救亡宣传活动，打破了平远抗日救亡工作的沉寂局面，极大地激发了人民群众的抗日热情，为解放战争时期各项斗争的顺利开展奠定了思想基础。

二、超光社和先锋读书会的建立及其抗日宣传活动

1942年，超竹聚星小学和中行植基小学先后成立进步的抗日社团组织"超光社"和"先锋读书会"。

超光社由聚星小学校长陈周桢任主任委员，李颂寿为组织委员，陈玉堂为宣传委员，陈立桢为财务委员，吸收聚星小学进步师生、校友和农村进步青年入社。先后入社的有范祝元、陈超贤、李雪平等30多人。超光社在校园内办壁报、黑板报，大力宣传抗日前线爱国军队，特别是八路军、新四军英勇杀敌的事迹，揭露日本侵略军的血腥罪行，抨击国民党反动派消极抗日、积极反共的反动政策。超光社还发动社会青年组织成立话剧队和醒狮队，排演了《打日本》《活捉汉奸》《兄妹开荒》等精彩节目，利用元旦、春节等节日在超竹圩公开演出。醒狮队还深入到各乡村进行巡回表演。当年，《义勇军进行曲》《大刀进行曲》《黄

中行植基小学先锋读书会旧址

超竹聚星小学超光社旧址

河大合唱》《松花江上》《太行山上》《吕梁礼赞》等抗日歌曲在超竹一带乡村广为传唱。

由中共党员赖达文、饶展湘等倡办的植基小学先锋读书会先后发展会员20多人，会员平时互相传阅进步报纸杂志，共同讨论抗战时事，寒暑假则组织话剧队排演节目，大张旗鼓开展抗日宣传活动。

1945年5月，国民党广东省政府机关播迁平远。7月，平远设立军警巡查处。当时，仁居、大柘等地岗哨林立，戒备森严。当地国民党顽固势力极力限制和破坏超光社等抗日团体的活动，国民党军警出动武装，制止剧团演出，收缴设备，驱散群众，但超光社等抗日团体不怕打压，坚持抗日宣传活动，直至抗日战争胜利结束。

1945年8月15日，日本宣布无条件投降，消息传到平远，全县民众欢欣鼓舞。大柘、仁居等地爆竹声震天，通宵达旦，欢庆胜利。抗日战争胜利后，国民党广东省政府从平远迁回广州。

第三节 全国解放战争时期

一、边县党组织进行革命渗透，揭开解放战争时期平远武装斗争的序幕

抗日战争胜利后的平远，人民欢庆胜利，祈盼过上和平安定的日子，同时也强烈要求国民党政府减轻田赋租税，让人民休养生息。但是，国民党当局不顾日本帝国主义侵略给人民带来沉重灾难的现实，继续保留着战前的一切压迫、剥削制度，大肆搜刮民脂民膏。因此，社会矛盾即人民大众同以国民党当局为代表的地主阶级的矛盾日益尖锐突出，人民群众对国民党反动派的黑暗统治极端不满，盼望共产党领导的人民革命运动的到来。

1945年5月，中共梅县工作委员会成立。9月，中共梅县工作委员会决定成立中共梅西区委员会，组织领导群众同国民党反动派开展针锋相对的斗争。10月，中共梅西区委派党员渗透到平远超竹一带活动，开展秘密串联，着手建立游击根据地。

1946年春，组建梅西武工队，陈永青任队长，队员有黄旋、余坚、陈华、马添荣等。梅西武工队的主要任务是建立和巩固梅西游击据点，开辟包括梅县、兴宁、平远、蕉岭（简称"梅兴平蕉"）在内的新据点。1946年6月，蒋介石反动集团悍然发动全面内战，全国形势发生了变化。八九月，中共梅西区委改特派员制，贯彻"隐蔽精干，长期埋伏，积蓄力量，以待时机"的方

针,中共党员和武工队员就地隐蔽,一部分转移到平远和江西寻乌一带隐蔽,由梅西区特派员陈永青单线联络。

1946年秋,中共党员黄旋、赖森文、李发英等按党组织安排到平远超竹任教,以教书为掩护,秘密进行宣传活动,引导当地青年走革命道路。

1947年3月,李发英介绍大柘景清小学青年教师陈玉堂加入中国共产党。陈玉堂入党后,首先在其家乡超竹樟坑里组织成立"乔樟青年社",组织民兵开展革命活动。

1947年4月17日,梅西区特派员陈永青在长田客栈住宿,被国民党平远当局逮捕,党组织通知在平远、寻乌由陈永青联络的党员立即转移。随后,在梅平边活动的中共党员全部撤离。

1947年5月,闽粤赣边区人民解放军粤东支队成立,刘永生任支队队长,杨建昌任政委,程严、廖启忠、徐达任副支队长,王立朝任副政委兼政治部主任,郑金旺任参谋长。粤东支队成立后,粤东地委决定重建梅西武工队,巩固老据点,开辟新据点,发动群众,开展反"三征"(反征兵、反征粮、反征税)斗争,建立基地,扩大队伍,开创梅兴平蕉边武装斗争的新局面。

1947年9月26日,粤东支队杨建昌、程严、廖伟、梁集祥等领导的小分队,在梅西武工队配合下,一举摧毁国民党长田乡公所,敌乡长以下9人全部被俘,缴获驳壳枪6支、长枪7支、子弹3000多发,而小分队无一伤亡。

闽粤赣边区人民解放军粤东支队突袭长田乡公所,打响了解放战争时期平远武装斗争的第一枪。突袭长田乡公所的胜利,是中共闽粤赣边区工作委员会、粤东支队贯彻"先粤东后闽西南,以粤东为重点,普遍开展游击战争"方针的胜利。它振奋了闽粤赣边区军民的革命斗志,为开展边区武装斗争起到了极大的推动作用。

长田、热柘毗邻梅县，粤东支队突袭长田乡公所胜利后，梅县梅北于1947年11月组建武工队。其后，长田的石角、瓜坪、鸡麻坑，热柘的热水、龙湖坪、相过坑、烂鱼塘等地成为各路武工队共同开辟的军事通道和可靠的游击基地。石角村还一度成为中共梅兴平蕉边县委机关和曙光报社所在地。

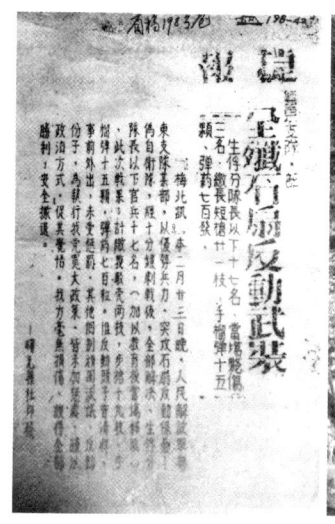 

曙光报社印发的捷报　　　　　　　　《曙光报》编辑部旧址

超竹樟坑里，经陈玉堂的串联发动，群众踊跃参加民兵，成为解放战争时期平远革命活动的先行点。大塘山、杉坑是梅西武工队通往平远的必经之地。为了扫除障碍，开辟大塘山、杉坑游击根据地，梅西武工队于1947年11月29日组织力量开展了打击大塘山和杉坑地主姚增喜、陈喜凡的武装行动，缴获曲尺手枪一支，没收稻谷和其他物资一批。

打击地主姚增喜、陈喜凡的武装行动极大地激发了广大人民群众的革命积极性，姚远昌、陈玉湘、姚天民、姚铁汉、范祝元、范标元等踊跃参军加入革命队伍。

1947年12月，在梅西组建梅兴平蕉边县游击队（对外称"第四武工队"），同时抽调梅西地下党员赖森文、谢素敏与平远革命骨干陈玉堂、陈玉湘、姚天民、姚铁汉等组建梅平武工队，负责人赖森文，主要任务是在平远发动群众，建立民兵和农会组织，壮大队伍，镇压反革命分子，开展反"三征"和减租减息，收缴官僚地主武器，并做好统一战线工作。

梅平武工队成立后，迅速在超竹大部分村庄和石正的棉羊、潭头等地打开局面，建立据点。1948年1月5日，梅平武工队依靠武装部队的支持，发动群众在超竹破仓分粮，打击地主陈丁四、陈丁六，强制其交出钱粮。

1948年2月，梅平武工队根据上级指示，吸收进步青年组建平远区队，陈玉新任区队长，有队员10多人，后发展到20多人。与此同时，梅北武工队、梅西武工队、大坪武工队等分别在梅平边境的热柘热水、瓜坪、烂鱼塘，长田石角、石赖，石正上新、大窝里、桐树下、龙坑等地串联发动，建立了众多的据点和关系户、堡垒户，为中共梅兴平蕉边县工委及其领导的独四大队出击平远提供了十分有利的条件。

二、开展武装出击，摧毁国民党乡政权

1947年冬，中国人民解放军粉碎了国民党反动派的进攻，双方力量发生了根本的变化，中共中央发出"打倒蒋介石，解放全中国"的号召，全国转入大规模的反攻。在闽粤赣边区，经过粤东支队"大麻出击""三乡歼敌"取得重大胜利后，革命形势迅猛发展。11月下旬，粤东支队经过马图休整扩编，兵分三路，开赴梅兴丰华、梅兴平蕉、饶和埔丰各边县，对敌人发动广泛的进攻，加快开展各边县游击战，帮助地方党组织发动群众，开辟新区，巩固老区，建立武装。

1947年12月，粤东支队程严小分队与梅兴平蕉边游击队一

起，接连摧毁梅县石扇乡公所和兴宁石马乡公所，消灭了国民党的自卫队，缴获大批枪支弹药，还筹集到黄金1千克、银圆4 500多元及军用物资一大批，并破仓分粮，救济贫苦群众。

1948年1月下旬，根据粤东地委决定，在大坪薯田芹菜塘组建中共梅兴平蕉边县工作委员会，黄戈平任书记，黄旋任组织部部长，叶雪松任宣传部部长，程严（专管军事）任委员。梅兴平蕉边县工作委员会辖梅县西北、兴宁东北、平远全境和蕉岭新铺、三圳、徐溪以及寻乌边境等地党组织。在成立边县工委的同时，梅兴平蕉边县游击队与粤东支队程严小分队合并，成立闽粤赣边区人民解放军粤东支队独立第四大队（1949年1月改称中国人民解放军闽粤赣边纵队第一支队独立第四大队，简称"独四大队"），程严任大队长，黄戈平（兼）任政委，黄旋任副政委，彭霖任政治部副主任，下设2个中队，共50多人，为梅兴平蕉边县主力部队。

独四大队成立后，在边县工委的直接领导下，制订了收缴官僚地主武器，发展壮大革命武装，以平远为主要出击方向，创建梅兴平蕉边县游击根据地的行动计划。梅平武工队、平远区队配合独四大队频频出击平远，取得了辉煌战绩，政治影响遍及粤赣边区。

1948年2月16日晚，独四大队由程严、黄戈平、黄旋率领，在梅平武工队的大力配合下，夜袭驻大柘的平远县自卫中队和大柘警察所、乡公所，俘敌100多人，缴获日式轻机枪一挺，各式短枪60多支、长枪50多支、子弹6 000多发。

独四大队夜袭平远重镇大柘，一举摧毁敌警察所、自卫中队、乡公所，大获全胜，极大地震惊了梅兴平蕉边境之敌，鼓舞了边区军民的革命斗志，增强了独四大队的声威和实力。

夜袭大柘告捷后，程严、黄旋率领独四大队二中队于1948年

2月20日袭击坝头乡公所。由于梅平武工队事先调查准确,部队一枪不发即控制了乡公所,然后直捣国民党广东省党部书记长余俊贤家,缴获捷克式轻机枪2挺。

1948年3月14日,黄戈平、程严、黄旋率领独四大队、梅平武工队、平远区队共100多人强攻石正自卫队炮楼,战斗取得胜利,击毙国民党平远"戡乱"建国委员会主任凌准,并查抄了石正乡公所,烧毁了壮丁和田赋册籍。

3月19日,黄戈平、程严、黄旋率领独四大队攻打江西寻乌茅坪乡公所,击毙敌警长何某,缴获枪支、子弹一批。同时,征收了三家地主的财物。

茅坪战斗后,独四大队决定乘胜出击八尺。3月23日,独四大队摧毁了八尺乡公所,击毙敌县自卫大队队长赖士敏,缴获短枪2支、步枪10多支。战斗结束后,烧毁了自卫队炮楼。

1948年3月底,梅兴平蕉边县工委及其所属的独四大队、梅平武工队返回梅西根据地休整。为了总结经验,梅兴平蕉边县工委在驻地龙兴寨隆重召开军民祝捷庆功联欢大会。大会认真总结了独四大队成立两个月来重创敌人,接连摧毁平远大柘、坝头、石正、八尺和寻乌茅坪等地国民党基层政权和反动武装且所向披靡的成绩。部队在战斗中发展壮大,从原来的50多人,迅速发展到160多人,拥有轻机枪3挺、冲锋枪3支、驳壳枪60多支、步枪80多支,开辟了梅西、梅北、平远、蕉岭和寻乌边境的广阔游击区。

三、挺出外围,南台战斗失利

1948年春,中国人民解放军在各个战场展开强大的春季攻势,蒋介石为了挽救其全面崩溃的危机,把"经营华南"作为其一项重要的战略任务,委派宋子文任广东省政府主席。1948年3月下旬,国民党闽粤边区"剿匪"总指挥部总指挥涂思宗在梅县松口召开闽粤边"清剿"区10县军事会议，纠集福建省保二、保三团，广东保五、保十二团及独立营等正规军和10个县的地方武装共1.5万余人，对粤东地区实施"全面清剿"的"十字扫荡"，叫嚣"三个月内消灭边区土共"，把梅兴平蕉边区作为"重点进攻"的目标之一，并立即调兵遣将，派驻梅县梅西和平远石正、大柘等地。1948年3月底，在大柘成立"前进指挥所"，任命刘茂文为指挥所主任，凌育旺为副主任，将省保警一个加强连（连长黄月桂）派驻大柘。同时成立梅兴平寻龙五县联防指挥部，指挥部主任谢海筹率一个中队驻石正，副主任张秉宏率一个中队驻大柘，平远县警中队驻中行，对独四大队实行重点围攻。

在这严峻的形势下，梅兴平蕉边县工委及其边区武装部队紧紧依靠游击根据地的人民群众，同国民党反动派进行了艰苦卓绝的斗争，虽然经受了重大挫折，但最终粉碎了敌人的"围剿"，巩固和发展了游击根据地。

1948年3月31日，中共梅兴平蕉边县工委召开会议，由边县委书记黄戈平传达上级关于粉碎涂思宗"十字扫荡"的指示。根据"各部队挺出外围，以优势兵力打击敌人，粉碎敌人进攻"的指示精神，决定独四大队避敌锋芒，挺出外围，在寻乌边境开辟新区。同时决定加强梅平武工队的领导，派陈悦文任梅平武工队队长，赖森文任副队长。根据边县工委指示，武工队分两队活动：一队由赖森文率领以中行仲石为基点，开辟寻乌茅坪，打通线路，做好大部队挺出外围的准备；另一路由陈悦文、陈玉堂率领，在热柘、凤朝坑开辟新区。

1948年4月4日，独四大队离开梅西，经平远大塘山、田坑里，于4月6日到达石正南台山嶂肚里宿营。按梅兴平蕉边县工委指示，梅平武工队、平远区队从仲石于8日凌晨赶到南台山嶂肚里与独四大队会合。由于独四大队和梅平武工队的行动被代号为

"生字181号"的内奸、梅平武工队员张洪安得知并向梅兴平寻龙五县联防指挥部副主任张秉宏告密，4月8日，独四大队、梅平武工队和平远区队200多人在南台山嶂肚里遭国民党广东省独九营及梅县、兴宁、平远、寻乌、龙川五县联防大队和寻乌茅坪自卫队共700多人的围攻。激战竟日，由于敌我力量悬殊，独四大队对地形不熟且仓促应战，以致损失惨重。

4月8日早饭后，独四大队领导与梅平武工队负责人正在研究作战方案，突然接到高山哨紧急报告，部队被敌人包围。大队长程严立即部署战斗：政委黄戈平率第一中队和梅平武工队占领后山，防御石正方向来敌；大队长程严率第二中队正面阻击敌人。来犯之敌是黄月桂的一个加强连和张秉宏的自卫中队。他们先摧毁紫林山庵交通站，将庵主张洪如杀害，接着蜂拥登山，当受到阻击时，便以枪榴弹、机枪、步枪等轻重武器，集中火力向第二中队扑来。第二中队在大队长程严指挥下，居高临下，猛烈反击来犯之敌，压住了敌人密集火力的多次进攻。敌人被迫躲在半山腰的岩石后面不断放冷枪。约11时，敌机枪手被击毙，程严乘势指挥第二中队发起冲锋，高喊"冲啊，缴机枪"，不幸被敌人打中后脑。分队长张新才、战士张学忠冲在前面，正当接近敌机枪时，敌人密集的火力扫射过来，张新才、张学忠中弹牺牲。顿时，敌人的后续部队蜂拥而上，战斗打得更加激烈。程严负伤后，不顾伤痛，继续坚持指挥战斗，但终因伤势过重而昏倒在地。第一中队迅速组织力量把程严抬上后山，并继续坚持战斗，边打边撤。

黄戈平得悉第二中队阵地战况后，命令第一中队坚守阵地，掩护第二中队撤退，并派短枪班战士抬着程严转移。当短枪班战士转移到后山的半山腰时，遭到石正方向窜来的谢海筹自卫队拦击，幸有严阵以待的第一中队以猛烈的火力把敌人击退。程严苏醒后，坚定地说："你们不要管我，战斗要紧，回去坚持战斗。"短枪班战士只得将程严藏在树丛中，返回阵地继续战斗。

在双方力量悬殊、大队长程严身负重伤的情况下，副政委黄旋率第二中队往后山撤退。由于不熟悉地形，黄旋急于寻找撤退路线，在崎岖的山崖上往下探视，不慎跌落悬崖。敌人再次向撤退的第二中队猛烈攻击，关键时刻，占据有利地形的第一中队以密集的排火轮番向敌人扫射，有力地阻击了敌人的疯狂进攻。

战斗持续了几个小时，敌人始终未能攻占后山阵地。下午4时多，下了一场大雨，南台山大雾弥漫，第一中队在第二中队撤退后，迅速撤离阵地。分队长叶俊率领的一个班在另一个山头负责断后掩护。

4月8日晚，黄戈平率第二中队五六十人撤至岩子里的庵下，煮饭充饥后决定撤回梅西。第二天凌晨经过黄花陂时，又遭到敌人的截击，黄戈平左腿负伤，流血不止。黄戈平忍痛指挥队伍冲过公路登上山头，后与第一中队会合并一同撤回梅西。负责断后的叶俊等6人撤到寻乌边境的岩子里石岩中隐蔽到第二天，又碰上赖富邦自卫队搜山，叶俊出去察看地形时不幸中弹牺牲，其余5人在第三天晚上才撤回梅西。

副政委黄旋跌落悬崖，摔至重伤昏迷，第二天被赖富邦部搜山时发现被俘（后被押送至南雄监狱关押，直至中华人民共和国成立前夕才被南下大军解救）。大队长程严浑身是血，从后山树林里一步一步爬到石正角背畲的一个石灰窑旁边，第二天早晨被一妇女发现。当时程严自己开了药方要求该妇女为其买药治伤，但该妇女将情况报告给保长陈某，陈某即向驻石正的叶剑光营和谢海筹自卫队报告，致程严落入敌手。敌人用竹床把程严抬到石正圩后，不敢久留，即解往兴宁的罗岗。谢海筹在审讯中发现他就是独四大队队长程严时，便立即派重兵把程严押解到兴宁监狱。

南台战斗遗址——嶂肚里

在国民党反动派威逼利诱、严刑拷打面前，程严坚贞不屈，始终没有泄露中共的秘密。4月22日，国民党反动派把程严押到兴宁县城大坝里枪杀。当敌人准备在群众的甘薯地里行刑时，程严怒斥敌人不要糟蹋群众的庄稼，换个地方执行。临刑时，程严高呼"中国共产党万岁！"

程严，俗称阿严哥，河北省光山县人，少年参军，经历二万五千里长征。从抗日战争中后期到解放战争时期，一直在闽粤赣边区从事无线电通讯及组建武装部队工作。1947年参与组建粤东支队，任副支队长。1948年1月率部到梅兴平蕉边区开辟游击根据地，参与组建中共梅兴平蕉边县工委及其所属武装粤东支队独立第四大队，任梅兴平蕉边县委工委委员和独四大队队长，是梅兴平蕉边区人民十分敬仰的战斗英雄。

激烈的南台山战斗，牵制了敌人大量的兵力，为闽粤赣边区主力部队粉碎国民党反动派的"十字扫荡"减轻了压力并赢得了时间。但是，独四大队遭到敌人重兵围攻，损失惨重，部队2位领导人被捕，6人牺牲，队员失散近百人。

在南台山突围战斗中，独四大队遭受重大损失，其主要原因是：在连续取得胜利的形势下，产生了骄傲情绪和轻敌麻痹思想，对敌人集中兵力向独四大队合围的严峻局势认识不足，过高估计自己的力量，因而没有很好贯彻粤东地委和粤东支队关于"相机分散兵力，灵活斗争"的指示，仍然集中行动，孤军向外出击，特别是只单纯注意队伍的发展，忽视纯洁内部工作，对敌人"打进来，拉出去"缺乏警惕，盲目信任早已被敌人收买的内奸张洪安，使独四大队突然遭到数倍敌人的围攻，仓促应战，损失惨重。这也是南台战斗失利的直接原因。

四、南台战斗失利后，白色恐怖笼罩平远

南台战斗后，独四大队撤回梅西老区，中共梅兴平蕉边县工委决定精简队伍，分散隐蔽活动，待机集中兵力对付敌人的"进剿"。根据粤东地委和粤东支队的指示，独四大队二中队40多人编入驻扎在梅南的独九大队，剩下的40多人留在梅西，保留独四大队建制。

梅兴平蕉边区的国民党反动势力因在南台山围攻独四大队、梅平武工队和平远区队得逞而气焰嚣张，军事上加紧对游击区进行"清剿"，政治上发动"自新运动"，妄图扑灭革命火焰。平远，特别是超竹、石正、大柘、长田、热柘等地处于白色恐怖之中。驻扎在石正的谢海筹实施杀人立威的高压政策，首先以"抢劫"罪为名，抓捕上新的黎石泉等3人并立即枪杀，接着又以"通匪"罪为名杀害坪湖的凌兰生。一时，"窝匪济匪通匪者杀""知情不报者杀""破坏公路桥梁电线电杆者杀"等，杀声震天。继"十杀令"之后，又宣布"三光惩处令"，即有上述行为者，杀人烧屋没收一切财产，整个石正处于腥风血雨之中。敌驻大柘前进指挥所主任刘茂文、副主任凌育旺，敌五县联防指挥部副主任张秉宏率部在大柘、超竹气势汹汹，不可一世，纷纷出动"围剿"乔樟、大塘山等游击根据地，恐吓革命群众，威逼曾参加革命的人员"自新"，大肆抓人、封屋、株连、勒索，甚至放火烧屋。1948年5月，大塘山再次遭到国民党广东省保警叶剑光营100多人的偷袭，独四大队战士陈友明被捕，后被杀害。6月，张秉宏再次率部"围剿"大塘山，村民姚方来、姚友亮、陈明章、姚木盛等农户遭到洗劫。面对国民党反动派的疯狂镇压，老区人民毫不畏惧，不屈不挠，与敌人作针锋相对的斗争。丰光村民兵姚士维等抢救南台战斗中负伤的战士高灵通，在敌人到处搜查的时候，为伤员医治枪伤，后来为了有效掩护伤员，经大家商量，决定把伤员抬到"白皮红心"的保长姚若璋家"将军第"。姚若璋以保长的身份作掩护，请医生姚星喜为伤员医治枪伤。经过一段时间医治，高灵通终于伤愈归队。田心村民兵姚卿才等不怕株连，将撤退途中左腿负伤的战士张清背回家中，买药治疗。经过10多天的悉心护理，张清伤势好转，后由梅西老区派人接回梅西。

五、梅平武工队重返平远及中共梅兴平蕉边县委、梅平区委成立

南台战斗失利后，中共梅兴平蕉边县工委根据粤东地委的指示，认真总结经验教训，调整、充实边县工委和独四大队的领导，采取相应对策，灵活机动地与敌人作斗争。

1948年4月下旬，中共梅兴平蕉边县工委决定派梅平武工队重返平远，以"依靠群众发展新区，坚持老区，镇压反革命和投敌叛变分子"为工作方针。梅平武工队肩负重任返回平远，首先

到杉坑和大塘山了解敌人"进剿"情况及群众的思想动态。武工队在教育挽救自新人员的同时，深入宣传群众，让群众了解全国解放战争的大好形势，树立革命必胜的信心。根据群众的要求，经请示梅兴平蕉边县工委同意，及时镇压了敌人安插在游击区的耳目，鼓舞了游击区群众的斗志，刹住了敌人的嚣张气焰。

梅平武工队通过深入细致的宣传工作，一面稳定群众情绪，一面培养骨干，充实队伍，终于扭转了局面。1948年5月至6月，相继成立超竹、大柘、石正、河头、东石等乡武装工作组或武装工作小分队，以巩固老区，深入白区，发展游击根据地。

1948年5月，根据粤东地委决定，成立中共梅兴平蕉边县委，黄戈平任书记，叶雪松任组织部部长，陈悦文任宣传部部长，叶寒生（专管军事）任委员。梅兴平蕉边县委成立后，各游击区大力做好巩固老区、发展新区和统一战线工作，对乡、保长严正提出告诫，对顽固反动的乡、保长坚决给予镇压。

1948年7月，中共梅兴平蕉边县委根据打入国民党闽粤边区"剿匪"总指挥部（指挥部设在梅县松口）任译电员的中共地下党员陈腾芳送来的情报，证实梅平武工队员张洪安被闽粤边区"剿匪"总指挥部上校参议、梅兴平寻龙五县联防指挥部副主任张秉宏收买叛变，并为其多次提供军事情报，是"生字181号"特务。黄戈平即派叶志祥、卓大明把张洪安从仲石引到梅西，经审讯后处决，并张贴布告公之于世。

1948年8月，中共粤东地委决定加强梅兴平蕉边县委领导，黄戈平任书记，肖刚任副书记，叶雪松任组织部部长，陈悦文任宣传部部长，委员有叶寒生、刘安国、彭炎兴、陈质兴。

1948年9月，梅兴平蕉边县委决定成立中共梅平区委，叶志明任书记。9月底，调整充实梅平区委领导，书记改由陈玉堂担任，叶萌任副书记，吴远鄰任组织委员，陈玉湘任宣传委员。同时，梅兴平蕉边县委从梅西老区抽调陈满、余莉、叶萌、陈仁珊到石正工作，加强当地武工队的力量。他们与原有武工队人员姚天民、姚铁汉等充分依靠群众，运用小分队活动的方式，收缴官僚地主武器，向地主征收钱粮，拦截邮车，没收敌人来往信函，巧妙地与敌人周旋。石正武工队以棉羊为据点，以潭头作依托，把潭头开辟为通向石正中心的基地，左线向马山、上丰、下丰、中东、龙坑、上新至周畲；右线向坪湖、南台至安仁，形成对石正谢海筹指挥中心的包围圈。

1948年11月26日，根据闽粤赣边区党委指示，粤东地委改为梅州地委，廖伟任书记，陈仲平任组织部部长，谢毕真任宣传部部长。

1948年11月26日，根据梅州地委决定，鉴于蕉岭于11月下旬已成立中共蕉岭县工作委员会，梅兴平蕉边县委改为梅兴平边县委，黄戈平调任梅州地委秘书长，梅兴平边县委书记由陈悦文担任，肖刚任副书记，叶雪松任常委兼组织部部长，肖刚（兼）任宣传部部长。委员有叶寒生、刘安国、李发英、蔡双福、叶焕泉、叶志祥、曾芳元、赖森文、陈百涛、陈玉堂、章日新。1949年3月，中共梅州地委任命陈玉堂为中共梅兴平边县委宣传部部长，章日新为组织部副部长。

中共梅平区委大力加强党的基层组织建设，在斗争中发展党员，建立基层党支部。1948年12月26日，成立超竹杉坑党支部，陈玉堂（兼）任书记，吸收陈杰兴、陈裕昌、陈振兰入党。1949年3月成立中共平远中学支部，陈超贤任书记，先后吸收姚良禄、曾庆昌、吴远泉入党。3月29日，成立大塘山党支部，姚杰民任书记。东石茅坪杨梅坑青年赖济泉入党后，在杨梅坑广泛发动青年组织民兵，吸收赖昌荣、赖济兴、赖济川、赖帜欣、赖石秀等入党，于1949年3月成立中共杨梅坑支部，陈玉堂（兼）

任书记,后由赖济泉任书记。

至1949年5月平远解放前夕,中共梅平区委共建立基层党支部5个,发展党员20多人。此外,经武工队和基层党支部发动参加革命的知识青年共20多人。先后输送200多名青年参军。其中参加闽粤赣边纵第一支队独立第四团、第八团的有50多人,不少人在平远解放后成为县或区、乡的领导干部。

六、中国人民解放军闽粤赣边纵队成立及独四大队整编

从1948年秋开始,中国人民解放军实行战略决战,先后组织辽沈、平津、淮海三大战役,消灭了国民党军队的主力,使国民党赖以维持其反动统治的主要军事力量基本上被摧毁,为中国革命在全国的胜利奠定了基础。

至1948年,闽粤边区军民已粉碎了国民党反动派的两次"清剿",共歼灭敌人3 400余人,使边区敌人的力量大为削弱,而共产党领导的人民武装力量仅主力部队就已发展到8 260人,还有地方游击队、武工队和民兵1万多人,边区根据地不断扩大,各级民主政权和群众组织已普遍建立。

在这有利形势下,中共中央香港分局对闽粤赣边区的武装斗争和各项工作提出了新的目标,确定"全面发展,重点巩固"的方针,以完成大块根据地的建立,迎接南下大军解放华南。

1948年12月17日,中共中央军委根据香港分局的报告,批准了闽粤赣边纵队的建立及其领导人名单。

1949年1月1日,新华社公开发表《中国人民解放军粤赣湘边、闽粤赣边、桂滇黔边纵队成立宣言》(下文简称《成立宣言》),明确宣告"本军作战目的,志在解放各地区人民群众,推翻帝国主义、封建势力、官僚资本主义之独裁统治,配合全国人民解放军为彻底解放全中国,建立新民主主义的新国家而奋

斗"。号召"全华南的工人、农民、知识分子、华侨、工商业家、开明绅士、民主党派、人民团体一致行动起来",支援纵队的行动和斗争。

中共闽粤赣边区党委结合边区实际,制定和公布了《闽粤赣边区人民武装打倒蒋介石政府的十项主张》(下文简称《十项主张》)。其主要内容是:团结和领导一切被压迫人民,摧毁蒋介石政权,反对国民党政府的征兵、征粮、征税和征工;凡蒋方官员和豪绅地主执迷不悟,坚决与人民为敌,持枪或率众反抗者,坚决消灭并没收其财产;凡能悔悟守中立者,以中立人士相待;友好者以友谊相待;凡放下武器者,一律不杀,加以优待;凡反正起义者,准许将功赎罪,原职任用;改善农民生活,实行减租减息,合理负担,征收公粮;凡地主富农能服从法令遵守秩序者,一律保障其合法收入;改善工人店员生活,合理征收工商业税,保护工商业及华侨家属;保护文化教育机关、宗教团体,一切社会福利公益事业,均予提倡扶助。

《成立宣言》和《十项主张》的发表,不仅使广大指战员和地方工作人员的行动与掌握政策有了明确的准则,而且对团结教育广大人民,分化瓦解敌人,加速国民党反动政权的崩溃,都具有重大意义。

1949年1月29日,闽粤赣边区党委在大埔召开会议,宣布中国人民解放军闽粤赣边纵队成立,刘永生任司令员,魏金水任政治委员,铁坚任副司令员兼参谋长,朱曼平任副政治委员,林美南任政治部主任。同时,将原梅州支队改编为边纵第一支队,郑金旺任司令员,廖伟任政委,王立朝任副政委,黄戈平任政治部主任。

边纵和各支队成立后,抓紧有利时机,动员群众参军,扩大队伍,使边区武装力量发展到1万多人。同时开展整训工作,进一步建立和健全机构,加强连队党支部工作,整顿纪律和作风,进行群众性练兵运动等,极大地提高了部队的战斗力。

为了加强梅兴平蕉边的武装力量,1949年2月18日,独四大队在蕉岭甜竹坑进行整编,分为程严独立营(代号"铁流")和独四大队(代号"曙光")。刘安国任独立营营长,叶寒生任政委。叶志祥任独四大队队长,吴汉超任副队长,陈悦文任政委,肖刚任副政委,叶志明任政治部主任,下属两个连,共70多人。

1949年4月6日,闽粤赣边纵队第一支队直属四团在梅县桃源成立。梅州地委书记、支队政委廖伟在成立大会上明确指出,"四团成立后的主要任务是在梅兴平蕉边发展,打开新的局面创造条件向赣南挺进"。

1949年4月下旬,梅州地委为了切实加强梅蕉平边区的领导和向赣南发展的力量,派地委副书记、支队副政委王立朝和支队政治部主任黄戈平率二团二连到蕉平边,与四团会合后即开赴平远锅叾,向赣南寻乌方向发展。

1949年初,中共梅兴平边县委根据梅州地委"不断歼灭敌人有生力量,使各根据地连成一片"的指示精神,决定在平远进一步开展军事行动,坚决歼灭敌人武装据点,尽快把各根据地连成一片,为胜利解放平远做好准备。

国民党长田反动武装早在1947年9月已被粤东支队歼灭,但在1948年间,当地反动势力在国民党平远当局扶持下,又重新建立起一支自卫队。1949年4月14日,独四大队在叶志祥、肖刚、叶志明率领下,从石角村出发,以迅雷不及掩耳之势攻打长田乡公所,全歼长田自卫队,活捉反动乡长兼自卫队队长黄双桂,缴获长、短枪20多支。

至1949年4月,独四大队与梅平武工队经过一年多的英勇奋战，基本摧毁了石正、超竹、大柘、长田、热柘、东石、坝头、河头、八尺等地的国民党乡村政权及其反动武装，梅兴平游击根据地连成一片，根据地内普遍建立了农会和民兵组织，为胜利解放平远奠定了坚实的基础。

七、平远解放

（一）加强统战工作，策动国民党军政官员起义

在全国解放战争转入战略决战的历史阶段后，中共梅平区委大力加强统战工作。根据中共闽粤赣边第一次党代会关于"争取和吸收地方上有威信有影响的公正人士、开明绅士、社会名流等，争取国民党政府中那些中立的动摇人员，通过同乡、同学、老同事、亲戚等关系，直接或间接地和他们取得联系，劝他们多做些有利地方和有利于人民的事"的指示，梅平区委和梅平武工队把握有利时机，在国民党平远县军政人员中寻找统战工作的突破口，认为国民党平远县政府原县长、省参议员林公顿倾向进步，在平远有较高的威信和声望，做好他的工作，有利于策动其他党政军警人员起义。

1949年3月，梅平区委书记陈玉堂与陈玉湘通过关系与林公顿接触。由于林公顿受革命形势的影响，接触过不少进步人士，特别是受到在香港的国民党左派张文的启发后，有意为人民做有益之事。因此，一经接触，他即表示尽力支持革命。其后，他帮助武工队解决枪支子弹问题，并协助武工队策动东石乡公所、自卫队交出部分武器。

为有利于配合武工队策动县军政人员起义，林公顿便向国民党政府平远县县长黄纯仁求职。黄纯仁本来对林公顿接触共产党武工队早有所闻，但不知其是否出于自愿。为了控制林公顿，黄纯仁立即答应林公顿的要求，聘他当县府"高级顾问"。林公顿

利用在县府供职的机会,在短期内做好了警察局局长严若寰的思想转化工作,使他走弃暗投明、靠拢共产党的道路。同时,还策动附城区中队起义。

(二)平远和平解放

1949年4月21日,中国人民解放军遵照毛泽东主席和朱德总司令发布的《向全国进军的命令》,组织各路大军横渡长江,于4月23日占领南京,宣告国民党反动统治的灭亡。接着,人民解放军以迅猛磅礴的气势,向南挺进,于5月间先后解放了杭州、武汉、南昌、上海、长沙等战略要地,粉碎了蒋介石"划江而治"的梦想。在国民党反动派统治总崩溃的形势下,国民党据守广东的薛岳、余汉谋等见大势已去,深叹在广东已"不可能建立起防御体系"。但他们还寄希望于帝国主义的干涉,妄图负隅顽抗,以待时机。

这时,闽粤赣边纵所属部队在春季攻势中全面出击,取得了重大胜利。至4月底,共进行大小战斗100多次,毙伤俘敌2 600多人,缴获轻重机枪56挺、炮6门,枪榴弹筒18支,长、短枪3 000多支。摧毁国民党区、乡政权和敌军据点90多个。梅州、潮汕、闽西、闽南均完成了战略发展任务,进一步巩固和发展了根据地,使纵横200多公里的游击根据地连成一片。

梅州地区的敌军在春季攻势中,连续受到人民武装沉重的打击之后,全区除兴宁、平远两县敌人还控制着一部分乡村外,其他各县敌军均退守县城及少数较大的圩镇,不敢轻易出动。

1949年5月20日,中国人民解放军闽粤赣边纵队第一支队第二、四团奉命解放平远。四团作为先头部队在支队政治部主任黄戈平率领下,由梅城曾龙岃步行到蕉岭新铺,当晚由新铺乘六部汽车向平远东石进军。当时平远的敌军只有保安营250多人,其第二、三连驻县城仁居,第一连驻东石建泉祠。21日凌晨三时半,四团抵达离东石圩五华里的杨梅坑,与梅平区委及其武工队会合,分兵两路包围东石乡公所和保安营一连驻地建泉祠。部队集中主要兵力于拂晓前形成对建泉祠的包围,向敌军展开政治攻势。敌慑于四团威力不敢开枪抵抗,但又不肯缴械投降。这时,部队一边继续向敌开展政治攻势,一边向敌驻地发射枪榴弹,终于促使冯冠雄率队缴械投降。东石乡公所自卫队20多人在部队包围下缴械投降,是役共俘敌80多人,缴获轻机枪1挺,长、短枪70多支。东石解放后,由梅平区委和武工队接收。

5月20日,在县城仁居,国民党平远县县长黄纯仁、县党部书记长陈楷策动逃跑。警察局局长严若寰借口由他断后,集合县警察局特务排和仁居自卫队共100多人往六吉方向撤离。第二天一早,严若寰率队返回仁居,迎接人民解放军进城。黄纯仁、陈楷、县保安营长魏荣(魏清)率县保安营两个连及直属警卫排逃往八尺与寻乌交界处牛埃石。

5月22日,闽粤赣边纵一支队四团从东石乘坐六部汽车至仁居城郊集结,随行的还有林公顿等。这时严若寰率官兵以及县参议会议长林永宏等开明人士列队在车站欢迎。独四大队和二团随后进驻仁居,平远宣告和平解放。

(三)中国共产党平远县政权的建立

平远解放后,梅兴平边县委率独四大队于1949年5月25日接管平远政权。5月26日,成立平远县军事管制委员会(简称"县军管会"),由梅兴平边县委书记、独四大队政委陈悦文任县军管会主任,梅兴平边县委宣传部部长、梅平区委书记陈玉堂任副主任,叶雪松、李发英、章日新、叶志祥为委员。县军管会首先出示布告安民,并召开各阶层人士座谈会,派出政工队员深入群众,宣传党的政策主张,稳定社会秩序,恢复和发展生产。

5月底,独四大队抽调40多人,由梅兴平边县委副书记肖刚率领到兴宁，与独三大队一个中队合编为边纵一支队第六团。同时，独四大队改编为中国人民解放军闽粤赣边纵队第一支队独立第八团，叶志祥任团长，王雄任副团长，陈悦文任政委，叶志明任副政委兼政治部主任。八团成为担负警卫平远的地方武装。

1949年5月10日，中共梅州地委做出决定，粤东各县业已解放，原各边县委应予撤销，按原行政区划成立县委、县人民民主政府。陈悦文任中共平远县委书记，章日新任组织部部长，赖森文任副部长，李发英任宣传部部长，陈玉堂任县委委员。

1949年6月21日，平远县人民民主政府成立，陈玉堂任县长，林公顿任副县长。县人民民主政府成立后，将全县划为7个区，同时成立各区人民民主政府。

八、抗击国民党胡琏兵团窜扰，实现平远全境完全解放

平远解放后，正当平远人民进行政权建设和经济建设的时候，7月3日，国民党胡琏兵团残部自江西窜犯平远，县党政机关撤出县城，转移到山区领导军民开展抗击胡琏残敌的斗争。

1949年7月3日下午，国民党胡琏兵团1个团（番号"雄师"）1 000多人由寻乌项山经过湖洋窜扰差干，对中国人民解放军闽粤赣边纵队第一支队独立第八团第一连第一排驻地白炮楼进行包围，在草坪岗、黄垄岗、盐围至河边一带严密布防。7月3日傍晚7时左右，胡琏兵动用了枪榴弹、小钢炮、冲锋枪、磨盘枪等轻重武器，从四面集中火力向白炮楼发起攻击。

驻守在炮楼的八团1个排和区武装工作人员共20多人，坚守炮楼奋起抗击。战斗打响后，中国人民解放军闽粤赣边纵队第一支队独立第八团立即派一连连长卓大明带领六七十人从仁居赶赴差干增援。增援部队赶到差干，发现敌我力量悬殊，便在长铺后面的山上开枪射击，以转移敌人进攻炮楼的火力。敌人听到枪

差干炮楼阻击胡琏残部战场遗址

声,立即过桥向山上追。在力量悬殊情况下,卓大明所率增援部队只得朝鹿子坑、大坪肚方向撤退。这时,在炮楼内的八团战士及区武装工作人员,在幸排长指挥下,凭借坚固的炮楼,坚持与敌人展开殊死的战斗。战士们意志坚强,毫不动摇,坚持战斗到7月4日凌晨。这时已弹尽援绝,为了保存有生力量,战士们在幸排长指挥下冒着敌人密集的炮火突围。在突围中,战士阿亮、刘正山、肖宪南、龙开华4人在炮楼门口中弹牺牲,区武装工作队员谢尚来冲至离炮楼不远处被敌人用刺刀刺死。幸排长带领1名战士,冲出炮楼后穿过浓密的绿竹林,跑下陡坡冲向河边。就在这个时刻,幸排长腿部中弹,不幸被捕。幸排长在敌人面前坚贞不屈,昂首挺胸,大义凛然,高呼:"打倒国民党反动派!""中国共产党万岁!"当即被敌杀害于草坪岗上。战士小兴,被敌抓住杀害于磨石潭的转水角。区武装工作人员谢永如被敌抓去后,被敌人当场杀害于差干圩口石拱桥边。在这次战斗中,八团一连一排幸排长及战士谢泳如、谢尚来、谢勋赞等12人壮烈牺牲。差干炮楼阻击战中,毙敌2人,伤敌数人。

7月4日上午,胡琏兵窜入差干圩一带肆意糟蹋群众。差干圩同孚、荣泰、裕泰、益兴等店铺均遭洗劫。胡琏兵还撞进群众家中翻箱倒柜,洗劫钱财衣物,杀猪宰牛,无恶不作;村民张卓

六、谢彩云被杀害;有的妇女被强奸、轮奸。差干圩附近30多名青壮年男子被抓去充当挑夫。

7月4日,胡琏兵由差干向县城仁居进犯。4日上午,县委、县政府工作人员及八团、四团部队由县城往东石、大柘方向撤退,计划在上举、下举截击敌人。当撤到畲脑村时,黄戈平与县委、县政府及八团、四团的领导召开紧急会议,分析敌情,认为胡琏兵还未进入县城,应该派一部分武装和政治工作人员重返县城,继续向群众做好宣传工作,安定民心。因此,黄戈平、陈悦文、叶志祥、杨竞存等率八团两个连,于4日下午4时返回县城。队伍刚进到城郊南部,前哨发现自差干窜来的胡琏兵已到达城郊东部的井下村回栏桥。敌人登占了制高点牛臂山,还在塔下、沙背岗等地布防。敌我相遇,兵力悬殊,情况十分危急。黄戈平等决定边阻击边撤退,即派出第一连排长巫俊率机枪手亚戴等30多人进行阻击,掩护县委、县政府工作人员及部队向东石方向撤

莆杓岃阻击战遗址

退。巫俊率领全排战士抢占南部最高山头莆杓岃,激战1个多小时,击毙敌军连长1人、士兵2人。但巫俊等10多人被俘,八团战士9人牺牲,县城失守。

7月5日,黄戈平、陈悦文、叶志祥、杨竞存等率队撤至东石铁民中学,与先到达东石的县委、县政府工作人员会合。7月5日晚,县军管会和县政府领导正在铁民中学召开会议,遭到从仁居窜来的胡琏兵包围袭击。适有四团由畲脑撤往泗水,路过铁民中学背后,发现敌情便与敌军发生遭遇战。枪声响后,汇集在铁民中学的70多

人迅速撤离。突围中，20多人不幸被捕，50多人冲出包围后陆续撤至大柘凤朝坑。

东石铁民中学遭遇战后，四团两个连、九团第二连和黄戈平所率的队伍陆续转移到东石铁山嶂。三支队伍会合后，共有300余人。为了协调行动，黄戈平主持召开四团和九团负责人会议，决定组成一个统一的领导机构，代号为"长江"，由黄戈平负总责，饶仁珊、刘安国负责军事，刘雨舟负责政治和后勤工作。根据边区党委和边纵要求"支队在北线梅蕉平边，以游击战为主，迟滞敌人前进，并乘敌前进抄其后方，不断袭敌、截敌、断敌给养、断敌消息、逼敌不得不走"的指示精神，"长江"所属部队，以铁山嶂为依托，在粤赣公路沿线，开展麻雀战，袭击敌军来往车辆。刘安国率领的小分队在东石、杨梅坑、热水一带与当地武工队和民兵密切配合，多次伏击敌军，共击毙、击伤、俘获副军长以下官兵40多人。

7月18日晚，黄戈平率领一支队九团和四团转移到蕉岭三山蓝坊肚休整。7月20日遭到胡琏"飞虎"、"三溪"等部300多兵力的袭击。胡琏兵分两路从东、南两面袭击蓝坊肚。南面龟子窝来犯之敌，通过九团班哨时，班哨发觉迟，没有开枪阻击，直到步哨发觉后才开枪。黄戈平等听到枪声，匆忙指挥部队向马头耳方向登山。这时，敌人已占据有利地形，在驻地后的山坡上，以密集的机枪火力，向撤到马头耳半山腰的部队猛烈扫射。双方激战1个多小时，九团牺牲32人，黄戈平在指挥部队撤退时中弹牺牲。

黄戈平，大埔银江人，1920年出生。1937年在梅县东山中学读书时开始参加革命活动。1938年加入中国共产党，是梅县学生抗日救亡运动的主要领导人。曾被国民党反动派逮捕入狱，释放回大埔后，参与建立党的地下交通站，为中共南方工作委员会做了不少工作。抗日战争后期和解放战争时期，黄戈平先后参与了抗日游击队韩江纵队第三支队、第四支队和梅埔武工队、梅南武工队、梅西武工队、梅平武工队、独三大队、独四大队的组建工作，先后担任梅埔丰边县委、梅县工委、梅兴丰华边县委、梅兴平蕉边县工委的主要领导人。他走遍梅州的山山水水，特别是对梅兴平蕉边有着深厚感情，他倾尽了心血，为梅兴平蕉边人民的革命斗争作出了重要贡献。1948年12月，黄戈平调任闽粤赣边纵队第一支队政治部主任，继而调任中共梅州地委执委兼秘书长。其间，仍驻梅兴平蕉边指导工作。1949年5月，平远解放后，他奉命前往平远参加接管政权，一直战斗在平远，直至壮烈牺牲。

胡琏残敌窜扰平远期间，中共平远县委、平远县人民民主政府及中国人民解放军闽粤赣边纵队第一支队独立第八团遵照梅州地委指示，转入山区，领导军民抗击胡琏残敌的斗争。

8月28日，茅坪杨梅坑民兵伏击向新铺逃窜的一股胡琏兵，俘敌50多人，缴获全部物资。

杨梅坑民兵伏击胡琏兵战场遗址——囊颈弯里

9月1日，一方面县委派郑彩志、丘忠坚等人组成小分队，由梅西重返仁居侦察敌情，做收复县城的准备。9月2日晚，武装小分队在仁居发现残留县城谢家祠的胡琏残部卫生兵遭到土匪围攻。小分队分析认为，卫生兵战斗力差，孤军无援，处于既怕共产党又怕土匪的恐惧状态，走投无路，便立即前去与之接触，策动他们投诚。他们表示愿意放下武器，等待接收。另一方面则制造解放大军即将进城的声势，使土匪不敢轻举妄动。小分队及时将城内情况向部队报告，县委、县军管会率八团于9月3日晚十时返回仁居，收复县城。9月4日，接收投诚的胡琏残部卫生兵五六十人，并缴获吉普车一辆，县城一片欢腾，热烈庆祝平远全境获得完全解放。

平远人民的革命斗争从1925年开始，历经大革命、土地革命战争、抗日战争和全国解放战争时期。平远人民在中国共产党的领导下，与国民党反动派进行了不屈不挠的斗争，前赴后继，英勇无畏，为夺取革命胜利作出了重大贡献。在长期的革命斗争中，有许多优秀儿女为了祖国和人民的解放事业而付出了鲜血甚至献出了生命，他们的功绩永载史册，他们的革命精神和崇高品德永远激励人们奋勇前进！

第三章
平远县经济社会发展史

第一节 巩固新政，探索发展

1949年10月1日，中华人民共和国成立，中国开启了历史新纪元。在中国共产党的领导下，平远人民坚持以毛泽东思想为指导，废除了沿袭千年的封建剥削制度，建立了社会主义制度，广大人民翻身做主人，社会生产力得到大大解放。平远人民发扬艰苦奋斗、勇往直前的革命精神，经济社会得到了长足发展，人民生活得到大大改善。

一、革除旧制，建立新制

（一）巩固人民民主新政权

1949年5月18日，广东省第九行政公署专员兼保安司令李洁之，率领所属国民党军政人员在兴宁起义，梅州各县和平解放。5月22日，中共梅州地委派出的工作队及闽粤赣边纵第一支队直属二团、四团部队抵达平远县城（仁居）接管政权，平远人民喜庆和平解放。5月26日，平远县成立了军事管制委员会接管平远县警察局，维持社会治安，着手筹建组建县、区、乡人民政权。

1949年6月21日，成立平远县人民民主政府，设立公安科维护社会治安，开始筹建基层民主政权。全县设7区、3市、56行政村（第一区辖仁居、邹黄两地8个行政村及仁居市，第二区辖河头、八尺两地7个行政村，第三区辖石正、大信两地10个行政村及石正市,第四区辖大柘、超竹两地8个行政村,第五区辖长田、热柘两地5个行政村,第六区辖东石、泗水两地14个行政村及东石市,第七区辖差干4个行政村)。7月15日,从淮海战役溃败南逃的胡琏为副司令的国民党军第十二兵团的雄狮、抚河两个支队数万逃兵(众称胡琏兵)窜入平远境内,大肆枪杀。平远县军事管制委员会奉命率所属机关单位,在闽粤赣边纵第一支队直属二团掩护下撤离平远县城。各区队则就地隐蔽,安定群众情绪,监视地方反动势力的动向,寻找时机打击进村入室烧杀抢掠的逃兵。8月4日,胡琏兵开始南逃。9月3日,平远县军管会和平远县人民民主政府及所属各单位恢复正常办公,公安科改称平远县公安局。10月1日,中共平远县委、平远县人民民主政府组织全县各机关团体、各界群众隆重集会,热烈庆祝中华人民共和国成立。

中华人民共和国成立之初,省县之间实行专员公署制,作为省的派出机构,平远隶属兴梅区专员公署。1950年1月,中国人民解放军闽粤赣边纵第一支队第八团,奉命改为平远县大队,隶属兴梅军分区建制领导。平远县大队的任务是负责全县的清匪反霸和收缴武器、建立民兵组织、维护社会治安等工作。3月,平远县人民民主政府改称平远县人民政府。全县设4个区(第一、第二、第三、第四区),2个县辖镇(附城镇和石正镇)和13个乡(第一区所辖的仁居、邹黄、差干3个乡,第二区所辖的八尺、河头、大信3个乡,第三区所辖的东石、泗水、坝头3个乡,第四区所辖的大柘、石正、长田、热柘4个乡)。4月,平远县贯彻《中华人民共和国婚姻法》,开始实施"一夫一妻,婚姻自主"的婚姻制度。5月,平远县人民银行办事处升格为中国人民银行平远县支行。5月,成立平远县人民法院,并依据《中华人民共和国土地改革法》,成立平远县人民法庭,县内各区设置分庭，承担起审判以及公证、律师、调解等司法职能。9月，召开平远县第一次工人代表大会。12月，针对平远解放初期反革命势力仍然猖獗，阶级矛盾比较尖锐，新的政权尚未完全巩固的实际，成立平远县清匪镇反委员会，在全县范围内开展了历时三年的清匪镇反运动，先后破获了"中华人民革命复兴军闽粤赣边纵司令部及其粤东支队和特别大队"、"国民革命复兴军粤东游击总队第一支队"、"反共救国军闽西纵队第三支队"、反动"三民主义维新救国团"、"地下军"、"乌军"等匪特组织潜伏案，破获和处理了放火、放毒、谋杀、械斗等一系列治安案件，捕获一大批匪特、恶霸、反动党团骨干、反动会道门头子以及破坏社会主义建设事业的各类犯罪分子，缴获枪支、弹药及其他军用物品一大批，捍卫了人民政权，为恢复国民经济和发展工农业生产创造了安定的社会环境。

1951年1月，中共平远县委成立平远县土地改革委员会。5月，中共平远县委组织工作队下乡，宣传《中华人民共和国土地管理法》。6月，第二区所辖的大信乡划归兴宁县辖，全县仍设4个区、2个县辖镇、12个乡。除第二区所辖3个乡改为辖2个乡外，其他3个区所辖范围不变。8月，全县各机关开展审干运动，查处了一批有政治问题的干部。9月，召开了平远县第一届妇女代表大会，会议选举产生了第一届执行委员会。12月开始，根据中央指示，在全县党政机关开展"三反"运动（反贪污、反浪费、反官僚主义），在县城私营工商业者中开展"五反"运动（反行贿、反偷税漏税、反盗骗国家财产、反偷工减料、反盗骗国家经济情报）。通过开展"三反""五反"运动，机关干部、城镇工商企业职工的社会主义觉悟大大提高，劳动热情空前高涨。

1952年，兴梅区专员公署并入粤东行政公署，平远隶属粤东行政公署。平远县大队撤销，成立平远县人民武装部，隶属兴梅军分区建制。5月,全县铺开土地改革运动,首先是进行阶级划分,紧接着组织发动农民斗争地主恶霸,收缴其武器,没收其土地、房屋、耕牛、农具等生产资料及其囤粮,分配给贫下中农。平远县公安局和平远县人民法庭及其分庭,根据《中华人民共和国惩治反革命条例》,审判并镇压了一批土匪、特务、恶霸、反革命分子以及破坏土地改革的不法地主分子和其他犯罪分子,捍卫了人民民主政权,保证了土地改革运动的顺利进行。6月,平远县与蕉岭县合署办公,成立两县联合办公处。8月,平远、蕉岭两县合并为蕉岭县(原平远县名暂予保留),县治设在蕉城镇。蕉岭、平远合县以后,原平远县境设4个区(第一区改为第五区、第二区改为第六区、第三区改为第七区、第四区改为第八区)、1个镇(石正镇),下辖72个乡。为做好平远当地的社会治安管理工作,方便群众诉讼,蕉岭县公安局在大柘设立公安分驻所管理社会秩序,蕉岭县人民法院派出人员,在原平远境内组成两个巡回法庭就地办案。

1952年以前的平远县治所在地——仁居镇

1953年2月，成立蕉岭县生产委员会，各区乡在春节前后成立了生产委员会。6月，蕉岭县改称蕉平县。7月，中共蕉平县委决定撤销土地改革委员会，健全生产委员会，成立生产工作队，配合区乡领导生产，推动生产运动。

1954年3月，蕉、平分治，平远县治设在大柘镇。蕉岭、平远分治后，平远县仍设4个区（第一、第二、第三、第四区）、2个镇（大柘镇、石正镇），下辖71个乡（行政村）。3月，中共平远县委决定成立中共平远县委纪律检查委员会、中共平远县委生产委员会、财政经济委员会、粮食购销委员会、武装委员会、保粮护仓委员会、保密委员会、监察委员会、选举委员会，恢复平远县人民武装部、平远县公安局和平远县人民法院。8月，为适应国家经济建设的需要，保证社会主义改造顺利进行，平远县人民政府决定设立农业、林业、水利、工业、商业、交通6个科。8月，召开平远县工商联首届代表大会，审议通过了《平远县工商联合会章程》。10月26日，中共平远县委生产办公室改为中共平远县委办公室。

1955年2月，召开平远县第一次劳动模范大会。3月，全县统一换发新人民币。3月，巡回法庭撤销，在仁居设置人民法庭，负责仁居、差干、八尺等乡的案件审理。成立平远县人民检察院，履行案件批捕、起诉等职能。4月，平远县人民政府改称平远县人民委员会；平远县第一区改为仁居区，第二区改为八尺区，第三区改为东石区，第四区改为大柘区。9月，中共平远县委决定改变各区委名称。第一区委会改称仁居区委会，第二区委会改称八尺区委会，第三区委会改称东石区委会，第四区委会改称大柘区委会。12月，在县城召开了共青团平远县第一次代表大会。

1956年1月，梅县石扇区三坑乡黄竹坪村划归平远县热柘乡辖。1月，中共平远县委根据中共中央审查干部的决定和中共广东省委、中共梅县地委指示精神，对全县干部分三批进行历时一年半的政治审查，查处了一批有政治问题的干部。同时，中共平远县委成立肃反领导小组，抽调机关干部成立肃反办公室，在各机关、企业、厂矿、中小学校开展历时两年的内部肃反工作。3月，施行联乡制，全县设仁居、八尺、东石、大柘4个区，辖20个乡和1个镇（仁居区所辖的古丁、邹坊、湍溪、差干、仁居5个乡，八尺区所辖的八尺、河头、楼前、凤头、中行5个乡，东石区所辖的东石、洋背、坝头、泗水4个乡，大柘区所辖的长田、大柘、超竹、热柘、上山、石正6个乡及大柘镇）。6月，撤销平远县人民委员会商业科，设立平远县商业局。7月，中共平远县委决定成立平远县财政贸易工作部，加强党对商业局、农产品采购局、财委会、财科、粮食局、供销社、百货公司、纺织公司、专卖公司、贸易公司、税局、银行、森工局采购站（组）等部门的政治思想和组织工作的领导。8月，撤销平远县人民委员会文教科，设立平远县人民委员会文化科、教育科。9月，为适应国家建设的需要，成立大柘镇市政建设委员会，其任务是规划市政建设并监督各单位执行，有计划地把大柘镇建设成为优美的城镇。10月，撤销平远县人民委员会林业科，设立平远县林业局。12月，县内撤区并乡实行乡村制，全县划分为13个乡（仁居乡、差干乡、邹黄乡、八尺乡、河头乡、东石乡、泗水乡、坝头乡、大柘乡、超竹乡、石正乡、热柘乡、长田乡），下辖1个镇（大柘镇）和71个村。

1957年5月，根据中共中央指示，在全县范围内开展以反官僚主义、反宗派主义和反主观主义为内容的整风运动。7月，平远县人民委员会设立平远县编制委员会和生产规划委员会。11月，平远县人民委员会决定撤销平远县财政经济委员会及其办公室，有关业务由平远县人民委员会办公室财贸组承担。11月，在全县党政机关、文教战线、工商企业等单位陆续展开"反击右派分子进攻"的运动。12月，平远县人民委员会交通科改为交通邮电科。12月，召开了平远县第一届归侨、侨眷代表大会，审议通过了《平远县归国华侨联合会章程》。

1958年7月，中共平远县委、平远县人民委员会决定成立平远县畜牧指导委员会，各乡均成立相应机构。9月，全县实行人民公社化，除大柘镇外，全县13个乡改编成政社合一的4个人民公社（仁居、八尺、东石、大柘人民公社）、1个镇（大柘镇）。11月，平远、兴宁合并为兴宁县，县治设在兴城镇。

平远并入兴宁县后，兴宁县公安局在大柘设立公安分局，兴宁县人民法院在大柘设立大柘人民法庭，兴宁县人民检察院派2人驻大柘人民法庭办案。

1959年1月，大柘人民公社分出长田、热柘成立长热人民公社，撤销大柘镇，原平远县境有仁居、八尺、东石、大柘、长热人民公社。

1961年1月，兴宁、平远分治。两县分治后，平远县调整人民公社的行政区域，全县划分14个人民公社（仁居、邹坊、黄畲、差干、东石、泗水、坝头、八尺、河头、中行、大柘、石正、长田、热柘）及平城镇，下辖188个生产大队。恢复平远县人民武装部、平远县公安局，重组平远县人民法院和平远县人民检察院。1月底，由省、地、县三级组成整风工作组、团，在全县铺开整风整社运动。这次运动对干部作风进行了整顿，对农村进行重划阶级的民主补课，树立起贫农的领导优势。1961年10月，成立平远县科学技术委员会和平远县科学技术协会。12月，全面铺开以生产队为基本核算单位的调整工作。

1962年12月，中共平远县委决定撤销中共平远县委财贸部、县委工交部，另设财贸办公室、工委、工业局、交通科，撤销文教局，另设教育局、文化科，撤销科委，增设森工局。

1963年，调整人民公社行政区划，把邹坊、黄畲人民公社并入仁居人民公社，中行人民公社并入河头人民公社，坝头人民公社并入大柘人民公社，全县设10个人民公社（仁居、差干、东石、泗水、八尺、河头、大柘、石正、长田、热柘）和1个镇（平城镇），下辖124个生产大队。1963年8月后，根据上级指示，在全县范围内开展历时一年多的三次农村社会主义教育运动。运动的主要内容有四项：一是提高干部群众的思想觉悟，分清阶级队伍，开展对敌斗争；二是开展清理账目、清理仓库、清理财务、清理工分工作，解决公社、大队、生产队"四不清"问题；三是教育干部群众正确处理公私关系；四是加强基层党组织的思想和组织建设。同时，在全县各圩镇分五批开展反对贪污盗窃、反对投机倒把、反对铺张浪费、反对分散主义、反对官僚主义的"五反"运动。10月，中共平远县委成立财贸办公室、工交办公室、平远县地方志编纂委员会。11月，平远县人民委员会决定成立平远县工商行政管理局。

1964年1月中旬，中共平远县委总结石正公社开展以阶级教育为中心的社会主义教育试点经验，分三批开展以清政治、清思想、清组织、清经济为内容的"四清"运动。

1964年4月，平远县人民委员会交通科改为平远县交通局。10月，中共平远县委决定撤销中共平远县委工交办公室和财贸办公室，成立中共平远县委工业交通政治部和中共平远县委财贸政治部，以加强所属机关、企事业单位党的思想和组织工作。

1966年6月，中共平远县委成立文化革命领导小组。12月，平远县城各机关单位、厂场纷纷建立革命造反组织，大字报满街盖巷，造成全县政局动荡。

1967年1月初，受上海"一月风暴"夺权事件影响，个别干部职工和社会上部分群众组成了"无产阶级革命造反派大联合筹备委员会""革命造反派"等群众组织，先后向中共平远县委、县人委、县属机关、企事业单位、农村人民公社"夺权"，各级领导人多数被视为"走资派"而靠边站。在一些不法分子"砸烂公检法"的反动口号煽动下，平远县公安局受到冲击后处于瘫痪状态，平远县检察院被撤销，平远县人民法院被"红卫兵"进驻，审判工作无法正常进行。1月23日，中共中央、国务院、中央军委、中央文革小组作出《关于中国人民解放军坚决支持革命左派群众的决定》。2月，平远县人民武装部派出解放军进驻公安局"支左"。3月4日，根据国务院、中央军委的指示精神，成立了以中国人民解放军平远县人民武装部为主的"平远县生产临时指挥部"，履行指导全县工农业生产的职能。8月10日，由平远县人民武装部为主，吸收地方干部参加，组成平远县"抓革命、促生产"领导小组，对全县"文化大革命"和生产实行统一领导。

1968年1月，建立平远县公安机关军事管制小组，对公安局和法院实行军事管制。3月，县城两派群众组织协商成立由40名工人、农民、军队和地方干部、学生组成的平远县革命委员会，取代了县委的领导地位，行使平远县人民委员会的职权。设立了保卫组代替公安局，与军管小组合署办公，检察职能由平远县革命委员会保卫组行使，法院及法庭均被撤销。

1969年11月，平远县革命委员会党的核心领导小组会议决定，成立平远县建设委员会，统管全县的市政、工程、房产。

1970年2月以后，平远县革命委员会按照中共中央"一三一"指示，开展了"打击反革命、反贪污、反铺张浪费、反投机倒把"的"一打三反"运动，对全县农村财务工作进行了清理和整顿，揭发和惩处了一批"现行反革命分子"、贪污盗窃和投机倒把分子。

1972年，由东石、八尺人民公社析地分别增设东石农场和楼前农场，全县有10个人民公社（仁居、差干、东石、泗水、八尺、河头、大柘、石正、长田、热柘）、2个农场（东石农场和楼前农场）、1个镇（平城镇），下辖129个生产大队。1972年7月，成立中共平远县工业局委员会。10月，撤销平远县农林水电局，设立平远县农林局、水利电力局。11月，恢复平远县人民法院和审判委员会组织。人民法院下设仁居人民法庭、东石人民法庭、石正人民法庭。12月，平远县财政局和税务局合并，统称财税局，恢复工商行政管理局和中国人民银行平远县支行，各公社设财税所、市场管理所、银行营业所，撤销平远县财税金融局和各公社财经组。

1973年3月，调整公社机构设置，撤销政工、生产、保卫、办事组，改为党委集体领导下的委员分工负责制。公社设办公室和组织、宣教、经管、财粮、保卫、青年、妇女、武装等委员。4月，恢复平远县总工会。5月，恢复平远县公安局。7月，增设平远县劳动局。同时，中共平远县委抽调168人组成中国共产党的"基本路线教育"工作队，到大柘、东石开展"基本路线教育"运动（此后，分别于1974年9月、1975年9月、1976年10月、1977年10月、1978年10月，派出工作队到各公社、圩镇、场所进行基本路线教育。前五批的教育运动时间为1年，第六批的教育运动时间提前至1979年1月结束）。8月，平远县邮政局和电信局合并为平远县邮电局。

1974年2月，根据中共广东省委、梅县地委的指示，中共平远县委成立"中共平远县委65号办公室"，负责做好"文化大革命"期间非正常死亡人员的善后工作。3月，恢复中行、坝头人民公社。东石农场改为平远县农业科学研究所。

1975年,东石人民公社析出畲脑、上举、龙文3个生产大队,差干人民公社析出下举、八社2个生产大队,泗水人民公社析出符坑生产大队,共6个生产大队新组建上举人民公社。

1976年10月下旬,全县城乡集会游行,庆祝粉碎"四人帮"反革命集团的伟大胜利。12月,成立平远县社队企业管理局。

1977年5月,成立平远县外贸局,与外贸公司合署办公。6月,全县各公社设立人民法庭。

1978年1月至2月,平远县调整人民公社规模。撤销大柘人民公社,组建大柘镇人民公社,恢复黄畲人民公社;由原大柘人民公社析地新组建超竹人民公社,东石人民公社析出锅舌、黄地、太阳、茅坪,热柘人民公社析出中村、留畲磜,新组建茅坪人民公社。人民公社规模调整后,全县有16个人民公社(仁居、差干、黄畲、东石、泗水、上举、茅坪、八尺、河头、中行、坝头、大柘镇、超竹、石正、长田、热柘)。

1978年夏秋,中共平远县委组织全县广大党员、干部和群众开展真理标准问题的讨论,以提高全县人民的思想水平和识别问题的能力,为拨乱反正打下思想基础。1978年9月,重建平远县人民检察院,与平远县公安局、平远县人民法院互相配合,互相制约,达到准确、及时、有力地打击各种违法犯罪,防止冤、假、错案的发生。

(二)中共平远党组织的发展

平远解放以后,中共平远县委坚持以马列主义、毛泽东思想为指导,不断完善各级党的组织机构,发展壮大党的队伍,努力加强党的组织和思想作风建设,充分发挥各级党组织的战斗堡垒和党员的先锋模范作用,带领全县人民建设社会主义事业。

1949年10月后,中共平远县委下设7个区委。1950年3月,全县调整为4个区委。

平远解放初期，采取谨慎积极的态度发展中共党员，发展对象主要是参加过游击战争的干部和乡村中涌现出的积极分子，经教育培养后吸收为中共党员。1951年至1953年，中共党员人数一直保持在200人左右。

为抓好党员干部的监督管理，1950年12月1日，成立中共平远县委纪律检查委员会，负责抓好党员干部纪律检查工作。

1952年，中共平远县委开展了第一次整党整风运动，集中300多名土改工作队员及县直机关100多名干部，结合土地改革的春耕整队，开展查立场、查思想、查作风的"三查"运动，教育全体党员牢固树立鲜明的阶级立场，为共产主义奋斗的思想，与贫雇农民同甘共苦的作风。经过50多天的整风运动，土改队队员受到深刻教育，思想觉悟有了较大提高。参加过土改运动的大多数干部，均在两年后加入了中共党组织，中共党员队伍得以发展壮大。1954年，中共党员人数为388人。

1955年3月，中国共产党全国代表会议通过了《关于成立党的中央和地方监察委员会的决议》。12月，中共平远县委据此决议要求，召开了全体委员会议，选举产生了中共平远县委监察委员会组成人员并报上级党委批准。

1955年至1956年，中共平远县委根据上级党委的指示，加快发展壮大党的队伍。发展党员对象主要从农村土地改革和合作化运动中挑选，经选送县委党校或省、地区干校培训后吸收入党。两年间，共吸收1 000多名在农、工业及各级机关的优秀分子入党。

1956年4月16日，正式成立中共平远县监察委员会，同时撤销原中共平远县委纪律检查委员会。

为全面贯彻落实好中国共产党在各个时期的路线、方针、政策，从1956年开始，建立中共党员代表大会制度，定期召开中共平远县党员代表大会。中共平远县党员代表大会由中共平远县委召集，大会主席团主持代表大会，执行党章规定的职权。参加代表大会的代表由基层党委和县属各战线党委召开中共党员代表大会或党员大会选举产生。

1956年6月8日至14日，中共平远县第一次代表大会在县城大柘镇召开。出席第一次党员代表大会的正式代表149人，列席代表33人。大会以中共七届四中全会精神为指针，充分发扬党内民主，开展批评与自我批评，进一步增强党内团结，并根据党在过渡时期的总路线、总任务和全国农业发展纲要，结合本县实际，确定了平远县七年建设规划。大会选举产生了第一届中共平远县委员会委员和候补委员、监察委员会委员、出席中共广东省第一次代表大会的代表。至1956年12月，中共平远县委下属5个党委、11个总支、116个支部，党员人数1 524人。这一时期吸收的党员数量多，出现了党员队伍文化偏低、年龄偏高的状况。

1957年，为提高党员队伍的政治思想素质，建立了专人专职的固定党训班。中共平远县委根据上级党委的指示，开展了第二次整党整风整社运动，暂时停止吸收党员，党建工作转向对预备党员的教育考察。按照中共中央《关于整风运动的指示》，发动群众向党提出批评建议。农村党组织则结合社会主义优越性教育，提高了全体党员的思想认识。

1958年，在抓好整党整风的基础上，发展了400多名新党员。1958年年底，随着平远并入兴宁县，中共平远县委同时并入中共兴宁县委。

1961年1月，兴宁、平远分治，中共平远县委仍设在大柘镇，领属14个公社党委、1个镇党委，188个生产大队党支部，党员人数2 451人。7月后，中共平远县委针对农村基层党员存在作风软懒涣散问题，抽调一批党员干部组成整党工作队，对169个农村大队党支部进行整顿，对全体党员进行了一次全面审查。结合整顿教育，对1958年以来全县受各种处分的党员进行了复查甄别工作，给受错误处理、批斗的党员干部进行了平反。1961年10月29日至11月2日，中共平远县第二次代表大会在县城大柘镇召开。大会选举产生了新一届县委委员、候补委员和出席中共广东省第二届代表大会的代表。这次大会明确了今后全党的中心任务，作出了调整公社生产关系，执行按劳分配的原则，调动一切积极因素，集中力量大办农业的决策。这次会议之后，全县经济形势逐渐好转。1961年，专人专职的固定党训班正式改称为中共平远县委党校。中共平远县委党校建立后，制订全县党员干部培训计划，组织农村和机关企事业单位党员干部学习《中国共产党章程》、党的基本知识，以及马克思列宁主义、毛泽东思想，党在各个时期的路线、方针、政策等，对提高党员的思想政治素质起到了重要作用。

1961年至1965年，为确保中共党员队伍质量，体现党的先进性，党建工作着重放在对党员的管理教育和对预备党员的培养转正上，只在少数党的力量薄弱的单位吸收了少数中共党员。至1966年，全县中共党员人数3 638人。

"文化大革命"期间，各级革命委员会实行党政"一元化"领导，一度取代了党委的领导地位，各级党委停止活动。党内个别领导干部借"吐故纳新"之名，打着"无产阶级专政下继续革命"的幌子，利用手中职权，混淆敌我、混淆是非界线，把党内一部分领导干部当成"走资派"的故旧，加以清除或劝退，给党建工作造成了不良影响。

为尽快恢复党的执政地位，重新树立党的良好形象，1970年，中共平远县委开展了第二次整党整风运动，主要任务是对党员进行立党为公的教育。1970年11月24日至26日，中共平远县第三次代表大会在县城大柘镇召开。大会作出了《进一步深入开展整党建党，把各级领导班子建设成为忠于毛主席无产阶级革命路线的战斗指挥部》等多项决议，选举产生了新一届县委委员27人。经广东省革命委员会党的核心小组批准，12月9日，恢复了中共平远县委员会。

1972年，各公社相继恢复公社党委。1973年，中共平远县委恢复办事机构，设置中共平远县委、平远县革委办公室、中共平远县委组织部、中共平远县委宣传部、中共平远县委党校、县委政法委员会、直属机关党委。

1976年10月，粉碎了"四人帮"反革命集团，党建工作采取"积极慎重"的方针，注重从知识分子、优秀共青团员中吸收党员，壮大组织力量，党员队伍的文化程度逐步提高。1976年12月，全县党员数量增至5 285人。

"文化大革命"期间，中共平远县委监察委员会的监察工作一度处于瘫痪状态，一些日常工作纳入平远县革命委员会政工组。中共平远县委恢复后，县委组织部设监察组，处理监察工作。1978年12月，中共十一届三中全会决定，重新建立或恢复党的纪律检查机构。1979年7月，中共平远县委重建纪律检查委员会。

党的政治思想和组织作风建设的加强，壮大了党的队伍，纯洁了党的组织，提高了党员干部的思想觉悟，使党组织的战斗堡垒和党员的先锋模范作用得到了有效发挥，确保了党的各项方针政策的贯彻落实。

（三）建立人民代表大会制度

1950年，平远县还没有条件召开普选的人民代表大会，由各界人民代表会议代行人民代表大会的职权。1950年至1952年，平远县人民政府在县城（仁居）先后召开了一至四届平远县各界人民代表会议，每届会议的主要内容是审议县长工作报告和选举产生各界人民代表会议常务委员会。

1950年6月12日至15日，平远县召开了第一届各界人民代表会议。会议就"公私合作，发展生产，打开销路，繁荣市场，推行人民币，杜绝金银外币，完成公债、税收及乡村民主运动"等问题作出了决议。会议还选举产生了由15人组成的第一届各界人民代表会议常务委员会。

1951年4月3日至6日，平远县召开了第二届各界人民代表会议。会议作出了"以实际行动抗美援朝，开展土地改革工作，坚决拥护、镇压反革命政策，生产度荒，兴修水利，春耕生产"的决议。1951年10月17日至20日，平远县召开了第三届各界人民代表会议。会议就"抗美援朝、镇压反革命、划分小区乡、开展优抚工作、拥护新婚姻法"作出了决议。

1952年3月2日至5日，平远县召开了第四届各界人民代表会议。会议一致通过了平远县人民政府《施政工作和增产节约的报告》《部队转业建设问题的报告》《整顿小学财政问题的报告》。1952年8月，平远并入蕉岭县，平远县各界人民代表会议停止活动。

平远县各界人民代表会议闭会期间，由各界人民代表会议常务委员会代行部分职权，日常业务工作设人代常委干事具体办理，与平远县人民政府民政科合署办公。

1954年3月，蕉岭、平远分治，平远恢复原建制。1954年3月，进行第一次基层选举，筹备召开县人民代表大会。1954年6月26日至7月3日，召开了平远县第一届人民代表大会第一次会议。会议作出了"开展以互助合作为中心，以农业生产为重点的全面增产节约运动"的决议。

1954年至1964年11月，平远县在县城大柘镇先后召开了一至五届人民代表大会。历届人民代表大会的代表是选举产生的。选举办法实行间接选举，即在选出公社人民代表的基础上，召开公社人民代表大会，选举产生县人民代表。

历届（次）人代会参会人员有正式代表、列席会议人员。会议内容主要是听取和审议平远县人民政府（平远县人民委员会、平远县革命委员会）、平远县人大常委会、平远县人民法院工作报告，平远县财政预决算报告。每届一次会议均安排选举产生平远县人民委员会，平远县人民政府县长、副县长及平远县人民法院院长，选举或补选广东省人民代表大会代表等议程。如遇特殊情况，二次会议也安排选举任务。

1957年1月22日至26日，召开了平远县第二届人民代表大会第一次会议。会议作出了进一步开展"增产节约"运动的决议。

1958年5月13日至15日，召开了平远县第三届人民代表大会第一次会议。会议作出了"各战线支援农业生产大跃进规划"的决议。这次会议之后，由于平远并入兴宁县，第三届人民代表大会第二次会议和第四届人民代表大会第一次会议在兴宁召开。

1961年，兴宁、平远分县。1962年6月1日至3日，召开了平远县第四届人民代表大会第二次会议。会议作出了"贯彻国民经济'调整、巩固、充实、提高'的八字方针，继续高举'三面红旗'（'大跃进'、总路线、人民公社），实现农业大丰收和全面做好国民经济调整工作"的决议。

1963年9月16日至19日，召开了平远县第五届人民代表大会第一次会议。会议作出了"贯彻中共八届十中全会精神，以农业为基础，以工业为主导的发展国民经济总方针"的决议。

1964年11月9日至11日，召开了平远县第五届人民代表大会第二次会议。会议作出了"以阶级斗争为纲，抓革命、促生产，抓政治、促业务"的决议。这次会议以后，由于受到"文化大革命"的影响，县内人民代表大会停止活动达15年之久。

二、农村经济和地方工业的发展

（一）农村经济组织形式的变迁

中华人民共和国成立之前，受封建土地所有制的束缚，平远县的生产条件落后，抗灾能力差，生产力水平低下。平远解放以后，全县农村通过变革经济组织形式，有效地解放了生产力，调动了广大农民的积极性。

土地改革是在中国共产党领导下废除地主封建土地所有制、改变农村生产关系的一场革命运动。1952年，全县铺开土地改革运动。广大贫下中农分得了土地，生产热情高涨，但有的家庭缺乏劳动力，或生产资料不足，生产上存在不少困难。为发展生产，避免新的两极分化，走共同富裕的道路，中共平远县委本着"自愿互利，典型示范"的原则，引导农民组织起来，成立互助组。1953年春，东石乡大水坑村农民组织起全县第一个互助组，组内有9户31人、耕牛3头、土地约2.27公顷。

1953年5月，全县进行查田定产，向农户颁发土地、房屋、山林证。1953年6月，全县土地改革工作胜利完成，结束了千百年来的封建土地所有制。

1954年以后，平远县开始探索农业生产合作化的生产关系模式。农业生产合作化分初级农业生产合作社和高级农业生产合作社两个阶段。1954年3月，大柘区杞园村试办第一个初级农业生产合作社。

1955年9月后，全县积极兴办互助组和初级农业合作社。至1955年末，全县有常年互助组1 161个，9 759户，耕地3 397公顷；临时互助组1 808个，入组户数12.1万户，耕地4 710公顷。参加互助组的户数占总农户数的83%，大多数互助组发挥了集体生产的优势，增加了粮食产量和农民收入。已建立初级农业社33个，入社农户1 016户，入社耕地696.8公顷。

1956年后，全县农村掀起合作化高潮，办起初级农业合作社153个，入社农户2.8万户，入社耕地11 162公顷，占总耕地面积的99.1%。1956年春，大柘区杞园社和石正区圩下社试办第一批高级农业生产合作社。至1957年春，全县办起高级农业生产合作社153个，入社农户占总农户的97.8%，入社耕地10 854公顷，占全县耕地总面积的97%。高级社贯彻民主办社和勤俭办社的方针，在一定程度上解放了生产力。

1958年4月，全县贯彻落实"鼓足干劲，力争上游，多快好省地建设社会主义"总路线。1958年5月，平远县第三届人民代表大会第一次会议作出了"各战线支援农业生产'大跃进'规划"的决议，组织全县开展"千斤稻、万斤薯"的"大跃进"运动，号召农民大种高产田，大搞高度密植、移苗并垅、猛施肥料，造成秋收大量减产。7月，东石坳上农业社首先办起集体统一吃饭的食堂，中共平远县委召开现场会推广，号召全县在夏收夏种期间，大办生活集体化的食堂。《汕头日报》详细报道了平远农业合作社兴办公共食堂的消息，并作为新鲜事物加以推广。9月，全县实现人民公社化，实行"政社合一"，"工、农、商、学、兵五位一体"。除大柘镇外，将全县的13个乡改编成仁居、八尺、东石、大柘4个公社，1个镇（大柘镇）。11月，全县大办公共食堂，实现公共食堂化，2.8万多农户在公共食堂吃饭，且吃饭不要钱，但不到一个月，粮食开始紧张。

实行人民公社化后，取消社员自留地，给社员发低工资，刮起"共产风"，平调生产资料，取消按劳分配制度，打乱了高级社的一套经营管理制度和生产秩序，严重挫伤了群众积极性，导致农、林、牧、副、渔各业生产损失严重。

平远并入兴宁后，1959年1月，原平远县境设仁居、八尺、东石、大柘、长热5个人民公社。1959年5月，公社大部分食堂濒临缺米断炊，全体社员只能以糠菜瓜藻果腹。

1961年1月1日，解散人民公社集体食堂。平远、兴宁分治。两县分治后，为了调动群众生产积极性，全县开展整风整社运动，全面清理赔退刮"共产风"的财物，退回社员自留地，把原来打乱了的生产地段、平调了的主要生产资料，按新的社、队规模实行"四固定"（把土地、劳力、耕牛、农具固定到生产队）。有山林的大队，采取以人带山和以田随山的办法，同时落实到生产队。1962年春，按实行"四固定"的规模为基础，全面实行"三级所有，队为基础"的农业生产管理体制。

"文化大革命"开始后，破坏了农村人民公社的各项经营管理制度，出现了大寨式评分、出勤"打大捞"、分配"一拉平"等吃"大锅饭"现象，生产停滞不前。特别是全县农村多次开展割"资本主义尾巴"运动，不准农民搞种养等多种经营，造成农村经济更加萎缩不振，农民生活水平普遍下降。

1976年7月31日，中共平远县委组织1 000多名青年民兵在大柘公社黄花陂召开千亩人造平原誓师大会，计划开发70多公顷的人造平原。一年后，因耗资伤劳太大，这项工程停工。

在变革生产关系过程中，多次出现违背社会和生产发展规律事件，个别领导干部脱离实际，好大喜功，操之过急，严重挫伤了广大农民的生产积极性，给经济社会发展带来极大损失。

（二）粮食生产

中华人民共和国成立之初，平远县有耕地面积10 735公顷。南部地区以及北部地区村段田以种植双季稻为主，高寒地区及边远山坑田以种植单季稻为主，年总产稻谷3万吨左右，每年的粮食缺口3 600吨以上，是广东的缺粮县之一。中华人民共和国成立以后，中共平远县委、平远县人民政府通过土地改革，组织发动广大农民兴修水利、开展农田基本建设、围河造田等措施增加种植面积，并改革水稻耕作制度、引进和推广水稻良种，不断增加水稻产量。

一是挣稿改翻耕，大科疏植改小科密植。在早造水稻插秧后80天左右（农历五月底、六月初），将宽疏的行间插植典型晚稻秧。1954年，全县挣稿田面积4 824公顷，占水田面积的50%，晚稻品种多为八月粘，农民称为楔子。

二是推行单造改双造和水旱轮作。中华人民共和国成立之初，平远县还没有适宜的品种和相应的技术措施大力推广双季种植，单季稻面积占较大的比例。1949年，全县有单造1 139公顷。1956年，依照广东省农业厅关于整理水稻地方品种的部署，对农家品种进行普查整理，评选出解放早、密早、冷水自、瘦田粘、白锡、赤锡、割头禾、金山粘等一批农家常规稻良种。这些品种共同的特征是高秆、迟熟、易倒伏、产量较低，但米质好。在选用品种上，进行了高秆改矮秆，迟熟改早（中）熟的品种。1956年以后，早造重点推广密早常规稻的种植，全县种植面积有3 050公顷，占早造种植面积的87%，晚造重点推广割头禾、金山粘两个品种的种植，种植面积有4 437公顷。1970年以后，不断引进和推广早熟、矮秆、高产良种，采用了早、晚两造对口的品种，使双季稻种植面积不断扩大，单季稻面积逐年减少。此外，不少地方还实行水旱轮作制。轮作的形式是，在同一块土地上，早造种植黄豆或花生，晚稻插植水稻，或早造插植水稻，晚造种植甘茨等作物。农民有预留晚造秧地的习惯，利用预留的秧地，早造种植早黄豆，晚造种植水稻，有效提高了土地利用率和经济效益。

三是引进杂交水稻良种。1976年，平远县开始试种杂交水稻。由于杂交水稻组合单一，种子纯度较低，生育期过长，种子价格较高，用肥多，叶子嫩，招惹病虫较多，造成成本高，推广难度大。面对这种情况，平远县科学技术委员会负责培训和抓杂优制种工作，分别在东石、大柘、坝头等公社进行小面积制种试验。1976年冬，平远县革命委员会生产组组织平远县科技局、农业局、粮食局、商业局、县农场、楼前农场、农科所等单位以及各公社农民技术员共65人，前往海南岛的乐东县进行杂优制种。1978年春，由平远县农业委员会办公室牵头，组织平远县农业局、科技局、粮食局、农科所等单位，以及雇请农民技术员12人，到热柘公社热水大队，利用当地汤湖热水制作油优4号、威优科30、威优2号，以及繁育V20A等杂优品种。通过制种实践，培养了一批制种技术骨干，降低了杂优种子价格，使杂交水稻种植面积逐年扩大。

四是推广新的水稻栽培方法。"大跃进"时期，推行水稻直播栽培法，因条件不具备而失败。1962年后，大力推广潮汕水稻栽培经验，如浅水插秧、浅水分蘖、够苗露田、晒田壮秆、湿润灌浆等科学用水方法。1976年，因倒春寒引起烂秧，秧苗不足，季节迫人，石正公社个别生产队采取补救措施重新采用水稻直播栽培方法。直播后加强管理，获得成功。1977年，石正公社农民进一步采取拉线点播或行播，加强人工除草和肥水管理，产量不低于插植的收成，此后便在全县铺开。

五是推广使用化肥、农药。1956年开始，在县内部分地方推广使用化肥、农药。1958年以后，全县较大量地使用化肥和农药。

通过采取多项改革措施，水稻亩产量获得较大提高。1952年，水稻种植面积19 084公顷，总产稻谷36 716.3吨，亩产128.26千克。1955年，水稻种植面积17 415公顷，总产稻谷44 151.86吨，亩产169.87千克。1958年至1962年，受"大跃进"影响，出现了"亩产千斤稻、万斤薯"的虚报造假事件，导致全县粮食大减产。1962年之后，种植面积和水稻产量逐年增加。至1978年，全县水稻种植面积17 694公顷，稻谷总产66.3万吨，亩产249.97千克。

通过抓好粮食生产，缓解了广大农民粮食紧缺的局面。1953年至1978年，平远县平均每年为国家提供商品粮5 234吨，是梅州市外调粮食较多的县份之一。1978年，农业总产值达到4 011万元，是1949年589万元的6.8倍；粮食总产达68 657吨，比1949年的32 290吨翻了一番；农村人平均收入178元，比1949年的不足100元翻了一番，人民生活逐步改善。

（三）林业生产

平远属亚热带常绿阔叶林区，境内低丘陵占总面积的80.8%，为发展林业生产提供了良好自然条件。平远解放前，县境林木多为成熟的自然生长林，又因地处偏僻，交通不便，很少开发利用，全县山林茂密。中华人民共和国成立后，中共平远县委、平远县人民政府把发展林业作为发展山区经济的重要内容，大力搞好造林绿化和封山育林。

1950年，全县有森林面积10万多公顷，多为自生林，少数人工造林，林木蓄积400万立方米以上。为加快发展林业经济，1951年开始，先后在坝头、东石、超竹等地建立林业苗圃场，为大面积造林绿化准备树苗。1953年春，全县实行土地改革，在分配耕地的同时，把山林分配给农民个体管理，并填入土地所有权证中。1955年至1956年，全县对林业进行社会主义改造，各农户的山林，按面积、林木数量等进行折价入股合作社，由合作社统一管理。1956年开始，全县开展造林绿化。至1957年，全县人工造林21万多公顷。1958年冬，山林归生产大队统一管理。为建立木材生产基地，1958年后，先后在差干、石正、东石、八尺等地办起县办林场。

1958年至1960年间，受"大跃进""共产风"的影响，平远掀起大炼钢铁运动，动员全民上山砍树，用土窑或土坑烧炼钢铁，砍伐烧掉大量木材。更为严重的是，汕头地委组织三支木材生产大军驻扎平远，进行了前后3年的无计划滥伐林木，砍伐林木超过23万立方米，部分木材被弃在山上腐烂，森林资源遭到严重破坏。

1962年春，山林所有权下放给生产队。为尽快恢复山地植被，1963年至1966年，全县组织几次林业生产大会战，营造数处成千上万亩集中连片的杉山。1966年后，先后建起省属上远茶场和县办黄花陂果林场、黄田林果场、楼前农林场，在泗水、仁居、河头等地办起集体林场。各林场主要生产经营杉、松、油茶、茶叶等经济林，重点抓好残次林改造、成林抚育、森林保护、林木采伐等。各林果场、果林场主要从事柑橘、茶叶、油茶等生产经营。1968年，受"文化大革命"影响，全县各地盗伐林木时有发生，森林再次遭到严重破坏。

为加快发展林业经济，1971年春，在石正范围内首次进行飞机播种松林2 814公顷，人工造林2 385公顷，当年共造林5 199公顷。1976年，平远县被列入全省发展油茶重点县之后，各地充分利用低矮丘陵山地种植油茶，全县油茶面积达到6 700公顷。1977年，全县再次掀起造林绿化高潮，在大柘范围内飞机播种松林2 747公顷，人工造林804公顷（其中，种杉300公顷，种油茶207公顷）。

1978年以后，因木材价格大幅度上升，加上对木材采伐运输管理上的失控，全县再次发生乱砍滥伐事件。许多用材林、薪炭林、经济林被砍掉，森林资源又一次遭到严重破坏，造成水土流失的严重后果。

1949年至1978年，平远县在发展农村经济的过程中，虽然经受过不少挫折，但是所取得的成效是显著的，最主要的是建立了以生产资料公有制为基础的农业生产格局，粮食生产稳步增长；平远县已成为广东省木材重点产区之一，先后为国家提供各类商品材800多万立方米，松脂2.5万吨，生产了大批木柴、木炭、竹、茶油、桐油等林副产品。

（四）地方工业

中华人民共和国成立之前，平远县内只有少许手工挖煤、采矿、小炉冶炼铸锅，以及简单的铁、竹、木小农具、米粉、糕饼等加工业。1949年，工业总产值仅有228万元。中华人民共和国成立后，成立了平远县合作总社，对从事铁器加工、陶瓷制作、竹木加工、食品加工、棕藤编织、纺织纱布、缝纫、制鞋等私营手工业者进行社会主义改造，组织手工业者合伙经营。1950年6月，平远县第一次进行工商业登记，初步把私营工商业纳入国家计划管理。1953年至1954年，手工业者自愿组合手工业组。

1954年后，平远县人民政府先后成立了工业科、手工业科，引导工商企业有计划地组织工业生产。1955年12月，平远县工业系统成立企业公司。1956年，全县掀起合作化高潮，共组建各类手工业社34个，参加人数875人，占全县手工业人员的94.5%，基本完成了对手工业的社会主义改造。

1958年，全县农村实行人民公社化，各公社范围内的手工业合作社转为社办工厂，此后逐步过渡为集体企业。集体工业包括二轻工业和乡镇工业。二轻工业主要经营五金、橡胶塑料、木器家私、被服、家用电器、建筑施工等项目；乡镇工业（乡镇级办的集体工业和村办集体工业）主要经营木材加工、粮食加工、建筑材料、电力、煤炭、采矿、炼铁等项目。

平远解放以后，为加快发展地方工业，工业系统创造条件兴办矿产、冶金、机械、化学、建材、木材加工和船舶修造、食品、造纸、印刷、五金、家电等工业企业。

一是开发矿产资源，发展冶金、建材工业。逐渐加大矿品开采力度，先后在石正开采煤矿生产燃煤，在东石等地开采铁矿、石灰石矿、钨精矿、铅锌矿、锡精矿，在茅坪等地开采铜矿、钴矿等矿产资源。1954年，广东省机械工业厅利用东石尖山铁矿资源丰富优势，在东石马地坪投资兴办广东省平远钢铁厂。1956年夏，该厂投产炼铁，并分设铸造车间生产各种铁锅。1957年，广东省平远钢铁厂下放给平远县，改名为平远县东石钢铁厂，至1960年，年产生铁3 829吨。

20世纪70年代起，平远县东石钢铁厂进行白煤型焦炼铁试验成功，加快发展炼铁生产，除钢铁厂有3座高炉炼铁外，东石、大柘、石正、八尺、仁居等公社农械厂先后建造炼铁炉生产炼铁和铸件。至1975年，全县年产生铁5 560吨。

1951年后，差干、东石、大柘、中行等地，利用石灰石资源开办石灰厂，烧制的石灰除供应本县外，还销往江西省寻乌县等地。1971年，平远县公路工区在东石兴办水泥厂，平远县水泥厂试产水泥成功后批量生产水泥。1974年，平远县冶炼厂改为平远县水泥厂，生产的水泥除销售本县外，还销到潮汕地区。

二是发展机械、五金、家电、化学工业。1954年，东石组建平远县机器农具生产合作社，生产人力切苗机、打谷机、打浆机等产品。1958年，平远县筹建农业机械厂，主要生产生铁铸件、打谷机、切苗机、打浆机、搅拌机等产品。1968年至1970年，平远县先后建成轴承厂、铸造厂、五金厂、二轻机械厂、通用机电厂、电机修配车间、汽车配件厂（车间）、橡胶塑料厂，主要生产轴承、机械铸件、汽车配件、电机、车床、钻床、刨床、小五金、拖鞋、纫扣等产品和经营机电、家用电器等维修业务。1975年5月，兴办年产5 000吨碳胺的平远县氮肥厂，1977年6月开始生产化肥，县内所需碳胺化肥基本由平远县氮肥厂供应。

三是发展造纸、木材加工、船舶修造业。1959年，仁居木溪建起纸浆工厂加工粗浆粕。1961年，走马岗造纸车间与联合工厂印刷车间合并组成地方国营平远县造纸厂。1967年后，八尺公社农机厂、楼前农场先后开办纸浆车间生产纸浆粕、土纸。1970年，在河陂水兴建日产3吨机制纸的造纸厂，主要生产牛皮纸、白有光纸、2号打字纸、洁白卷烟纸、薄型包装纸、水泥袋纸等产品。

1954年至1956年，仁居、八尺、东石、大柘、长田、热柘、河头、中行等圩镇组织起手工木器生产合作社，生产木床、书桌等30多个品种。1971年，平远县二轻局开办木器家私厂，生产日用家具和纺织机械木质配件。20世纪70年代中期起，逐渐引进外地生产工具和生产工艺，生产出口工艺品销往法国、联邦德国、英国、美国、荷兰、日本等国，以及东南亚地区。

1958年，坝头贤关建起国营船厂，承修木帆船舶。1966年至1972年，先后承建了10马力载重3吨的机帆船和全水泥钢丝船。

四是发展食品工业。1953年，大柘个体经营者集股在大柘经营平远县新中酒厂，1956年转为平远县公私合营新中酿酒厂，1958年转为地方国营平远县酒厂。1961年后，进行设备改造，年产混合饮料酒410~450吨，品种达10多种。

1956年，平远县手工业科在石正、大柘、东石、八尺等圩镇组建糕饼生产合作社，1958年划归平远县酒厂管辖。1961年，撤销各圩镇糕饼生产点，在平远县酒厂设立生产车间生产10多种各类饼干。1969年，平远县酒厂和糕饼生产车间划给平远县商业糖专公司经营。20世纪70年代，平远县糕饼厂生产的糕饼、水果糖有10多种品种，年产量15~20吨。

1960年，平远县联合工厂增加豆类制品生产项目，小批量生产胡豆粉丝、豆豉、豆酱油、腐竹等。1964年兴建粉丝生产车间，连续生产粉丝7年，后因原料来源不足而停产。

五是发展印刷和其他轻工业。1954年，大柘镇办起私营文锋印刷厂，1956年转为公私合营企业，1958年转为地方国营企业，1967年更名为平远县印刷厂。此外还先后办起缝纫生产小组、缝纫生产合作社、缝衣社，承接商业部门和顾客加工服装业务；成立鞋革生产小组、鞋业社，负责生产布鞋、皮鞋、塑料凉鞋，开办制革、割胶等业务。

经过不断探索，至1978年，全县形成了私营工业、集体工业、部门工业、地方国营工业共同发展的工业格局，工业总产值5 346.58万元，是1949年232万元的23倍。

三、计划经济体制下的商品流通

中华人民共和国成立之后，为了促进商品流通，平远县先后组建了合作社、基层供销社、基层商业、县供销社联合社、国营商业、国营专业公司，主要经营生产生活资料、日用百货、五金交电、文化用品等。

1950年6月，平远县第一次对工商业进行登记。经过整顿之后，初步把私营工商业纳入国家计划管理。1950年8月，成立平远县供销合作社，负责扶助农民生息，沟通城乡商品流通。1951年后，先后成立了平远县贸易公司、粮食油料管理所、百货公司、花纱布公司、酒类专卖公司、药材公司、医药公司。各区乡也陆续成立国营专业公司。1953年起，对私营商业实行"利用、限制、改造"政策，组织私营商业走合作化道路，对资本主义商业实行经销代销、公私合营。

1953年10月，平远县贯彻政务院"关于实行粮食计划收购和计划供应的命令"，开始实行粮食统购统销政策，在农村向余粮户收购粮食。1954年1月后，粮食和食油统一由国家粮食部门经营，全县各圩镇设立粮食、油料管理所，专门从事粮油购销业务，禁止粮油自由上市，城镇非农人口实行粮油定量发证（票）供应。1954年9月14日，全县实行棉布计划定量（户籍人口每人每年按4.5米标准发证，折算为一丈三尺六寸）发布票供应。

1956年1月，平远县贯彻过渡时期总路线，对私营工商业进行社会主义改造，将国药、陶瓷、饮食、食品、百货、棉布等9个行业纳入公私合营。1957年，各圩镇设生猪购销服务组，实行生猪统收统调，向农户进行派购。1957年10月，放开自由市场，集市贸易有了新的转机。1958年，平远县供销社及属下公司并入国营商业，基层供销社与基层商业、服务部门合并为商店。农村实行粮食包干，先购后留。1960年后，先后成立了糖专公司、饮食服务公司、食品公司、五金交电化工公司。1960年10月起，由于不少日常用品供不应求，商业、供销部门实行发证供应。商业部门发证限量供应商品最多时达到120多种，供销部门发证限量供应商品达70多种。1961年后，恢复国营、供销、集体3条流通渠道。1962年起，每年在粮食征购入库结束后，开放粮食贸易市场，调剂余缺，随行就市做好粮食购销。1962年后，凭证凭票供应商品逐步减少。1963年恢复平远县供销社。1966年以后，农贸市场被当作"资本主义的滋生地"加以批判并关闭，传统性商品、日用化妆品等商品停止出售或加以限制，凭证凭票供应商品有所增加，市场再次出现萧条。1967年，平远县供销社及属下公司再次并入国营商业，组成商业粮油服务站，基层供销社与粮油管理所并入"工农兵服务站"。1970年后，成立了燃料公司（后分为石油公司、煤炭公司）、农机供应公司、二轻工业公司、物资供应公司、建筑材料公司、畜牧服务公司、木材公司、饲料公司、蔬菜公司、水产公司。这些国营公司从事专业性经营，其中花纱布、煤油等有关国计民生的商品，以国营商业和供销合作社经营为主。1972年恢复基层供销社，1975年恢复平远县供销社联合社。1978年以后，凭证凭票供应商品大幅减少，除棉布、絮棉以外，其余百货商品敞开供应。

四、农田水利、电力、交通及通信建设

（一）农田水利

1950年之前，平远县水利设施非常简陋，八成农田无法抵御旱涝灾害。1950年至1978年，平远县各级人民政府注重提高农田的防洪抗旱能力，着力解决东南部盆地农田和西北部山坑田的灌溉问题。各地采取县人民政府、各公社下任务，建设指挥部发少量补贴，生产大队、生产小队集体记工分的办法组织劳动力参加工程建设。广大农民充分发挥艰苦创业精神，用锄头、铁钎、板车、土夯、扁担、畚箕等简易工具，先后建设了一批批引水、蓄水、防洪堤围工程。

1950年之后，首先对原有的陂圳进行维修、加固，同时兴建引水工程。1956年9月，动工兴建投资338.6万元的高峰滩引水工程。该工程包括陂头、主渠、支渠工程及支渠扩建工程，渠道全长60.15千米，灌溉面积1 239.5公顷，于1957年6月建成发挥效益。1958年1月，中央新闻记录制片厂派专人到平远县的河头、坝头拍摄以《十里峭壁凿渠道》为题的高峰滩灌溉工程艰苦建设过程纪录片，并在全国发行。至1978年，全县先后建有大小引水工程700宗，灌渠长100千米，灌溉面积2 000公顷。

1964年1月，平远县人民委员会决定在东石冷水坑兴建大型水库。大坝工程于1966年3月全面竣工。1966年9月，在河头黄田

1972年底建成的黄田水库

村动工兴建全县最大型的黄田水库。1972年春，在石正富石村动工兴建富石水库。1972年底，黄田水库基本竣工，总库容量5 230万立方米，可灌溉农田1 125.6公顷。1975年底，富石水库基本竣工，总库容量2 388万立方米。至1978年，全县先后建成中型水库2宗（黄田水库、富石水库），总库容量7 618万立方米，小（一）型水库5宗，总库容量1 285.54万立方米，小（二）型水库（包括平山塘）29宗，总库容量847.32万立方米，总灌溉面积3 106.25公顷。

平远县境内的东石河，每逢山洪暴发，冲毁大片良田，给农业生产和人民生活带来很大的威胁。为减少水患给农业生产带来的损失，1953年开始整治东石河坝头东片段。通过修筑堤围，有效地防御了洪害。1973年至1977年，全县结合农田基本建设，掀起兴修水利、整治河道、修筑堤围高潮，经整修的河段32宗，堤长58千米，护卫耕地1 621公顷，受益人口3.3万人。

（二）电力电网

中华人民共和国成立之初，平远县内没有电力工业，只能用汽车头或木炭机、柴油机作动力，牵动火力发电机用于照明、抽水或加工粮食。1959年7月1日，平远县第一座水力发电站——高峰滩水电站投产发电。1971年，黄田水库坝后水电站投入使用。1976年，黄田三级电站投入使用。至1978年，全县共建成水力发电站29座，总装机容量达49台1万千瓦。

1958年高峰滩水电站投产后，架设了第一条由电站到县城大柘镇的全长5千米的10千伏高压线路。1969年春，动工兴建河陂水变电站。1970年秋，县内第一条由黄田坝后水电站至河陂水变电站的35千伏、全长16千米的高压线路建成投运。1971年，新增一条14千米长的从河陂水变电站至东石钢铁厂的35千伏高压线路。至1978年，平远电力形成了以河陂水变电站为中心向县境各地辐射的输、变电网络。随着小水电的快速发展和输、变电网络的逐步完善，极大地改变了全县电力紧缺的局面。

（三）公路交通

1949年以前，平远的交通十分不便，全县仅有6条简易公路共138.5千米，汽车只有10多辆。中华人民共和国成立后，逐年扩建公路，改建桥梁。

1950年，平远仅有一条从大柘至江西省寻乌县牛埃石的出省公路，因路基不实，缺乏养护管理，成为荒路。1952年1月，平远县人民政府决定动工修建此段公路。1952年7月16日，平远大柘至江西牛埃石修复工程胜利竣工。1962年至1976年，先后开通了东石至泗水、中行快湖至河头黄田、仁居邹坊至木溪、河头至仁居麻楼、畲脑至符坑、上举至湍溪、泗水至塘步的省养、县养或林区公路。至1978年，全县共修建省养公路2条（段），总长47千米；县养公路13条（段），总长130千米；林业公路5条

（段），总长47千米；乡村公路43条（段），总长160千米。

1956年，创办国营汽车客运业，开通大柘至梅县、兴宁和县内东石、石正、八尺、仁居等客运。20世纪60年代，扩开到新铺、中村、泗水、河头等客运。20世纪70年代，扩开到广州、寻乌、热柘、长田、黄畲、差干、上举、中行等客运。交通事业的不断发展，增强了县内外的相互联系，促进了经济社会的向前发展。

（四）邮电通信

1949年，平远县仅有交换总机5部，容量62门，实装46户，步班邮路6条，单程310千米。从1952年开始，步班邮路改为自行车邮路。1955年起，先后开通大柘至梅县车子排、大柘至寻乌、大柘至兴宁的委办汽车邮路。至1978年，县城至乡镇邮路312千米，农村投递路线（单程）1 463千米。

1950年起，开办长途电话业务。1963年1月，正式使用人工电报机。同年9月，开办农村电报。1976年，开通载波电路。至1978年，全县有电报电路1路，长话电路5路，主要设备有磁石式长途交换机1部，交换机容量20门，载波电话终端机2部，载波电话机容量2路。市话机械设备容量200门，实际接入178部电话机，农村电话交换点13处，交换容量850门，实占容量558门。随着邮电事业的快速发展，信息闭塞的落后面貌逐步得到改善。

（五）城镇设施

平远于1562年建县后至1952年，县治设在仁居镇。1952年8月，平远并入蕉岭县，县治设在蕉城镇。平远、蕉岭于1954年3月分治后，平远县城始设大柘镇。1958年11月，平远并入兴宁县，县治设在兴城镇。1961年1月，兴宁、平远分县后，平远县治一直设在大柘镇。

大柘镇原名蟠龙圩。清朝随乡名改为大柘圩。1949年，大柘圩镇有大小街道10条，总长750米，面积仅有5 000平方米，街道狭窄，房屋简陋。自1954年平远县城迁至大柘后，逐步对大柘镇进行有计划地建设。1964年以后，编制了城镇总体规划，先后拆除老街旧房，兴建新街道，改造木质桥梁为石拱桥或钢筋混凝土结构平桥。至1978年，形成了城镇的主干线网，先后兴建了自来水引水工程、文化馆、图书馆、电影院、工人文化宫、平远运动场、灯光篮球场、乒乓球训练馆、集贸市场、百货商店、人民旅社、平远汽车站等各项公共配套场馆设施。此外，逐年推进各地集贸市场建设，不断加大对仁居、东石、石正、八尺等较大圩场的配套设施建设，有效促进了全县的经济社会发展和方便了人文交流。

五、文教卫体事业的发展

（一）教育事业

1950年后，平远县人民政府把教育事业纳入发展国民经济计划之中。平远县人民政府于1950年7月接办平远县第一中学，9月接办平远县第一小学。1952年，平远县人民政府正式接管全县146所小学，学生总人数9 800人，教职工380人。1953年7月，平远县人民政府正式接管全县4所中学，学生总人数1 255人，教职工92人。

平远县人民政府接管全县中、小学校后，办学经费由县地方财政拨给，师资由县、区两级定期培训及送省、市师范学校培训。为解决校舍不足问题，充分利用清末民初遗留下来的私塾、书院、私立乡村小学校舍办学，或将祠堂、寺庙、教堂改建成校舍。经过两年的整顿改造，中小学教育步入正轨。20世纪50年代以后，农村集体集资或采用工分加补贴的办法建起校舍130所。1958年，全县办有小学250所，教职员1 300人，学生1.93万人。

1962年起，县财政逐年拨款，用于维修或新建校舍，使办学条件逐渐改善。1965年，全日制小学略有增加，另外开设耕读小学83所和业余小学203所，学生2万人，试办农业中学12所，学生8 000人。

正当教育事业沿着社会主义建设方向健康发展之时，1966年开始了"文化大革命"，教育界成为重灾区，导致教育质量严重下降。1966年6月，中共平远县委成立文化革命领导小组，派出工作组到各中学开展"文化大革命"。1966年8月，文化教育部门组织开展批判"三家村"活动之后，各中学纷纷成立红卫兵组织冲出校门大破"四旧"（旧思想、旧文化、旧风俗、旧习惯）。不少古旧图书被搜焚，文物、古迹、牌匾被砸碎。9月，各中学组织师生到北京天安门接受检阅，到上海、武汉等地串联取经。全县中学均停课"闹革命"，师生纷纷外出串联。

1969年，农村提倡"高中不出公社，初中不出大队"办学方式，全县各公社办起高中班，各生产大队的小学办起附设初中班。1969—1970年，各公社、大队新办初级中学109所，大队新办高中7所，小学附设初中班56所，学生4 500多人。各学校对学制和课程大改动，初、高中的学制由三年制改为两年制，小学由六年制改为五年制；初、高中删去数、理、化，改设工农兵基础知识，小学只安排学习毛泽东语录课。数年后，部分附设初中班停办。1972年8月，高等院校开始以推荐方式招生。1972年，平远县推荐12名工农兵学员上大学。

1974年9月，教育战线开展"学朝阳、学屯昌"活动，实行"开门办学"，各中、小学大办农场、工厂，与邻近生产队、工厂挂钩，建立生产基地，不讲文化知识，只讲劳动实践。

1976年10月，"文化大革命"结束。1977年，全县恢复了正常的教学秩序，教育事业得以振兴发展。

1977年秋，恢复高校招生考试制度，实行统一考试，择优录取，终止推荐工农兵学员上大学的做法。1977年8月，中共平远县委召开全县教育工作会议，贯彻邓小平提出的"尊重知识、尊重人才"的指示，批判"左"倾路线，开始拨乱反正，恢复正常教学秩序。

1978年4月，中共平远县委宣布撤销各类学校中的革命委员会和革命领导小组，恢复校长任命制，并明令在下半年撤销各类学校的红卫兵组织。1977年秋季，全县小学调整为135所，学生人数3万多人，教职工1 300多人（其中，仍有67所小学办有附设初中186个班，学生7 000多人）；普通中学调整为14所，学生1.29万人，教职工780人；全县校舍面积18.2万平方米。

（二）文化广播

中华人民共和国成立之前，平远人民的精神文化生活十分贫乏，特别是生活在农村的广大农民，过着"日出而作，日落而息"的单调生活。平远解放之初，县内无电影队，由省和专署（汕头）派电影队不定期到几个圩镇巡回放映。偶尔圩镇有场电影，农民想看电影也得步行好几千米或十几千米才能买张"站票"。为解决人民群众文化生活问题，1950年以后，县城先后建起了平远县文化馆、平远县图书馆、平远县城影剧院、平远县工人文化宫、平远县新华书店。组建了平远县木偶剧团、平远县歌舞团、平远县新艺汉剧团、平远县山歌剧团、平远县电影放映站、平远县电影管理站、平远县农村电影队、平远县广播收音站。1954年至1956年，组织机关干部、学校师生30多人，配合农村合作化运动，排练现代戏在县内巡回演出。1955年，县文化部门成立了2支16毫米电影放映队，到各圩镇、生产大队巡回放映。1956年8月，成立平远县广播站，利用电话线路定时开放广播。1958年开始，各公社陆续建起文化馆，成立农村文艺宣传队,面向农村,免费为广大农民演戏。1966年后,各公社陆续建起广播站。1970年后,建成广播、电话共用传输系统。1972年,全县有9个公社和1个场建起了广播站。1974年后,逐步建成以广播专线为主的独立传输系统。1976年以后,各公社先后办起自办公助性质的文化站、村和集体厂场文化室。随着文化场馆设施的逐步配套和各类文化活动的开展,城乡人民群众的文化生活逐渐丰富。

(三)医疗卫生

1949年,平远县只有一家县立医院——平远县卫生院,各乡镇开设有私人诊所和中、西药房。1949年6月,平远县军管会派员接收平远县卫生院,改称平远县卫生所。1950年6月,平远县人民政府设立卫生科,平远县卫生所改称平远县人民政府卫生院。1951年6月,平远县爱国卫生运动委员会成立,仁居、八尺、东石、大柘区建立卫生所,东石、热柘建立苏区卫生所,各圩镇个体开业医生陆续组织联合诊所。

平远解放之初,公立卫生院(所)工作用房大都是当地祠堂改建的联合诊所和个体开业医生的诊室,仅配有办公桌、听诊器、体温计、出诊箱等。1951年,平远县卫生院仅有病床5张、产床2张,医疗器械有为数不多的钳、镊、剪及血压计。不少地方病、传染病在很大程度上影响着城乡群众的身体健康。为有效防治地方病和传染病,平远县人民政府要求医院卫生部门,组织医务工作者做好地方性甲状腺肿、丝虫病、疟疾、华支睾吸虫病的调查和防治工作。采取对麻风病患者全部收容治疗,对肺结核病人设立专科收治等办法,防止传染病源的继续扩散。同时,认真做好预防天花、霍乱、鼠疫、乙脑、流脑、脊髓灰质炎、伤寒、副伤寒、白喉等传染病的免费普种疫苗工作。组织全县开展"三改二灭"(改良饮水、改善饮食卫生、改革粪便无害化处理方法，消灭蚊蝇及其孳生场所）的爱国卫生运动。1953年1月，全县行政企业事业单位工作人员开始实施公费医疗制度。1956年4月，平远县卫生院改称平远县人民医院，逐年增加医疗设备，改善办公条件。1958年成立人民公社后，大柘、东石、仁居、石正、热柘、泗水、八尺建立公社卫生院，长田、坝头、河头、中行、差干、邹坊、黄畲建立公社卫生所，将大柘、石正、超竹、热柘、东石、八尺、仁居的联合诊所改称公社医疗所，全县卫生技术人员270人。至1959年，平远县人民医院先后建起门诊部、妇科楼、内儿专科病房、内科病房、中医科病房，配置了比较齐全的医疗器械。各公社卫生院（所）的工作用房部分得到改造，医疗条件得到改善。兴宁、平远合县期间，撤销平远县卫生科，平远县人民医院改称兴宁县第二人民医院，基层有5个公社设立公社卫生院，分片设立卫生所。1961年兴宁、平远分治，平远县恢复县、社卫生机构，有条件的厂、场、学校开始设立卫生室。1967年至1975年，平远县人民医院调整科室设置，抽调人员组成医疗队到农村组建大队合作医疗站，培训赤脚医生和接生员，推广中草药、针灸治病，帮助群众参加合作医疗，有效缓解了农村基层缺医少药局面。

随着国家和地方财政投入资金的不断增多，城乡医疗设备逐年充实，医疗卫生队伍不断壮大。至1978年，每个基层卫生院装备有30毫安X光机、手术刀包、手术床、无影灯、电冰箱、干燥箱、电动吸引器、显微镜及制剂室设备。全县医院病床240张，卫生技术人员420人。城镇乡村的医疗保健网已基本形成，有效地增强了城乡人民的防病抗病能力，健康水平不断提高。

（四）体育运动

1949年以前，平远城乡人民主要通过练习传统武术项目增强身体素质，没有专门的体育锻炼场所。为组织开展群众性体育运动，增强城乡人民的身体素质，1950年冬，平远县体育协会成立之后，平远县工商联、坝头青年、平远县人民政府机关"铁流"篮球队、教师"钟声"体育协会相继成立。1953年，平远县体育协会组织6个篮球队近百名基层运动员在大柘圩泥地篮球场举行新中国成立后首次县级篮球比赛。

1954年3月，县治迁至大柘镇，平远县人民政府设立体育运动委员会。1954年，为了解决干部群众体育锻炼场所，平远县人民政府拨出专款在圩岗下购买2公顷田地，动员机关干部、学校师生义务劳动，平整体育场。各公社以学校、圩镇为主，陆续兴建体育场地，购置设施器具。1956年之后，平远县体育运动委员会组织各阶层、学校开展小型多样的体育运动竞赛，干部、职工、教师、学生、民兵、城镇青年，为达到"劳卫制"（准备劳动与保卫祖国体育制度）标准而形成锻炼高潮。

1959年之后，体育工作受"大跃进"、浮夸风及三年国家经济困难的影响，群众体育事业受到影响，"劳卫制"暂停执行。1962年，在县城体育场内建起300米篮曲式田径场和大型足球场。1963年，学校和群众体育运动逐渐恢复。1963年，首次在县城体育场举办中学生田径运动会，带动了中小学校体育运动的全面开展。学校田径、篮球、乒乓球、足球等运动队恢复活动，射击、投弹、刺杀、行军、游泳等国防体育均列入经常性活动项目。1965年下学期，各中学推行《青少年体育锻炼标准》。此后，机关、工厂的篮球运动也逐渐活跃，各类型的男女篮球队相继成立并开展各种竞赛活动，带动了群众性体育运动的全面开展。"文化大革命"期间，《青少年体育锻炼标准》中断施行，学校体育场地、设施被挤占或损坏。1978年之后，学校的体育工作和群众性体育运动才逐渐恢复正常。

六、社会救助制度的建立

（一）落实拥军优属政策

平远解放后，平远县人民政府认真落实拥军优属政策。每逢"八一"建军节、元旦或春节，全县城镇及各区（乡）、公社的拥军优属领导小组，组织各种形式的拥军优属活动，对当地驻军和烈军属、荣誉、伤残军人进行慰问。1954年，平远县人民政府在东石乡革命根据地石北村建立革命烈士纪念碑亭，以表彰革命英烈的丰功伟绩。1957年，在大柘镇新建革命烈士纪念碑，碑刻176名烈士芳名，对新中国成立前牺牲的革命烈士，凡未享受一次性抚恤的直系亲属追发抚恤费。对革命伤残军人和因公致残工作人员，按不同伤残等级，实行终身抚恤。对生活有困难的烈、军属和伤残军人，除了依靠群众优待外，国家每年给予定期定量或临时补助。

为解决好复员退伍军人的工作安置问题，平远解放以后，平远县人民政府先后成立了"转业军人建设委员会""接待安置复员退伍军人办公室"，1950年开始办理复员安置工作。1958年，义务兵开始退伍，按照"从哪里来，回哪里去"的安置原则，对城镇的义务兵实行按系统分配任务，包干安置的办法给予安置。在安置过程中，既加强思想教育，又切实帮助他们解决生产、生活、治病、住房、婚姻等方面的实际问题，尽量解决他们的后顾之忧。

（二）建立社会救助制度

平远解放以后，各级人民政府把社会救济工作作为一项重要任务来抓，对极度困难群众实行社会救济，对受灾群众实行社会救助，确保困难群众和受灾人员基本生活有保障，维护社会稳定。

1950年，全县粮食严重紧缺的困难户有1.2万户、4.3万人，占全县总农户的50%。为了帮助农村贫困人口度过荒期，摆脱贫困，平远县人民政府成立了"生产度荒指挥部"，给贫困农民发放救济大米、无息贷种、度荒贷粮，组织广大农村贫困户开荒扩种和节约度荒。通过以工代赈，赈贷结合，使农村贫困户安度荒期。1952年至1953年，通过土地改革运动，广大农民分到了土地和其他生产资料。为解决农民劳动力不足问题，1953年以后，中共平远县委先后组织农民成立互助组、合作社，引导他们走互助、合作的道路，贫困农民的生活逐步得到改善。1970年以后，农村兴办社队企业，多种经营也得到发展，但农村中仍然有因缺劳力、缺资金、缺技术或遭遇意外事故，造成生活困难的贫困户。各级人民政府组织社队和有关部门，采取优先照顾借贷及发放农副产品预购款，优先照顾贫农合作基金，适当减免农业税，发放救济粮、款等措施，切实为贫困户解决实际问题，帮助他们发展家庭副业，增加经济收入，有效摆脱贫困。

1955年之前，农村鳏、寡、孤、独和无劳动能力老人的生活困难主要依靠群众互助来解决，由互助包工代耕或帮耕。同时，由各级人民政府发放救济粮、款，给予重点救济。农业合作化之后，生活没有依靠的孤独老人和残疾的社员由集体"五保"供给，即给予保吃、保穿、保住、保医、保葬（孤儿保教）。1956年，全县实行"五保"供给的有1 493户、3 782人。1958年，全县建起了16所幸福院（后称敬老院），集中供养了284名"五保"老人。1959年以后，大部分"五保"老人实行分散供养。对"五保"老人的供给不论集中供养还是分散供养，主要由社队集体负担，各级政府给予必要的救济。

1950年后，各级人民政府对于家境贫困的盲、聋、哑、残人员，既给予生产资料的照顾，又给予社会救济，保证其生活水平不低于一般群众的生活水平。农业合作化以后，农村的残疾人员主要由集体负责安排适当工种，保证其基本生活有保障。对于城镇中有劳动能力的盲、聋、哑、残人员，采取由劳动部门介绍就业，或者自谋职业相结合的办法，使其各安其所。1959年至1961年，由于受"左"倾错误影响，造成国民经济比例失调，农业生产萎缩，全县人民群众生活曾一度出现很大困难。水肿、干疫、闭经、痴呆、子宫脱垂等疾病流行，全县患者达7 000多人。县财政在经济严重困难的情况下，专门拨出社会救济款12万元为群众解决口粮、治病等生活困难。1963年，早晚两季水稻遭受特大旱灾造成大幅减产，有430个生产队属重灾区。为帮助群众开展生产度荒，中共平远县委、平远县人民政府一方面拨出社会救济款、优抚款、无息贷款、救济粮、返销粮，发放棉胎、被单、棉衣、衣服等冬令救济物资，保证灾民有饭吃有衣穿，另一方面组织群众大搞多种经营，增加收入，帮助人民群众渡过难关。

（三）扶持革命老区发展

平远县原属中央苏区县，在土地革命战争时期，平远的革命老区曾遭受到国民党反动派的严重破坏。特别是东石的石北，石正的马赤，热柘的热水完里（又称湾里）、靠耳环、白墓前、狮子岽下等革命老区，遭到了毁灭性摧残，全部房屋被烧毁，被杀害的干部（烈士）43人，被害群众69人，被掳走下落不明的有73人，占当时当地总人口的13.2%。被烧毁的房屋921间，被抢走的耕牛133头，占当时耕牛总数的70%。被抢劫的粮食、衣物、农具等价值21万元。

中华人民共和国成立后，平远县成立了"老区建设办公室"，各级人民政府从财力、物力、技术等方面大力支持老区人民恢复生产，重建家园。1949年至1964年，共计拨出老区建设经费3.8万元，帮助老区人民新建房屋262间，修缮旧房384间；兴建拖拉机路1条、桥梁1座、小型水库1座、小型水利工程22宗；兴办小学4所、医疗站2所；购买耕牛12头、农工具149件。此外，还发放一大批衣物、被、帐等救济物品，为276户、1 202人解决了食、衣、住方面的困难。1958年12月，汕头地区老区建设办公室为表彰石北老区人民自力更生、艰苦奋斗、迅速重建家园的精神，特奖给发电机1台。

1967年至1976年，老区建设工作受到干扰。1976年后，中共平远县委、平远县人民政府经过认真调查规划，拨出33万元建设专款帮助老区人民治穷致富。一是改善交通条件，开通公路3条，长达16千米；修通村道3条，总长10千米，兴建桥梁9座。二是改善农田水利设施，兴修灌溉陂头5座；修建引水圳道6条，总长8 000米。三是改善照明、加工、饮水条件，架设低压线路3条，长11千米；兴建抽水站1座，打水井5口，修建加工厂4间。四是发放无息贷款，提供种苗、化肥、技术，帮助老区人民开发山区，造林种果，发展种植业、养殖业。五是拨出建房专款和社会救济款、粮，扶持老区困难户摆脱贫困。先后为24户修缮房屋，解决了183人的住房问题；拨出救济粮、退库粮、返销粮等共45吨，使老区人民基本解决了温饱问题，并逐步走上致富之路。

第二节 改革开放，快速发展

1978年，以中国共产党十一届三中全会为标志，中国开启了改革开放伟大历程。平远人民坚持以邓小平理论、"三个代表"重要思想和科学发展观为指导，坚持以经济建设为中心，坚持以开放促改革、以改革促发展。1978年至2011年这一时期是平远解放以后经济社会发展最快的时期，社会事业快速发展，人民生活显著改善，实现了从解决温饱到迈向小康社会的跨越。

一、农村经济体制改革

（一）恢复多种形式经济责任制

1978年1月，中共广东省委转发了大寨县办公室《关于减轻生产队负担，加强农业生产第一线的意见（试行草案）》，要求各地切实"解决从外部加给生产队的各种不合理的负担，调动广大社员的劳动积极性，加快农业发展速度，给国家多作贡献，提高社员分配水平"。7月后，平远农村有些生产队为打破平均主义的不合理制度，更好地调动农民的生产积极性，开始在农业生产中恢复过去曾经一度实行的包产到组的办法，相继实行"三定一奖"（定工、定产、定成本、超额奖励）的生产责任制。不少社队实行定额计分和按时计分的办法。11月，中共广东省委召开电话会议，部署当前农村工作，要求推广"三定一奖"的生产责任制。1978年冬，不少生产队普遍以作业组为单位，实行"三定一奖"生产责任制，加强田间管理，各种农作物长势很好，经济收入有了明显增加，干部群众反映良好。

1979年2月，中共广东省委批转了中共广东省委农村工作部《关于建立"五定一奖"生产责任制问题的意见》（以下简称《意见》），"五定一奖"即定劳动、定地段、定成本、定工分、定产量，超产奖励。《意见》指出："联系产量的生产责任制，是当前农村实行生产责任制中比较好的一种形式，它把劳动成果和个人利益直接联系起来，使劳动者产生了更大积极性、主动性和创造性。"此后，平远各地普遍执行这种生产责任制，有效地调动了农民的生产积极性，取得了良好的效果。但是，无论是"三定一奖"还是"五定一奖"的生产责任制，原则上只到作业组不到户，而在作业组内部，分配上仍存在着平均主义。随着人们思想的不断解放，广大干部和农民开始向农村的旧体制发起挑战。部分地方悄悄搞起了包产到户、包干到户，实行以家庭经营为主的联产承包责任制。

（二）推行家庭联产承包责任制

1978年12月，中共十一届三中全会通过的两个关于发展农业的文件，对于纠正农村工作中长期存在的"左"倾错误思想和调动农民的生产积极性，促进农业生产起到了很大作用。但由于历史的惯性和受时代局限性的影响，仍作出了"两个不许"（"不许包干到户""不许分田单干"）的规定。基于这一原因，使人谈"包"色变，不少领导干部对包干到户、包产到户持犹疑、观望，甚至反对、压制态度。

针对农村生产关系发生变化的情况，1980年9月，中共中央对包产到户、包干到户等多种形式的生产责任制予以肯定，并提出在"边远山区和贫困落后的地区可以包产到户，也可以包干到户"。1980年秋，中共平远县委贯彻中共中央《关于进一步加强和完善农业生产责任制的几个问题的通知》精神，推行以土地公有家庭承包为主的责任制。10月5日至9日，召开了中共平远县第四次代表大会。大会对加强和完善农业生产责任制，实行农村家庭联产承包责任制，作出了重大部署。11月4日至7日，中共平远县委召开县、社、大队三级领导干部会议。会议认真学习贯彻了中共中央《关于进一步加强和完善农业生产责任制》文件精神。会后，全县农村大胆改革，大搞各种形式的联产承包生产责任制。

至1981年12月，全县2 384个生产队全部实行联产承包（大包干），将生产队的土地由原来统一经营种植改为分户经营种植，土地仍归集体所有，集体与农户签订承包合同，每个承包户均要完成国家粮、油征购任务，对生产队原有的耕牛、农具和建筑物等集体财产进行折价处理。这一改革，给农村带来生机和活力。1983年10月后，由于人口的变动和某些制度不健全，全县开展完善承包责任制及调整责任田工作，重新签订承包合同。通过实行联产承包制，充分调动了广大农民的种粮积极性。1983年，全县水稻总产达81 787吨，比1978年的6.63万吨增加了15 487吨，仅用了两至三年时间就解决了广大农民长期以来没有吃饱饭的问题。

1984年4月，中共平远县委办公室和平远县人民政府办公室发出《关于延长土地承包期的通知》，明确规定原承包期5年改为15年。1986年12月，中共平远县委办公室发出《关于农业人口转为非农人口的原承包责任田的处理意见》，要求1983年冬调整责任田后的农转非户（人）所承包的责任田均应交回集体重新发包。1989年5月，平远县开展"两改一完善"（改村民委员会为管理区办事处、改村民小组为村民委员会，完善土地承包制）工作，根据"大稳定、小调整"原则，1983年冬调整责任田后，凡"农转非"、出港出国定居、无人户、弃耕丢荒的责任田一律由村民小组收回作"公田"。1989年12月，中共平远县委、平远县人民政府作出《关于进一步稳定和完善农村土地承包关系的决定》，对全县农村集体土地延长承包期作出再延长30年不变的决定，使家庭联产承包责任制进一步得到完善。1998年，实行第二轮土地承包，承包期至2028年。2011年开始，农村集体土地可以流转。从1980年开始推行的家庭联产承包责任制，充分调动了广大农民的生产积极性，推动了农村经济的快速发展。至2011年，全县实行家庭联产承包4.7万户，承包耕地面积7 504公顷，承包合同4.7万份，颁发土地承包经营权证4.7万份。

家庭联产承包责任制，是在坚持土地等主要生产资料集体所有制的前提下，实行土地所有权与经营权分离，把土地和其他生产资料根据合同交给农民使用。实行这一体制后，农民有了土地使用权、产品处理权、收益分配权、劳动支配权，成为相对独立的生产经营者。这种经营体制改革，是对生产关系进行的大调整，既彻底改革了原来集体经济的弊病，又继承了农业合作化以来的积极成果，符合广大农民的愿望，深受农民的欢迎，充分调动了千家万户的生产积极性，农业生产力水平全面提高，促进了农村经济的迅速发展。

（三）推进林业体制改革

1981年至1983年，根据中共中央、国务院《关于保护森林发展林业若干问题的决定》和中共广东省委、广东省人民政府《关于稳定山权林权和落实林业生产责任制的决定》，平远县开展"林业三定"工作（稳定山权林权、划定自留山、确定林业生产责任制），划定社员自留山面积33 882公顷。1984年，根据中共广东省委、广东省人民政府《关于加速发展山区经济若干政策问题的规定》，进一步扩大自留山面积和落实生产责任制。在全县已颁发林权证的林地中，自留山面积39 081公顷，责任山面积28

897公顷，集体统一经营的山林面积31 396公顷。

1985年，中共广东省委、广东省人民政府作出了"十年绿化广东大地"的决定以后，中共平远县委、平远县人民政府带领全县人民植树造林。1989年，加强对森林资源的管护和林木采伐、木材运输管理，成立了木材采伐"一本账"计划审批小组，负责安排年度木材采伐及计划外砍伐的审批。木材运输坚持"凭证运输"，保证木材运输的有序进行。1991年，平远县通过广东省人民政府绿化达标验收，成为广东省首批"实现绿化标准县"。

1992年，广东省人民政府颁布《广东省林地管理办法》。1993年，林业部出台了《林地管理暂行办法》。此后，平远县改变传统管理方式，根据森林经营目的和主导利用不同，将全县森林分为生态公益林和商品林两大类，采取不同的管理体制、经营机制和政策措施，实施森林分类经营管理。1994年首次划定生态公益林面积34 036公顷。1998年，广东省人大常委会审议通过了《广东省林地保护管理条例》，给林地管理工作提供了法律依据，林地管理走上了法制化轨道。1999年，重新核定生态公益林范围，并对重新核定后的34 840公顷生态公益林进行补偿，补偿标准为2.5元/年·亩。

2002年起，平远县完善林业产权管理制度，全面开展林地林权登记换发证工作，对林业"三定"时期已确权颁发过林地、林木权属证书且权属没有发生变化的，换发新的全国统一式样的林权证。至2005年3月，完成并通过广东省人民政府验收。全县各地提出登记换发林权证申请林地面积107 269公顷，换发林权证15 227本，核定林地48 317宗，发证面积103 863公顷。

2008年，中共中央、国务院出台《关于全面推进集体林权制度改革的意见》，中共广东省委、广东省人民政府出台《关于推进集体林权制度改革的意见》。按照中共中央、国务院和中共广东省委、广东省人民政府统一部署，平远县从2009年12月起全面开展集体林权制度改革工作。至2010年，新增生态公益林6 700公顷，使全县生态公益林面积达41 540公顷，占全县林地面积38%。至2011年底，基本完成林改任务并通过广东省人民政府检查验收。全县纳入林改的集体林地面积为108 473公顷，涉及12个镇、143个村（居）委会、1 451个村民小组。这次改革的主要内容是"明晰产权、减轻负担、放活经营、规范流转、配套改革"，其核心内容是明晰产权，进一步明确自留山维持稳定不变，长期无偿使用，允许继承；责任山保持承包关系稳定不变，承包期为70年；集体统一经营的山林采取均股、均利的形式确权到户到人。同时，不断深化配套改革，成立平远县森林资源资产评估中心和林业产权交易中心，积极推进林权规范有序流转，使林木、林地资源资产实现资本化和资产变现。生态公益林的补偿标准也提高到16元/年·亩。生态公益林建设成为平远县林业史上规模最大、惠农最广的民生工程。

改革开放以后，平远县通过深化林业体制改革，林业生态建设取得了明显成效。1991年，平远县被全国绿化委员会、林业部、人事部授予"全国造林绿化先进单位"称号，被中共广东省委、广东省人民政府授予"广东省绿化达标县"称号。2000年，被全国绿化委员会授予"全国造林绿化百佳县"称号。2007年11月，经广东省人民政府批准，设立广东平远龙文—黄田省级自然保护区。2009年12月，经国家林业局批准，设立广东南台山国家森林公园。至2011年，全县有林地面积10万公顷，森林覆盖率74.2%，活立木蓄积508万立方米。

（四）调整农业产业结构

1978年以前，平远县贯彻"以粮为纲"的方针，粮食在农业总产值中占比很大，生产结构单一，其最大的缺陷是不能合理地配置和利用资源。1979年以后,平远县逐步纠正"左"的错误思想,根据平远地处亚热带气候区和"七山一水两分田"的地域特点,突破农业"以粮为纲"和农村"以农唯一"的经营格局,全面调整种植业内部粮食与经济作物的关系,调整农业与林牧副渔各业的关系,调整农业与二、三产业的关系。

一是确保粮食增产丰收。全面推行家庭联产承包责任制以后,平远试种杂交水稻并获得成功,逐步在全县推广杂交水稻,同时推行水旱轮作和直播栽培的耕作模式。1985年,广东省第一次山区工作会议后,中共平远县委、平远县人民政府采取有效措施,多渠道增加农业投入,加强农田水利等基础设施建设,划定基本农田保护区9 159公顷,确保粮食种植面积。通过建立杂优水稻制种基地,积极推广水稻良种和直播抛秧等耕作新技术,努力提高水稻单产。1990年以后,落实"米袋子"县长负责制的政策,大力推广种植水稻新品种和水稻栽培新技术。水稻种植品种以杂交水稻为主,主要组合有五优308、深优97125、华优665、天优998、明优06等。全县杂交水稻种植面积12 864公顷,占水稻种植总面积96%。种植优质稻面积3 216公顷,总产2.1万吨,产值6 048万元,主要品种为梅优6号、黄莉占、禾稻、黑稻、糯稻等。水稻杂交制种面积364公顷,单产每亩225千克,制种组合主要有丰两优、新两优、Y两优等三个系列。在水稻栽培新技术推广方面,主推塑料软盘育秧抛秧、病虫综合防治、测土配方施肥技术。通过大力推广种植水稻新品种和水稻栽培新技术,全县粮食连年丰收,多次获广东省、梅州市粮食创高产活动表彰和奖励。2011年,全县粮食总产量为89 317吨。

二是调整农业产业结构。全县上下在抓好粮食生产的同时,因地制宜,合理地调整全县农业布局和产业结构,逐步改变农业生产结构内部比例不适的局面,将单一粮食的农业产业结构改变为粮食、经济作物、畜牧、水产、果蔬、林业全面发展的农业结构。把一些不适宜种植水稻的低产田退耕还林，或改种其他经济作物。同时，支持乡镇兴办农副产品加工企业，建立起生产、加工、销售有机结合和相互促进机制，促进农业向优质化、基地化、产业化方向发展。至2000年，全县形成了烤烟、西瓜、甜玉米、优质稻、二系稻制种、沙田柚、茶叶、商品蔬菜等8大主导产品，粮经种植比例40∶60。2000年以后，进一步优化产业结构，大力发展特色农业。经济作物主要有烤烟、南药、西瓜、茶叶。2011年烤烟种植面积达938公顷，产量1 757吨。南药种植面积938公顷，主要品种仙草502公顷，金钱草174公顷，溪黄214公顷。2007年至2010年，每年西瓜种植面积在168～200公顷，2011年种植面积达436公顷。2003年，引种单丛茶、金宣（台茶12）品种。2011年，茶园面积达670公顷，总产1 125吨，总产值5 625万元。在水果种植方面，全县种植脐橙、三华李、沙田柚为主。1996年开始，平远县实施"北橙"战略，全县全年脐橙种植面积达255公顷，2005年达408公顷，主要分布于仁居、八尺等镇，主要品系纽荷尔、奈维林纳、清家、大三岛、朋娜等。2006年，"平远脐橙"获得国家地理标志产品保护认证，2008年获国家绿色食品发展中心绿色食品A级食品认证，2011年获国家GAP认证。

2008年，平远春兴食品有限公司从浙江引进白玉蜗牛从事特种养殖，当年产量20吨，2011年达50吨，产品销往揭阳，经加工出口到日本等东亚国家。

至2011年，全县水果种植面积6 164公顷（其中，脐橙1 876公顷，三华李1 273公顷，沙田柚1 139公顷），产量7.3万吨；养殖面积1 218公顷（其中，池塘养殖面积530公顷，水库养殖面积593公顷，山塘养殖面积95公顷），产量9 200吨，渔业总产值1.3亿元，占农业总产值的13%。

平远县通过调整农业产业结构，形成了脐橙、油茶、南药、优质稻等四大农业主导产业。至2011年，农业产值达154 960万元，是1978年4 011万元的38.6倍，农村人均收入（调整口径）7 539元，是1978年178元的42.4倍。全县有梅州市级以上农业龙头企业29家（其中，有3家企业进入广东现代农业100强和现代企业500强），国家级农业标准化示范区2个，县级农业产业园10个，农业基地29个，专业合作社68个。平远县先后被评为"全国粮食生产先进县""广东脐橙之乡""中国油茶之乡""中国仙草之乡"，已成为"全国农产品加工创业基地""广东省最大的南药种子种苗繁育种植基地"。

（五）实施旅游旺县战略

平远县有五指石、南台山、相思谷、紫林山、热柘温泉等旅游资源。1998年开始，平远县积极实施旅游旺县战略。1999年，广东省政府批准五指石为省级风景名胜区。2002年11月中旬，平远县迎来了历史上首次大型汕头自驾车旅游团。2004年，中共平远县委、平远县人民政府作出了挖掘、整合旅游资源，着力打造"梅城—南台卧佛山—热柘温泉—程旼故居—五指石"生态旅游热线。2005年，五指石旅游区被评为国家AAAA级旅游区。2006年以后，每年举办脐橙旅游节，充分挖掘程旼文化、红色文化和大佛文化，着力提升南台卧佛山、五指石、上举相思谷等原生态旅游资源品位，推热了平远的文化旅游。在平远县第四届脐橙旅游节上，由平远脐橙组成的"水果拼图"打破了吉尼斯世界纪录。2009年9月22日，红色旅游景点"平远县红军纪念园"建成开放。9月28日，由广东新大地生物科技股份有限公司制作的"最大的一瓶山茶油"创造了吉尼斯世界纪录。2010年，平远县红军纪念园被认定为"广东省首批红色旅游示范基地"。2011

年，南台山、五指石园区成功申报省级地质公园。旅游部门推出相思谷景区徒步旅游线路和特色旅游景点。通过加大投入培育旅游景区，深入挖掘"三大文化"（红色文化、程旼文化、大佛文化）等举措，使旅游产业不断发展壮大。

2000年至2007年，五指石先后被广东省旅游局评为"休闲度假好去处""广东省最佳自驾游旅游目的地""广东自驾游最优景点""中国最佳文化生态旅游目的地"。2010年，平远县入选"中国最佳文化休闲旅游县"。2011年，全年接待游客总量40.1万人次，实现旅游总收入2.2亿元。

二、企业经营体制改革

（一）国有企业产权制度改革

1978年，全县有全民独立核算工业企业18个，总产值1 746.46万元；二轻集体工业企业7个，总产值249.4万元；乡镇级集体工业企业84个，总产值709.32万元。1979年以后，采取企业的联合、兼并、租赁、拍卖、破产、嫁接、外资、国有民营、股份合作等形式，对国有企业进行改革转制。

1979年至1986年，平远县的国有企业实行厂长（经理）负责制，企业实行自主经营、自负盈亏、自我发展的经营体制。生产计划仍由平远县人民政府下达，产品由市场调节。企业由生产型向生产经营型转变，厂长（经理）主要抓企业内部制度的建立和完善，抓劳动分配制度、经济核算和财务制度以及生产技术管理制度的建立和完善，企业有了较大发展，但仍然是计划经济体制。

1987年至1995年12月，国有企业实行承包目标责任制。承包责任人是企业厂长，同平远县人民政府签订责任书。主要承包指标有产量、产值、税收、利润和技改投入完成情况。这一时期，国有企业完成了一大批技改项目，国有资产总量、企业生产规模、产品品种、质量和经济效益大幅提高。但是，企业仍是国营模式，企业包盈不包亏，损失仍由政府负担。

1994年，国家进行财税、金融体制改革，计划经济体制下积聚的国营企业弊端逐渐显现出来。在未实行职工养老金社会化发放前，企业职工的住房、用电、用水和燃料都免费供应，企业办食堂、医疗、幼儿园的福利费用开支以及离退休人员工资福利均由企业负担，造成企业负担越来越重，流动资金严重短缺，生产经营陷入困境。在这种情况下，平远县开始实施产权制度改革。

在大多数企业还不完全具备产权改革条件的情况下，进行过渡性改革，由国有国营改为国有民营。主要形式有租赁经营、承包经营、股份合作和破产拍卖。

1996年9月，平远县人民政府按照"抓大放小"的方针和"三个有利于"的标准，决定对全县国有和集体企业实施"三个一批"（抓住一批，放开一批，发展一批）的改革。"抓住一批"就是重点抓资产总值1 000万元以上的创税利大户，分别实施剥离产权、自主经营，实行联合，进行股份制改造，强化管理增加效益。"放开一批"就是对国有小企业、死火企业、停产半停产企业、二轻企业采取拍卖、嫁接、兼并、国有民办的办法，全面放开搞活。"发展一批"就是围绕现有的行业，进一步发展一批科技含量高、市场前景好的优势产业。

2000年后，加大企业改革力度，对部分企业实行兼并或租赁经营。2004年以后，对国有企业实施公开拍卖。至2009年底，全县60家国有企业全面完成拍卖转制。

（二）扶持发展民营经济

平远县在抓好国有企业改革的同时，大力扶持发展非公有制经济。1994年，中共平远县委、平远县人民政府作出《关于鼓励发展个体、私营经济和股份合作制企业的若干规定》，鼓励引导非公有制企业健康发展。1997年，平远县人民政府制定《关于加快发展个体、私营企业的决定》。1998年，中共平远县委、平远县人民政府印发《关于进一步鼓励发展非公有制经济的若干规定》，包括放宽从业人员条件，放宽经营范围，提供发展场地，保护合法权益，简化办事手续，给予资金扶持、优惠条件和激励政策等10条规定，支持非公有制经济参与国企改革，引导非公有制企业规模化、规范化发展。

平远县通过扶持发展民营经济，非公有制企业的经营领域不断扩宽，市场竞争能力不断增强，纳税大户不断涌现。1994年，非公有制企业纳税1 500万元，占全县税收总额的30%。2000年，非公有制企业纳税3 248万元，占全县税收总额的47.8%。2003年，非公有制企业纳税5 996万元，占全县税收总额的78.3%，其中10万~100万元纳税户达57户，百万元以上纳税大户11户。2007年，民营经济实现增加值13.7亿元，占全县生产总值的54.9%，实现税收2.08亿元，占全县税收总额的85%。全年纳税10万元以上民营企业102户，其中百万元以上纳税大户有37户，千万元以上纳税大户有3户。2007年以后，纳税大户逐年增加，至2011年，全年纳税50万元以上民营企业49户，其中纳税100万元以上有29户。

（三）劳动用工制度改革

1983年之前，平远县实行的是国家计划指标控制下的全民所有制正式工和集体所有制正式工的企业劳动用工制度。但在不同时期因生产发展需要也采用过合同工、临时工等用工形式。

1983年，平远县进行用工制度改革，由国家统招统分改为劳动合同制。1994年，企业普遍推行优化劳动组合和竞争上岗等，企业实行全员合同制管理。1995年，所有企业内部取消原有干部、工人、全民所有制固定工、集体所有制固定工、合同工、临时工等身份界限，择优录用合同制用工。

1996年以后，平远县非公有制经济迅速发展，非公有制企业用工均采用聘用制，用人单位和劳动者双向选择、自由流动，由政府主管的劳动用工制度转为劳动者自主择业、市场调节就业、政府促进就业相结合。劳动用工制度的改革重点转移到建立和完善企业职工基本养老保险制度、失业保险制度、城镇职工基本医疗保险制度的工作上。

（四）大力开展招商引资

为弥补资金、技术、设备、市场等内生不足缺陷，1985年以后，中共平远县委、平远县人民政府采取了一系列措施，努力改善"软""硬"环境，不断打开对外开放的大门，加快发展外向型经济。

一是制定外来投资优惠政策。1985年1月，中共平远县委、平远县人民政府制定《平远县利用外资实行优惠政策的规定》和《关于吸收外县、外区、外省（市）的资金、技术设备的九项优惠办法》。1988年2月，平远县人民政府发出《关于利用外资、技术改造项目和地方自筹基建项目审批权限的暂行规定》，决定放宽审批权限，不失时机地开拓利用外资，引进技术设备，搞好企业技术改造，加速全县经济发展步伐。1990年10月，平远县人民政府制定了《关于鼓励外商投资的优惠办法》。2002年8月，中共平远县委、平远县人民政府制定《关于对外来投资企业实行土地和规费优惠的规定》。通过制定一系列吸引外商外资的优惠政策，有效地促进了外向型经济的快速发展。

二是加大招商引资力度。1993年开始，平远县每年组团参加广东省人民政府在美国洛杉矶市、香港、广州、郑州、沈阳、黑龙江、深圳等地举办的广东高新技术经贸洽谈会、广东经济技术贸易洽谈会等各类型招商引资活动。1979年至2001年，外商在平远县以注资经营、股份合作、租赁等形式兴办的"三资"企业有67家，实际利用外资3 914.9万美元。

2002年上半年，平远县提出了"以招商引资为突破口，加快全县经济发展"的工作思路。中共平远县委、平远县人民政府组织100多名县镇领导干部到广东省河源市、江西省龙南县等地考察学习，先后印发了9份关于招商引资的文件，建立起一整套招商引资机制，推动了招商引资工作的顺利开展。至2003年2月，在半年多的时间内，共引进经济项目91个，合同投资总额5.9亿元，取得了有史以来最大的招商引资成果，开辟了招商引资新途径。

三是建设工业园区。为更好地解决办厂企业的土地和厂房问题，从2003年年初开始，平远县按照"以工业项目为主，吸引外资为主，发展优势资源主导产业和高新技术企业为主"的思路，科学规划，合理布局建设工业园。2004年年底，大柘富远、窑岌山、差干横龙等工业小区基本建成，完成了平远县工业园一期33.5公顷用地"三通一平"和配套设施建设工程。2008年，完成了平远县工业园二期47公顷用地"三通一平"和配套设施建设工程。2009年，在济广高速公路石正出口与206国道连接线两边规划建设21平方千米的平远县生态工业园。至2011年，已完成201公顷征地拆迁和67公顷的土地平整及配套设施建设。以稀土深加工、机械铸造、优质建材和电子为主导的园区产业发展格局初步形成。

平远县通过改革企业经营体制，培育了一批支柱产业和行业。至2000年，全县建立起建材、矿冶、林产、机械、食品等支柱产业。2000年以后，大力调整工业结构，先后关闭了煤矿和小炼铁企业，整顿了木材加工企业，淘汰了高污染、高耗能的立窑水泥生产线，引导发展稀土深加工、机械铸造、优质建材和电子产业。至2011年，稀土深加工、机械铸造、优质建材和电子为主导的特色产业发展格局初步形成。随着投资环境的不断优化，外商投资力度不断加大。1979年至2011年，全县共引进外商投资企业510个，合同外资金额70亿元，引进外商投入资金40亿元。2011年，全县工业总产值599 393万元，是1978年3 458万元的173.3倍，在岗职工年平均工资收入25 092元，是1978年623元的40.3倍。

三、流通领域体制改革

（一）物资体制改革

1979年后，国家实行计划调拨和市场调节双轨制。1985年，平远县物资局改为平远县物资公司，1991年改为平远县物资总公司，从行政管理型转变为经营性企业实体。1993年，国家全面取消计划指标和定额调拨物资，物资公司经营的项目逐年减少。1996年以后，平远县物资总公司改为事业单位。至2000年，公司通过企业转制改革，实行人员安置分流办法，解除了大部分职工的劳动关系，下属企业经营的所有项目均实行承包经营。

（二）商业体制改革

改革开放后，国家逐步取消商品统购统销，属商业系统管理的商品逐步减少。1980年，商业系统管理的商品由126种减为45种。1984年，对商业企业实行简政放权，扩大企业自主权。1985年，商业系统管理的商品由45种减为19种。1992年，列入计划管理的仅有生猪、棉布等7种商品。1997年，商业企业开始在产权制度改革中寻找出路，采取分流安置职工的办法，与职工解除劳动关系。

(三)供销体制改革

1979年,平远县供销社由原来管理的73种商品调整为41种(至1987年只保留5种)。1980年开始先后对日用工业品、针织品和棉布等商品取消票证,敞开供应。1983年,平远县供销社系统实行体制改革,基层社恢复"三性"(组织上的群众性、管理上的民主性、经营上的灵活性)。1984年,平远县供销联社推行"大包干"经营责任制,供销系统经营的生活资料全部取消票证,完全敞开供应。1988年1月,全面实行经理(主任)任期目标责任制。1992年,深化基层供销社的体制改革,全县13个基层供销社移交给乡镇管理,平远县供销联合社对基层供销社实行业务指导。同年9月,成立平远县供销总公司,保留平远县供销合作社联合社牌子,实行"两块牌子,一套管理人员"。1997年11月,恢复平远县供销社联合社编制,定为事业单位,重新赋予行政管理职能。1998年,部分社属企业实行法人承包制。1999年,对扭亏无望的小企业实行关、停、并、转。2000年开始,逐步实施企业整体停办,全员解除劳动关系并给予经济补偿的体制改革。

(四)粮油体制改革

1979年至1981年,提高粮食统购价格,恢复粮食集市贸易。1982年至1984年,实行征购、销售、调拨包干,允许多渠道经营(1984年首次出现农民卖粮难)。1985年至1992年,取消粮食统购,实行合同定购(主要特征是实行粮食经营和价格"双轨制")。1993年以后,放开粮食价格和经营,探索粮食购销市场化的改革,长达40年的粮食统购统销制度结束。1996年至2000年,确定"四分开一完善"(实行政企分开、中央与地方责任分开、储备与经营分开、新老财务账目分开,完善粮食价格机制,更好地保护农民的生产积极性和消费者的利益,真正建立起适应社会主义市场经济要求、符合中国国情的粮食流通体制）的改革原则，推行"三项政策一项改革"（三项政策是按保护价敞开收购农民余粮，粮食顺价销售制度，加强粮食收购资金和粮食市场管理。一项改革就是推进粮食购销企业自身的改革）措施。1999年7月，粮食管理部门实行政企分开，成立独立的粮食收储公司，实行独立核算，自主经营，自负盈亏。2004年以后，全面放开粮食购销市场和价格，实现粮食购销市场化，粮食流通体制进入社会主义市场经济的轨道。2006年起，中国全面取消农业税，延续了2 000多年的农业税种从此退出历史舞台，解决"三农"问题步入了一个新的历史起点。

（五）石油、烟草、盐业和外贸经济体制改革

1979年，平远县石油公司与平远县燃料公司分立，汽、柴油由平远县石油公司经营。1984年，成立平远县烟草经理部，与平远县糖烟酒公司合署办公。1988年，成立平远县烟草专卖局（公司），从平远县糖烟酒公司独立出来，承担烟草专卖管理、卷烟销售、烟叶生产与收购三大职能，实行独立核算，自负盈亏，自主经营。1988年1月，平远县外贸局外贸企业的人员分别与市各公司挂钩，实行定人员、定任务、定费用的包干方法。1988年5月，平远县外贸企业按计划对口供货，公司在职干部职工实行承包经营。1989年6月，进一步深化外贸体制改革，完善企业经营承包责任制，鼓励横向经营联系，扩大经营产品。1991年，石油经营市场全面放开。1998年，平远县石油公司划归中国石化股份公司管理。中华人民共和国成立后，国家建立起食盐专营制度，对食盐实行统购、统销、统价政策。平远县按照国家制定的食盐专营政策，对食盐的生产、运输、批发、零售始终坚持许可制度。

平远县改革流通体制以后，全县上下掀起了"建设大市场，发展大贸易，搞活大流通"热潮，逐步形成多种经济成分、多条流通渠道，多种经营形式并存，少环节关卡的流通体制和服务网络，有效地吸引了一大批农民以及各行业的富余人员从事第三产业，也吸引了一大批外地商人到平远从事商贸活动，促进了第三产业的蓬勃发展。按新口径统计，2000年，全县第三产业增加值3.98亿元；2005年，全县第三产业增加值6.88亿元；2011年，全县第三产业增加值16.93亿元。

四、财税和金融体制改革

（一）财税体制改革

为了与全国财政管理体制改革相衔接，1981年起，平远县财政、税务两局分设，实行"划分收支，分级包干"的财政体制，各级地方财政需自己培植财源，量入为出，自求平衡。1987年，各乡（镇）分别设立财政所，负责管理各乡（镇）的财政业务。1989年开始，对各乡（镇）财政实行"核定基数、定收定支、收支挂钩、超收分成、短收超支自补、节余留用、一定二年"的管理体制。1994年起，实行分税制的财政管理体制，原来的县地方税务机构一分为二，分设国家税务局和地方税务局。税制改革后，财政政策实行"划分税种、核定收支、超收分成、短收分担、超支不补、结余留用"的管理体制。从2000年起，涉外企业所得税、个人所得税，实行中央、省、县按比例共享政策。

1979年以前，国家实行简化税制，平远县实行工商统一税、工商所得税、车船使用税、屠宰税、农业税制度。1982年恢复征收车船使用牌照税，试行增值税。1983年1月起实施第一步利改税，开征国营企业所得税，7月恢复征收牲畜交易税，10月开征建筑税。1984年10月起进行第二步利改税，实行征收产品税。1985年开征城市维护建设税、集体企业奖金税、事业单位奖金税。至1993年底，开征税种38种。

1994年，财税制度改革，将税种统一划分为中央税、地方税、中央与地方共享税，并分设中央与地方两套税收机构分别征管。平远县在核定地方收支数额的基础上，实行了中央财政对地方财政的税收返还和转移支付制度，将原38种税种调整简并为24种。

实行财税体制改革后，发挥了财政资金的应有效能，各级财政实现了收支平衡。通过改革税收管理制度、税款征收方式、税收管理手段，实现了税收收入的快速递增。2011年，平远县级财政一般预算收入2.33亿元，是1978年346万元的67.3倍；全口径税收总收入4.9亿元（其中，国税收入2.96亿元，地税收入1.94亿元），是1978年303.6万元的161.4倍。

（二）金融体制改革

1979年以前，平远县金融体制实行"大一统"的管理模式，中国人民银行平远支行既承担政府管理职能，又承担各专业银行的金融业务职能。1980年1月，恢复农业银行平远支行。1981年2月，设立建设银行平远支行。1984年12月，设立平远县人保财险支公司和中国人寿保险股份有限公司平远县支公司。1985年1月，设立工商银行平远支行。1986年6月，设立中国银行平远支行。至此，四大专业银行和保险公司的金融业务全部从中国人民银行平远支行分离。从此，中国人民银行平远支行独立履行中央银行的职能，工、农、建、中银行承担专业银行职能，人保财险和人寿保险承担保险职能。按照中央关于金融体制改革的要求，1980年1月，农业银行平远支行率先在金融系统实行承包经营后，各专业银行和县信用联社对营业所、营业部、储蓄所、基层信用社均实行承包经营。1993年，各专业银行之间实行业务交叉，开展竞争。

1994年，各专业银行将政策性贷款业务分离出去后，开始走向商业化经营。信用管理由专业银行的单纯支持型向商业银行的风险管理型转变，贷款的投放由单纯的规模扩张向集约经营转变。1995年，县辖工、农、建、中四家专业银行转换为国有商业银行。农业银行平远支行将农业贷款中的政策性贷款划出作为代理农发行业务，设立专柜、专户、专款、专账进行管理，与财政、粮食部门密切配合，落实收购资金并实行资金封闭性运行，确保收购资金需要。

在国务院农村金融体制改革部际协调小组制定的《农村信用社与中国农业银行脱离行政隶属关系实际方案》和《中国农业银行增设分支机构实际方案》下发后，进行农村信用社与农业银行脱钩的改革。1995年11月，平远县农村金融体制改革领导小组妥善处理农业银行平远支行与平远县农村信用社行社之间的资金、财产关系。同时，进行信贷管理体制改革，实行"统一计划、划分资金、实贷实存、相互融通"的原则，从根本上解决了信贷资金"供给制"和吃"大锅饭"问题。

1996年，平远县各专业银行政策性业务被划分给农业银行平远支行后，专营商业性业务，成为国有独资商业银行。1999年，平远4家国有独资商业银行的不良资产被剥离后，其资产质量、资本充足率和经济效益有所提高。不良资产的剥离，为国有独资商业银行建立现代商业银行经营体制创造了条件。

2000年，省、市国有商业银行对县支行实行授权授信制度，按照各支行的经营能力和实绩，确定其信贷权限，改变过去按照行政级别确定贷款权限的做法。2000年3月，撤销了中国银行平远县支行。

实行金融体制改革后，平远金融组织体系和金融运行机制发生了巨大变化，形成了以国有金融机构为主体，农村信用合作社和邮政储蓄为补充的多元化、多层次的金融机构体系。金融基础设施不断趋于完善，各国有商业银行实现了行际间的通存通兑，大大促进了金融业的发展。在国内金融业务不断发展的同时，国际金融业务也快速发展，有力地支持了平远外向型经济的发展。2011年，金融机构各项存款余额40.73亿元，各项贷款余额14.47亿元。

五、政治体制改革

（一）改革政社合一体制

1981年1月，平远县人民委员会恢复为平远县人民政府。

1983年以前，平远农村实行的是人民公社的管理体制。这种管理体制的特点是"一大二公""政社合一""三级所有，队为基础"，将国家基层政权组织与农民的集体经济组织合为一体。作为国家政权组织的公社，实际上具有直接支配集体经济的生产、交换、分配等经济活动的权力。集体经济组织的一切活动，容易出现强迫命令和瞎指挥，造成生产关系和生产力不相适应，统得过死，管得过宽，平均主义盛行。显而易见，这种体制必须进行改革。

1983年1月，中共中央印发了《当前农村经济政策的若干问题（草案）》，提出政社分设的要求。8月1日，中共广东省委、广东省人民政府发出《关于政社分开，建立乡政权的通知》，决定在下半年对全省人民公社的体制进行改革。11月24日，平远县取消人民公社建制，恢复区乡建制。全县设14个区（差干、仁居、黄畲、八尺、河头、中行、上举、泗水、东石、坝头、大柘、石正、长田、热柘）、1个镇（大柘镇）、4个县属国营农场（河陂水示范农场、黄花陂果林场、黄田林果场、楼前农场），下辖95个乡、3个管理区、1个居委会。在组织机构上，实行政社分设。在行政机构设置上，以原来的公社、大队、生产队为基础，分别建立区公所、乡政府、村民委员会及城镇居民委员会。在经济机构设置上，单独建立合作经济组织，区一级设区农工商联合公司，乡村设经济合作社，有的仍叫生产队。至此，"一大二公"的人民公社建制宣告结束。

由于区公所不是一级基层组织，1986年11月15日，根据上级指示，中共平远县委、平远县人民政府决定撤销大柘等14个区公所及95个乡建制，设置石正、东石、仁居、八尺、大柘5个镇和差干、黄畲、中行、河头、上举、泗水、坝头、热柘、长田、超竹、茅坪11个乡建制。在撤区设镇建乡的同时，对全县95个乡和3个管理区调整规模，分设149个村民委员会和7个居民委员会。1988年3月，全县农村行政组织调整为153个村民委员会。1990年，村民委员会改称管理区，为乡（镇）政府派出机构。1994年10月24日，全县11个乡建制全部改设镇建制。1999年3月，153个管理区复称村民委员会。

农村管理体制改革后，政社分设，党政企干部分工明确，经济合作社、联社和总社成为独立的经济实体，自主权得到了保障，促进了经济的发展和新的经济联合。

2003年9月，超竹、茅坪、黄畲分别并入大柘、东石、仁居镇，全县设差干、仁居、八尺、中行、河头、上举、泗水、坝头、热柘、长田、石正、东石、大柘13个建制镇、153个村民委员会和7个居民委员会。2004年11月，坝头镇并入大柘镇。全县设差干、仁居、八尺、中行、河头、上举、泗水、热柘、长田、石正、东石、大柘12个建制镇、153个村民委员会和7个居民委员会。

2005年，按照广东省人民政府的统一部署，依据《中华人民共和国村民委员会组织法》对规模较小的村民委员会进行合并，全县153个村民委员会调整为136个村民委员会和7个居民委员会。

（二）完善人民代表大会制度

1966年6月至1980年11月，平远县的县、公社（镇）人民代表大会停止活动。1980年12月，平远县各公社（镇）召开了第六届公社（镇）人民代表大会第一次会议。在1981年1月召开的平远县第六届人民代表大会第一次会议上，选举产生了平远县第六届人民代表大会常务委员会，重新恢复了平远县人民代表大会制度。

平远县人民代表大会的代表，在1979年以前采取间接选举的办法选举产生县人大代表，即在选出乡镇（公社）人民代表的基础上，召开乡镇（公社）人民代表大会，选举产生县人民代表。从1980年选举平远县六届人大代表开始，县人大代表由全县选民直接选举产生。

县人大代表是县级国家权力机关组成人员，实行兼职制，任期与同届县人民代表大会任期相同。平远县六届至九届（1981年至1993年）人大每届任期3年，十届至十二届（1993年至2003年）每届任期5年。因全国统一进行县、镇同步换届，平远县第十二届人民代表大会提前至2006年换届。十三届以后，每届任期5年。

县人民代表的名额由广东省人大常委会按选举法及广东省选举实施细则的有关规定确定。乡镇人民代表大会的代表由选民直接选举产生。乡镇人民代表大会不设常设机关，乡镇人民代表大会主席团为召集和主持乡镇人民代表大会每次会议的临时机构，主席团由乡镇人民代表大会会议选举产生。

1993年至1995年，平远县各镇人民代表大会主席团设专职常务主席。1995年之后，镇人民代表大会设主席，并设副主席1人至2人。

1980年至2011年，共召开了九届（第六届至第十四届）共33次平远县人民代表大会。历届（次）人民代表大会参会人员有正式代表、列席会议人员。会议内容主要是听取和审议平远县革命委员会、平远县人民政府、平远县人大常委会、平远县人民法院、平远县人民检察院工作报告、平远县财政预决算报告，代表向大会提交议案等。每届一次会议均安排选举平远县人大常委会组成人员，平远县人民政府县长、副县长及平远县人民法院院长、平远县人民检察院检察长等议程。如遇特殊情况，届中也安排选举任务。

平远县人大常委会设立后，作为县人民代表大会的常设机构，坚持依法行使国家权力，加强民主法制建设，开展法律监督和工作监督，保证法律法规的实施，行使重大事项决定权和人事任免权，督促和推动"一府两院"（平远县人民政府，平远县人民法院、平远县人民检察院）工作，加强与代表和人民群众联系，督办代表议案和建议，有力推进了依法治县工作，保障了平远县改革开放和社会主义现代化建设顺利进行。

（三）建立和完善政治协商制度

中国人民政治协商会议平远县委员会（下称"政协平远县委员会"）于1982年4月成立。政协平远县委员会是由中共平远县委、各民主党派、无党派、民主人士、人民团体、少数民族和爱国人士代表组成的爱国统一战线组织。

1981年4月，中共平远县委批复，成立政协平远县委员会筹备领导小组。1982年4月，召开了政协平远县委员会首届首次全体会议。至2011年，先后于1984年、1987年、1990年、1993年、1998年、2003年、2006年、2011年举行了各届第一次政协平远县委员会全体委员会议。历届全体委员会除全体政协委员参会外，邀请中共平远县委、平远县人大常委会、平远县人民政府、平远县纪律检查委员会班子领导参加会议（从政协平远县委员会第六届开始，还邀请平远县人民武装部、平远县人民法院、平远县人民检察院的主要领导参会）。会议主要内容是审议政协平远县委员会常务委员会工作报告及提案工作情况，列席平远县人民代表大会，听取和讨论平远县人民政府工作报告和其他有关报告等。每届第一次会议安排选举产生政协平远县委员会主席、副主席、常务委员、秘书长（政协平远县委员会第八届后设立）议程。第一至四届每届任期3年，第五届开始任期改为5年，第七届因全国统一进行县、镇同步换届，政协平远县委员会提前一年半换届。

政协平远县委员会成立以后，执行中国共产党领导的多党合作和政治协商制度，坚持高举爱国主义、社会主义两面旗帜，牢牢把握团结和民主两大主题，把发扬民主、加强监督、推进民主政治建设作为履行职能的重要政治责任，围绕中国共产党在各个时期的总路线、总任务，履行"政治协商，民主监督，参政议政"的职能。采取全委会议、常委会议、主席会议协商，专委会对口协商、提案办理协商等形式，参与全县大政方针和重要事务的协商讨论。每届都安排10多位政协委员或机关干部，由法院、公安、司法、教育、卫生、税务、质监等部门聘任为特邀监察员，为聘请单位的党风廉政建设和行风建设建言献策。

（四）司法体制改革

"文化大革命"结束后，平远县人民法院审判工作及其他各项工作逐步走上正轨。1979年，平远县人民法院设有办公室、刑事审判庭、民事审判庭及大柘、仁居、长田、石正、东石、八尺6个人民法庭。1980年后，设有专职执行员1人。1982年，增设经济审判庭。1986年，增设刑事审判二庭，负责审理申诉案件。1989年，增设行政审判庭、执行庭。1992年，刑事审判二庭更名为审判监督庭。1993年，增设立案庭。1995年，增设法警中队。1998年，法警中队更名为法警大队。1998年机构改革后，增设政工科，取消立案庭。2000年，恢复立案庭。2011年，设立林业巡回法庭。

1979年后，平远县人民法院建立审判员任命制度。1995年以前，实施法官资格考试和任命制度、法官等级制度及考评制度。2005年开始，建立和完善人民陪审员制度，实行人民陪审员在陪审岗位上审理案件。2011年，成立司法公开工作和诉前联调工作领导小组，在立案庭设立诉前联调工作室、家庭调解室，建立相关工作制度。

1979年后，平远县人民法院组织专门力量对"文化大革命"期间判处的"反革命案件"进行复查。至1988年，复查处理案件共127件。1991年以后，平远县人民法院联合平远县公安机关、人民检察院对全县的"五种人"（管制犯、缓刑犯、假释犯、保外就医犯和暂予监外执行犯）进行考察，促进了监外执行罪犯的教育改造，保障了社会稳定。1994年后，贯彻执行"严打"方针，加大打击各类严重刑事犯罪分子力度，定期与不定期开展反"双盗"（重大盗窃和入室盗窃）和反"双抢"（抢劫和抢夺）等各项专项斗争，对盗抢机动车及飞车抢夺公民财产的恶性案件及其他暴力性犯罪案件予以严惩，有效地保护了公民人身安全和公私财产安全。2000年后，围绕社会矛盾化解、社会管理创新、公正廉洁执法三项重点工作，推行"大立案模式""大民事模式""培养全能型法官""青年法官导师制"等各项举措，不断创新和完善司法惠民、便民、利民、安民、护民综合审判机制。2002年后，推进刑事审判方式的改革，对符合法定条件的刑事犯罪案件，实行简易程序审；民事案件推行证据制度改革，实行举证时限与证据交换制度。2006年后，推进民事、行政案件审判监督制度改革，对"可能有质量问题"的案件进行全面审查。2010年后，完善立案大厅的服务功能，方便群众法律咨询和诉讼。加大司法救助力度，为弱势群体或经济困难的案件当事人实行诉讼费缓、减、免。

1966年6月至1978年8月，平远县检察机关机构被撤销，人员被解散，业务被取消。1978年9月，平远县人民检察院恢复建制，逐步开展各项检察业务。随着形势的发展，检察体制与时改革。1988年，成立贪污贿赂罪案举报站（与控告申诉检察合署办公）。1989年10月，平远县人民检察院成立反贪污贿赂工作局。1995年开始实施《检察官法》，改革人事工作制度，逐步调整内部机构，建立健全检察干警管理体制和办案责任制、错案追究制。2001年，加大检察改革力度，实行轮岗换岗、中层干部竞争上岗、完善主诉检察官制度，推行主办检察官机制，初步建立和形成了一套较为完善的激励竞争机制。2006年，深化公诉制度改革，实行主诉检察官办案制度，大力推行简易审和普通程序简化审。2007年，建立快速办理轻微刑事案件的工作机制，简化工作流程，缩短办案期限。2009年后，完善检察工作机制，推行阳光检务，促进检察权的依法、公正、公开行使。强化对侦查讯问活动的监督，实行讯问职务犯罪嫌疑人全程同步录音录像，提高职务犯罪侦查水平。

1980年12月，成立平远县司法局，负责承担法律宣传教育、民间民事纠纷调解、律师事务、公证服务、基层法律服务、法律援助、"两劳"（刑满释放和期满解教人员）安置帮教等司法行政职能。平远县司法局成立后，逐步建立完善法律服务机构。1982年，成立平远县法律顾问处，全县各公社（镇）配备司法助理员。1985年，全县各区设立司法办公室。1987年9月，法律顾问处更名为律师事务所。1988年8月，平远县根据国家司法部《律师职务试行条例》，开始评定律师专业技术职务。1989年，全县各乡（镇）设立法律服务所。1993年6月，成立平远县经济贸易事务所，律师业务得到进一步发展。1996年，各镇司法办公室改称司法所。1999年5月设立"148"法律服务协调指挥中心。2000年10月，平远县经济贸易事务所更名为广东业成律师事务所。为提高办案质量，规范法律服务人员的行为，2001年，成立了律师辩护工作指导小组，聘请了法律服务监督员，充分发挥社会监督作用，确保法律服务领域的清正廉洁。为加强对特困人群的法律援助服务，2003年，在县直有关单位建立法律援助工作站，各基层司法所设立法律援助站。平远县司法局成立了安置帮教办公室，负责做好刑释解教人员的排查帮教工作。至2011年，全县司法行政管理体系和法律服务体系更加完善，为维护社会稳定提供了司法保障。

（五）农村基层民主政治建设

1997年，平远县成立了基层政务公开工作领导小组，开始推行镇、村政务公开制度。至1998年，全县各镇和153个管理区均设立了政务、财务公开栏，全面实行镇级、村级政务、财务公布制度。

1998年10月，平远县依照《村民委员会组织法》，开展撤销管理区，设立村民委员会的试点工作。1999年，平远县全面完成153个管理区的撤区建村工作，有效地发挥了农村民主选举、民主决策、民主管理、民主监督作用。

1999年，平远县各镇实行"四长"（法庭庭长、司法所所长、派出所所长、国土所所长）接访制度。2000年以后，逐步增加了林业站站长、水管所所长接访活动，为群众提供了反映和解决问题的平台。通过开展"六长"接访活动，及时地解决了一些基层急需解决的问题，有效地稳定了农村秩序。

六、科教文卫体制改革

（一）科技体制改革

在"文化大革命"期间，平远县的科技工作遭到严重破坏。1987年以后，平远县对科技领导体制和经济体制进行改革，改变过去单纯依靠行政手段管理科学技术工作，国家包得过多、统得过死的弊端。通过改革拨款制度，建立健全承包制，放宽技术贸易政策，对科研单位实行税收优惠政策，实行科研场所所长负责制，确保科研单位在人员、经营、管理等方面的自主权，充分发挥科技人员的作用。

1990年1月，中共平远县委、平远县人民政府印发了《关于加强农业科技推广工作的意见》，对科技投资体制的改革和加大对科技的投入提出了明确要求，鼓励支持企业参与科技开发，引进技术设备消化创新，推广应用科技成果，促进科技成果转化为生产力。1994年9月，平远县人民政府制定了《平远县科学技术进步奖实施办法》，对科技人员管理制度的改革提出了具体意见，要求各级各部门要创造条件发展壮大科技队伍，逐步扭转对科学技术人员限制过多、人才不能合理流动、智力劳动得不到应有尊重的局面，创造人尽其才的环境。

实施科技体制改革后，涌现出一批科研成果，建立起一批产学研平台或产学研示范基地，培育了一批专业镇。1979年至2000年，全县各科研单位实施科技计划项目49项，获县级科技进步奖288项，获市级科技进步奖49项，科技推广应用项目28项，经国家知识产权局授权的专利有8项。2001至2011年，全县各科研单位共实施科技计划项目88项，获县级科技进步奖88项，获市级科技进步奖26项，科技推广应用项43项，经国家知识产权局授权的专利23项。至2011年，全县有科技服务机构62家，高新技术企业

3家，民营科技企业7家，省级工程技术研究开发中心2家，市级工程技术研究开发中心2家，市级农业科技创新中心1家；大柘镇被评为省级、市级技术创新"木制品专业加工镇"，长田镇为省级、市级"油茶专业镇"，仁居镇为省级、市级"脐橙种植与加工专业镇"，上举镇为省级和市级"南药种植与加工专业镇"，东石镇为市级"汽车部件铸造专业镇"。

通过科技体制改革，促进了科技事业的健康发展，科技进步对经济增长的贡献率逐年提高，取得了较好的经济效益和社会效益。

（二）教育体制改革

1978年以后，教育体制逐步得到恢复和改革。

1981年开始，推行九年义务教育，全县初、高中学制由两年制恢复三年制。1983年后，小学分批取消五年制恢复六年制（至1988年全部改制完毕）。

1984年，中共平远县委、平远县人民政府作出了《关于加快我县普通教育事业若干问题的决定》。在财政比较困难的情况下，逐年增加投入，重点解决学校"一无二有"（无危房、有教室、有桌凳）、中小学校危房改造、改善"普九"办学条件、解决教师住房、实施"改薄建规"（改造薄弱学校，建设规范化学校）等五大问题。在抓好基础教育同时，积极发展中等职业技术教育、成人教育、学前教育，逐步形成了基础教育、职业技术教育、成人教育和幼儿教育协调发展的格局。

1985年开始，进行教育管理体制改革，实行分级办学和分级管理。1988年，全县实行教师聘任制。1992年，深化学校内部体制改革，实行专业技术人员任职届满和年度考核制、中小学校长任期目标年度考核制。

为有效补充教育经费的不足，1994年5月28日，在县城隆重举行教育基金百万行起步仪式,在不到3个月的时间里,共筹集教育基金200万元。

1995年1月,平远县普及九年义务教育工作通过了广东省、梅州市的检查验收,提前完成了普及九年义务教育工作。

到2000年,全县有小学208所(其中,县直小学3所,镇中心小学16所,完小121所,教学点68所),在校学生28 205人,教职工1 531人(其中,专任教师1 289人);初级中学17所共256个班,在校学生11 031人,专任教师832人;高级中学3所共55个班,在校学生3 385人,专任教师156人;幼儿园36所共269个班,在园幼儿和学前班儿童共6 692人(其中,附设学前班181个共4 309人);职业中专在校学生152人。全县有钢混结构教学楼312幢,建筑面积353 301平方米,中小学占地面积973 181平方米。

2000年以后,加大了建设规范化学校力度,大规模调整学校布局,逐步将边远山区且在校学生较少的初中和小学进行撤并,先后共撤销学校136所,合并学校72所。

2002年,县级党政机关进行机构改革,平远县教育局与文化局合并组建平远县文化教育局,中层干部实行竞争上岗。2005年

2006年建成的平远中学新校区

8月，按照中共广东省委、广东省人民政府的要求，进行文化体制改革，撤销平远县文化教育局，重新设立平远县教育局，将文化系列的行政职能划入新成立的平远县文化广电新闻出版局。

为增加高中阶段优质学位，2005年至2006年，平远县投入1亿多元在县城城南新建了规划占地27公顷，环境优美、教学设备设施一流的平远中学新校区。2006年秋季起，全县实行农村免费义务教育。2008年起，全力抓好创建"广东省教育强县"工作。2009年，实施义务教育学校教师绩效工资制度。

2011年，全县12个镇已有11个镇通过了广东省教育强镇督导验收，实现了"广东省教育强县"目标。全县有学校63所（含省一级学校1所，市一级学校9所，市级规范化学校28所，广东省国家级示范性高中1所），其中初级中学10所，九年一贯制学校4所，完全小学16所，高级中学2所，教师进修学校、职业技术学校1所，教职工2 542人，中小学学生32 573人。全县有幼儿园33所，在园幼儿5 709人。1983年，创办"平远县广播电视大学"，1986年2月与中共平远县委党校合并，实行"一套班子、二块牌子"的建制管理。2017年5月，"平远县广播电视大学"更名为"平远开放大学"。

（三）卫生体制改革

改革开放以后，全县医疗卫生单位在不断提高医疗质量，加强医德、医风建设的同时，按照调整政策、改革搞活、服务社会的原则，积极开展卫生体制改革，促进卫生事业的健康发展。

1979年以后，在县财政比较困难的条件下，逐年增加投入建设县、乡镇、村三级医疗预防保健网。为减少医院的政策性亏损，增强了自我发展能力，1980年开始，卫生部门先后多次调整医疗收费标准，调整的主要项目有挂号费、住院费、手术费、医疗处理费和检验费等。1985年，改革医疗单位管理体制，实行院长（站长、所长）负责制和任期目标责任制。

1987年后，恢复乡镇卫生院集体所有制，推行独立核算、自负盈亏、民主管理、按劳分配，实行权、责相结合的"五定"（定人员、定任务、定业务质量、定材料、定业务收入）奖罚制度，扩大了医疗单位的自主权。根据国家确定的卫生工作方针和有关政策，逐步推行各种形式的责权利相结合的承包责任制，克服卫生部门存在的"独家办、大锅饭、不核算"弊病，提升单位自求平衡和发展能力。同时，实行乡镇卫生院由县卫生局与乡镇政府两级管理，以乡镇政府为主的管理体制。至1989年底，各乡镇全面落实了对卫生院两级管理的体制。

为改善农村基层医疗条件，1992年，中共平远县委、平远县人民政府作出了《关于进一步加强农村卫生工作的决定》，认真抓好乡镇卫生院"一无三配套"（无危房，人员、设备、房屋配套）工作。至1994年，全县已完成各镇卫生院危房改造工作，达到房屋、设备、人才三配套要求。农村卫生站由122所大队医疗站发展为205所村卫生站（含卫生院下设站47所），初步形成了县、镇、村三级医疗保健网。

1996年，平远县被广东省评审为初级卫生保健达标县。2000年，全县有9个县直医疗卫生单位、13所镇卫生院（其中，有6所卫生院达到"一乙"标准，有4所卫生院达到"一甲"标准，平远县人民医院跃上"二甲"台阶），卫生医务人员1 013人（其中，卫技人员729人），卫生系统共有房屋9.38万平方米，固定资产2 576万元，有病床477张。经广东省农村小康达标验收，综合评定平远县的农村人人享有初级卫生保健工作，属合格水平。

2002年至2003年，中国部分地区出现了严重的"非典"传播流行疾病。这一突发公共卫生事件后，中共平远县委、平远县人民政府把加强全县公共卫生体系和应急机制建设作为重点工作来抓，组建了平远县卫生监督所和疾病预防控制中心，加大对医疗卫生事业的投入，城乡医疗卫生条件进一步改善。

2011年1月1日起，统一实行国家基本药物制度，药品实行零差率销售。2011年10月开始，全部卫生院实行绩效工资制度，完善了补偿渠道。至2011年底，全县各类医疗卫生机构235个，共有病床535张，每万人拥有病床20.5张。专业卫生技术人员662人。初步建立了维护公益性、调动积极性、保障可持续的运行新机制。

（四）文化体制改革

1979年以后，平远县的文化事业坚持"为社会主义服务、为人民服务、为全党全国工作大局服务"方向，贯彻"百花齐放、百家争鸣"方针，先后成立了戏剧、曲艺、文学、美术、书法、摄影、音乐、舞蹈等协会，开展创作活动，挖掘整理民间艺术，组织开展校园文化、企业文化、社区文化、村镇文化，活跃城乡文化活动。

1979年10月，县城兴建建筑面积1 000多平方米的图书馆。全县各公社先后成立了文化站并配备专职人员，享受公社集体干部待遇。各乡镇文化站在负责制订乡镇文化发展规划、配合乡镇做好各个时期宣传工作的同时，组织开展农村群众文化体育活动，有效地活跃了农村文化生活。

1980年2月召开的全国文化局长会议，明确提出"坚决地有步骤地改革文化事业体制，改革经营管理制度"。按照省、市要求，1981年，原来的电影管理站改为电影公司，定为实行企业管理的事业单位，负责全县集镇影院和乡村放映单位的业务管理。1983年，平远县文工团改名为平远县山歌剧团，剧团人员最多时有70多人。剧团自编自导自演节目，平均每年到邻县及本县城乡巡回演出上百场，观众达10多万人次，极大地丰富了城乡文化生活。1984年，成立了平远县博物馆，配备2名专职干部。

1985年，中央办公厅国务院办公厅批转了文化部《关于艺术表演团体的改革意见》，对市、县专业文艺团体设置也提出了调整的要求。平远县开始在文化单位推行以承包经营责任制为主要内容的改革，以解决统得过死和吃大锅饭等体制弊端。同时实行了以文补文、多业助文等改革措施，以解决文化单位出现的经济困境。按照改革的要求，平远县山歌剧团开始精简人员，改革吃大锅饭的管理体制，以解决剧团经费不足问题。1987年以后，不少专业演艺人才纷纷调离山歌剧团，剧团人员逐步减少。

随着经济体制改革的深入和文化功能日趋多样化，文化的产业属性逐步显现出来，以营业性舞会和音乐茶座为发端的文化市场日益活跃。1987年，文化部、公安部、国家工商行政管理局发布了《关于改进舞会管理的通知》，正式认可营业性舞会等文化娱乐经营性活动。1988年，文化部、国家工商行政管理局发布《关于加强文化市场管理工作的通知》，正式提出文化市场的概念，同时明确了文化市场的管理范围、任务、原则和方针。1989年，国务院批准在文化部设置文化市场管理局。根据文化部和广东省人民政府要求，平远县成立了社会文化管理委员会并下设办公室，负责协调全县社会文化管理工作。

为加强基层文化工作，1990年10月后，全县乡镇文化站的文化专干全部转为招聘干部，工资、户口给予妥善解决。

1990年11月，在平远公园双企岽建起一栋建筑面积共600多平方米的三层博物馆大楼。馆内设展览厅、文物保护室等。

平远县影剧院于1978年建成启用，至1995年，平均每年放映电影180场，观众18万人次。乡镇影剧院和农村电影队平均每年放映电影1 600场，观众48万人次。1995年以后，电影事业开始走向低谷，放映场次越来越少。

1996年,平远县图书馆扩建一栋面积为1 100多平方米的四层图书楼,馆内设有少年儿童阅览室、外借室、普通阅览室、采编室、电脑室等。

为丰富农村基层文化生活,1998年开始,文化部门积极组织开展"送图书、送电影、送戏"下乡活动,每年为农村基层送图书2 000~3 000册,送电影上百场,送戏上百场,观众达10万人次。同时,认真实施精品战略,精心打造"平远船灯""落地金钱""落地花鼓"等艺术精品。1998年,平远县被广东省文化厅授予"广东省民族民间艺术(船灯)之乡"称号。1999年12月,"平远船灯"应邀参加广州地区各界庆祝澳门回归祖国"同奔五彩路"大型文艺演出。2003年9月,参加澳门"月满照出濠江"文艺演出。2009年9月,应邀参加香港"钻禧缤纷贺国庆"巡游嘉年华活动。2010年参加上海世博会巡游活动。

2003年9月底,中共广东省委、广东省人民政府召开了全省文化大省建设工作会议。会后下发了《中共广东省委、广东省人民政府关于加快建设文化大省的决定》。按照中共广东省委、广东省人民政府的工作部署,2004年,中共平远县委、平远县人民政府制订了"文化平远"建设中长期规划和近期目标。2005年8月,成立平远县文化广电新闻出版局,负责主管全县文化艺术、广播电视、新闻出版、文物事业工作;撤销平远县广播电视局(行政职能归属于平远县文化广电新闻出版局),成立平远县广播电视台;撤销平远县社会文化管理委员会办公室,设立平远县文化市场

2010年,"平远船灯"在上海世博会巡游

综合执法队（隶属平远县文化广电新闻出版局）。

2008年，平远县人民政府印发了《平远县"文化先进县"发展规划纲要》，规划建设"三大文化"（红色文化、程旼文化、大佛文化）产业园。2008年，平远县被文化部命名为"中国民间文化艺术之乡（船灯舞）"。

2009年开始，全县组织开展创建梅州市文化先进镇活动，县和各镇制订了创建梅州市文化先进镇规划方案，加大投入完善乡镇基层文化设施。

2009年4月28日，平远县邀请国内有关专家教授举办了"客家先贤程旼"文化研讨会、程旼故居一期工程落成剪彩、"平远公园"冠名为"程旼公园"等系列活动，深入挖掘程旼的相关史料，丰富了"程旼文化"的深厚内涵。

2009年9月22日，中共平远县委、平远县人民政府在仁居古镇隆重举行红军纪念园雕像揭幕、红四军纪念馆落成剪彩暨梅州市爱国主义教育基地授牌仪式。根据红四军三次到平远的史实，

2009年建成的仁居红四军纪念馆

邀请广东省、梅州市党史研究室领导，国内知名院校有关专家学者举办了平远红色文化研讨会，推动了"中央苏区县"的申报工作。

2010年4月24日，平远县举行了广东南台卧佛山大佛寺和国家森林公园文化广场奠基仪式，启动了南台卧佛山文化园建设。

2010年6月，针对平远县电影公司长期没有正常经营实际，实行由县财政安排资金对公司全体干部职工进行安置补偿，全员解除劳动合同的改革。

七、社会保障制度改革

（一）城乡养老保险制度改革

社会养老保险制度改革前，企业离退休职工养老金由企业负担。1985年开始，在国营企业中实行养老保险费用社会统筹。1986年10月起，在国营企业职工中实行待业保险制度。1988年，职工社会养老保险扩大到县级以上集体企业。1994年1月，职工社会养老保险的覆盖范围扩大至全县行政区域内所有企业和城镇个体工商户。

1995年，实行机关个人缴纳养老金保险费制度。4月1日起，全县党政机关、事业单位、社会团体（含中央、省、市属和军队驻平单位）的工作人员，均按个人工资总额2%缴纳社会养老保险费，建立个人养老专户，形成独立的社会养老保险个人账户基金。1996年1月1日起，将单位缴纳的社会养老保险费每月按个人缴费工资额1%的数额对应划入个人的养老保险个人专户。

1998年7月，实行统一的企业养老保险制度，统一规划企业和职工缴费比例，统一个人账户比例和规模，统一基本养老金计发办法，建立和完善企业离退休人员基本养老金正常调整机制。

7月底，失业保险费征缴范围扩大到所有企业。同时，由县财政及其他渠道筹集一定的资金作为在职、失业、下岗和离退休困难人员的救济金，保障国企下岗职工的基本生活和代缴社保费。2001年1月起，失业保险的覆盖范围扩大到除国家机关、党群机关中的干部、固定工和事业单位中依照（或参照）公务员管理的干部、固定工以外的机关事业单位的人员，对符合领取失业保险待遇的失业人员发放失业保险待遇。

2009年，平远县启动全省新型农村社会养老保险试点工作，探索建立以社会统筹与个人账户相结合为基本制度模式，个人缴费、集体补助、政府补贴相结合的新农保制度，并与家庭养老、土地保障相配套，与城镇职工基本养老保险制度相衔接。

在不断完善新型农村社会养老保险机制的同时，妥善解决企业未参保人员参加企业职工基本养老保险问题。2010年10月，为早期离开国有企业职工解决了参加养老保险的历史遗留问题。

至2011年，全县参加新型农村社会养老保险人数达10.05万人，享受待遇人数2.7万人。全年发放各项社保待遇15 197万元。

（二）城乡医疗保险制度改革

1986年以前，平远县全民所有制和集体所有制企业实行职工医疗费用由企业统包、实报实销的劳保医疗制度。1987年以后，企业职工医疗费按个人工作年限给予每月一定数额的固定补助，门诊自负，重病住院则由企业审核后报销50%～90%不等。

20世纪90年代以前，企业职工的工伤保障由企业负担，患职业病的比照工伤处理。但有些困难企业缺乏稳定的资金来源，工伤职工的权益难以保障。1993年9月以后，实施企业职工社会工伤保险制度，建立工伤保险基金，实行差别费率和浮动费率，执行科学合理的伤残等级评定制度，保障企业工伤职工和职业病患者的合法权益，并同步建立和完善劳动能力鉴定制度，积极推行工伤预防和职业病康复制度。

1979年以后，农村合作医疗经历了由盛到衰，再重新起步的过程。到1996年，全县农村基本没有合作医疗。为加快实现"2000年人人享有初级卫生保健"的步伐，1997年6月，再次实施《平远县合作医疗实施方案》，至1998年，全县有14个镇17个管理区共3 658人参加各种形式的农村合作医疗。

2003年9月，平远县农村合作医疗工作的职能由平远县卫生局承接，全县农村人口参加农村合作医疗人数66 472人，占全县农业人口的33.9%。2004年，平远县人民政府印发了《平远县农村合作医疗救助基金管理办法》，成立了平远县农村合作医疗救助基金审批小组，加强对合作医疗基金监管，采取有效措施提高农民参保率，不断扩大受益面，使更多农民得到实惠。2004年，全县有8.4万多农民参加了新型农村合作医疗。

2006年，参加合作医疗（简称"参合"）的农民个人出资12元钱，国家和省、市、县对每位参合农民共配套35元。参合农民一般疾病住院报销金额最少可补偿三成，大病住院报销金额由原来2 000元提高到6 000元，还可以申请一定的大病救助。2007年，住院补助封顶线提高到1万元，实行了家庭账户门诊补偿制度，全县新型农村合作医疗参合率81.9%。同时，启动城镇居民基本医疗保险试点和城镇职工补充医疗保险工作。

2008年，各级党委、政府更加重视农村合作医疗工作，全县实施了县内定点医疗机构住院即时补偿制度，住院补助封顶线提高到3万元，使广大农民得到更多实惠。

2009年，全县教职工纳入城镇职工基本医疗保险范围，实现了城镇职工基本医疗保险、城镇居民基本医疗保险和新型农村合作医疗等基本医疗保障全覆盖。2010年10月，因关闭、破产和解散的国有企业中已到退休年龄的人员，凡符合参加城镇职工基本医疗保险政策的对象,被纳入职工医疗保险范畴。2011年3月,将正在领取职业保险的失业人员纳入基本医疗保险。

2011年底,全县参加新农合人数达19.7万人,覆盖率为99.97%。有16 771人次农民因病得到合作医疗补偿,补偿金额达3 299.18万元。通过建立新型农村合作医疗制度,有效缓解了农民因病致贫的问题。

(三)城乡困难群众救助制度改革

改革开放以后,中共平远县委、平远县人民政府始终把改善民生作为各项工作的出发点和落脚点,把每年财政增收部分大部分用于民生保障支出,扎实抓好扶贫"两大会战"(即开展以村级通机动车和解决贫困户半亩"保命田"为主要内容的扶贫工作),认真实施"千干扶千户"和"规划到户、责任到人"的扶贫工程,采取县领导挂镇、县直单位挂村、县直部门领导挂户的办法,切实帮助贫困村、贫困户发展经济,脱贫奔康。

在改革城乡养老保险制度的同时,逐步完善灾害救济、五保供养、困难救济等机制。对受自然灾害影响大,造成生活困难的群众,及时发放救济款或救济物资,帮助受灾群众渡过难关。对农村中"五保户"(无依无靠、无劳动能力、无生活来源的老年人,残疾人和孤儿),各级政府采取办好敬老院集中供养或农村分散供养的办法,给予他们在吃、住、穿、医、葬方面的生活照顾和物资帮助。

1997年以前,对城乡困难群众实行临时救济的办法解决困难群众的温饱问题。1998年开始,实行最低生活保障(简称"低保")制度,即将年人均收入低于2 400元的城镇居民、年人均收入低于1 500元的农村居民纳入低保范围,逐月发放低保救济金。2003年开始,对100周岁以上的老年人发放百岁老人保健金。2011年开始,对80周岁至99周岁的老年人发放高龄老人补(津)

贴。2011年，全县有五保老人561人（其中，集中供养201人，分散供养360人），集中供养的补助标准每人每月420元，分散供养补助标准每人每月420元；有孤儿159人（其中，集中供养12人，社会散居供养147人），集中供养的补助标准每人每月1 000元，社会散居孤儿的补助标准每人每月600元；有低保户4 482户9 553人（其中，城镇740户1 238人，农村3 742户8 315人），发放城镇低保户每人每月救济金额129元，农村低保户每人每月救济金额80元；有百岁老人19人，每人每月补助200元；有80周岁至99周岁高龄老人5 888人，每人每年补贴200元。

2004年开始，启动城乡困难群众安居工程。至2011年，共帮扶农村低收入困难户改造住房1 837户，为84户城镇低收入家庭解决廉租住房。

（四）城镇职工住房制度改革

1979年后，国家投入大量资金，做好征地、规划、建房工作，采取低租金分配住房和福利分房等形式解决干部职工的住房问题。1980年起，城镇住房分配根据"统筹兼顾，合理安排，逐户解决，各及其所"的原则，把无房户、拥挤户列为主要对象。离退休干部、部队转业干部、现役军人家属、晚婚晚育青年、独生子女家庭，在同等条件下优先解决。分配住房由本人提出申请，单位评审，分房小组核定，按类别分期分批进行分配。由于城镇住房供需矛盾一直比较突出，低租金分配住房的办法存在严重弊端，不能体现按劳分配原则，分房中的不正之风已成为一个严重的社会问题。1982年，中共平远县委、平远县人民政府为纠正公房分配中的不正之风，制定了《平远县公有房地产管理办法》，规定"住房分配根据有利生产、方便生活、分别缓急、合理安排的原则，防止由少数人和个人批条子、徇私情、走后门等不正之风出现"。对分了新房和自建新房的住户，原住房一律退出交主管部门统一调整。

为加强对产权产籍的管制，1984年，在全县范围内进行房屋普查、登记，成立了临时的房地产登记发证办公室。1985年，成立了平远县房地产登记发证办公室，开展产权登记、核发产权证。1986年，统一使用由建设部监制的《房屋所有权证》，并对以前的房契进行换证。1995年10月，根据《广东省城镇房地产权登记条例》规定，实行"房地合一"，即土地使用权证与房屋所有权合二为一，统一使用由建设部监制的《房地产权证书》。1996年起，县房管部门从完善房地产租赁合同入手，根据《合同法》和《广东省城镇房屋租赁条例》，修改和完善了原房屋租赁合同，使公房管理走上法制化和规范化轨道。

1988年11月，成立平远县住房制度改革领导小组，下设办公室，负责领导和协调全县的房改工作。住房制度改革分两个阶段，第一阶段为1993年，以标准价出售套房1 604套，建筑面积13.76万平方米。第二阶段为1998年，全县各党政机关、事业单位推行住房货币分配，以成本价出售套房834套，建筑面积7.51万平方米。1999年后，取消福利房和货币房，逐步建立和完善住房公积金制度，对各单位和干部职工已建立的公积金实行银行专户管理，干部职工住房全面走上市场。

（五）完善革命老区的帮扶措施

为加强对革命老区的帮扶力度，让老区人民尽快脱贫致富，平远县人民政府于1991年1月出台了《关于加强平远县老区建设的意见》，并成立老区建设领导小组，负责指导、协调老区的建设和发展。1991年7月，成立平远县老区建设促进会（简称"平远县老促会"）。平远县老促会是弘扬老区精神、为革命老区人民服务的社团组织，主要成员由党政机关退下来的老领导、老同志组成，工作任务是协助党和政府促进革命老区的建设和发展，全心全意为革命老区人民服务。平远县老促会成立以后，组织老领导、老同志深入实际调查研究，向中共平远县委、平远县人民政府建言献策，先后形成了《老区破旧小学的调查》《老区公路现状的调查》《老区卫生院现状的调查》《老区农田水利状况的调查》等30多篇调研报告，为中共平远县委、平远县人民政府搞好扶贫开发和老区建设提供决策依据。

1995年开始，平远县老促会每年筹款资助革命烈士后裔上大学，使大批革命烈士后裔沐浴到党和政府的阳光雨露，顺利完成了学业，走上了工作岗位，改变了家庭的贫困面貌，充分体现了党和政府对革命烈士后裔的关爱之情。

2001年起，在中共广东省委原书记、广东省老促会会长林若的带领下，紧紧围绕广东革命老区人民"三难"（读书难、行路难、看病难）的问题，争取中共广东省委、广东省人民政府的高度重视，在全省范围内掀起了解决广东革命老区"三难"的行动。平远县老促会紧紧抓住这一机遇，积极争取各级党委、政府的重视和支持，协助平远县县直有关单位和乡镇政府，先后改造了老区镇破危小学17间、薄弱卫生院5间，建设老区镇行政村硬底化道路204千米。

八、社会事业长足发展

（一）公路交通建设

1979年，全县公路只有318.6千米，公路密度为23.07千米/百平方千米，公路等级极低。1979年到1990年年初，全县发动群众新建了一些低标准的公路和大量机耕路，但公路建设仍然起步不快。

1990年，广东省第六次山区工作会议后，全省公路建设向山区转移。1990年9月3日，平远县人民政府举行国道206线超南至梅平径段全长14千米的公路改造开工仪式。

1991年11月5日,中共平远县委、平远县人民政府作出了《关于加快交通建设的决定》,制订了交通建设"八五"计划与十年规划的目标,提出了以县城大柘镇为中心,国道、省道为骨架,重点改造经长田往梅州、汕头的南出口,经石正往兴宁、广州的西南出口,经八尺往江西寻乌的西北出口,经东石、上举往福建武平的东北出口。要求各乡镇与国道、省道联结的公路要上等级,95%以上管理区通公路,实现全县公路网络化。1993年9月15日,国道206线超南至梅平径改造工程完成,平远县城至梅州市区的64千米车程缩短至46千米。

1995年,投入1.8亿元,从北(八尺)到南(长田)贯通全县的国道206线平远段51.6千米超二级水泥公路改造工程竣工。至1997年,全县16个镇153个管理区全面通公路,通车里程730.3千米,公路密度52.88千米每百平方千米。至2000年,全县基本实

1995年改造后的国道206线平远段通车典礼

现县到镇全部通水泥公路。2005年底，全面实现行政村公路水泥硬底化。至2011年，全县公路通车里程1 398.9千米，机动车46 866辆（其中，汽车4 602辆、摩托车40 676辆、拖拉机1 588辆）。此外，济广高速公路平远段通过项目评审。

  （二）小水电及电网建设

  平远县水力资源丰富，可开发的水力发电资源4.26万千瓦，发电量1.7亿千瓦时。改革开放后，平远县兴起了建设小水电热潮。至1982年，全县建成小水电站72座，装机容量发展到1.32万千瓦。

  1983年，经国务院批准，平远县被水电部列为全国100个农村电气化试点县之一，为加快农村小水电的发展，中共平远县委、平远县人民政府制定了一系列加快发展农村小水电的政策措施，调动了各级办电的积极性。1988年6月，平远顺利通过农村初级电气化县验收。至1988年底，全县乡村用电率100%，家庭用电率95.8%，被水电部授予"全国电网管理先进县"荣誉称号。

  20世纪90年代，平远县再次掀起各级办电热潮，并首次出现民间股份合作办电站及私营独资办电站的新生事物。至2000年底，全县大部分水资源被开发利用，建成小水电站97座，装机容量3.78万千瓦，年发电量达1.29亿千瓦时。

  改革开放初期，平远电网相对薄弱，县内仅有35千伏河陂水变电站一座，只有一条10千伏线路与梅县地区电网相联，电力供应比较紧张。1979年4月，全长17千米与梅县地区电网相连接的河陂水变电站至梅县石壁塘变电站35千伏线路建成投运，有效地解决了平远电网丰水期电力有余、枯水期电力不足的问题。1984年12月，平远县首座110千伏变电站投产运行，并新架设一条110千伏线路到梅西电厂升压站，县内原来35千伏电压等级升级为110千伏线路与梅县地区电网联网。1993年9月，平远供电调度通讯设备系统正式投入使用。1994年9月，实现调度实时远动监控，迈出了现代化手段管理电网的步伐。1998年2月，110千伏石正变电站投入运行，并架设了一条110千伏石正变电站经梅石线与省网连接线路。

1998年10月，平远县启动"两改一同价"（建设改造农村电网、改革农村电力管理体制、实现城乡用电同网同价）工程。至2002年12月，一、二期农村电网改造工程全面竣工，全县城乡各类用电实现"同网同价"。2005年，启动了农村配电网项目建设。2006年10月，集电力调度自动化、办公自动化、通信、计算机网络系统于一体的平远电力调度大楼的落成，标志着平远县地方电力事业进入了一个新的发展阶段。2008年1月，平远县供电局由广东电网公司接管后，加大了平远电网的投资力度。2009年10月，110千伏大柘输变电工程投入运行，解决了县城单座110千伏变电站电源供电局面。2009年，全面完成了农村配电网建设项目，极大地完善了农村电网，实现"户户通电"。2010年12月，220千伏富远（平远）变电站建成投运，结束了平远无220千伏变电站的历史，彻底摆脱了供电网架落后的局面。

至2011年底，平远县电网有220千伏变电站1座，容量18万千伏安；110千伏变电站5座，容量31.15万千伏安；35千伏变电站5座，容量4.22万千伏安。35千伏及以上线路332.64千米，10千伏线路1 198.14千米。综合电压合格率达98.54%，供电可靠率达99.89%。

（三）水利设施建设

1979年以后，平远县水利建设遵循"巩固、改造、发展"的方针，结合山、水、田、林、路综合治理的农业综合开发，加强水利设施建设。

一是加大投入维修兴建陂头圳道水库。各级人民政府根据县境大部分陂头的结构属木石陂，天旱时因渗漏严重，栏堵水位低，渠道渗漏严重，发挥不了灌溉效益的实际，除增加财政投入外，发动群众投资投劳，对陂头进行维修改造，对渠道进行防渗处理。1979年冬，国家投资147万元动工兴建位于茅坪乡锅㠾村的锅㠾水库。1980年后，渠道防渗成为农田水利建设的重要工程项目，采取引水渠道衬砌、混凝土防渗、预制构件防渗等措施。1980年开始，对县境水利工程进行除险保安。1980年4月，投资28万元动工兴建位于石正镇马赤村的黄竹梁水库。1985年5月，投资460万元动工兴建位于中行镇的横水水库。1979年至2000年，全县累计投入资金557.2万元，完成渠道防渗总长102.11千米，恢复灌溉面积375公顷，改善灌溉面积1 842公顷；累计投入资金100.88万元，维修改造陂头120座，消除了陂头工程安全隐患，改善和增加了有效灌溉面积，建有陂头839座，实际灌溉面积2 633公顷；投资635万元兴建小（一）型水库3座，可灌溉农田402公顷。

　　二是实施重点河段堤围加固工程。平远县境的东石河、黄田河属韩江三级支流，两河的中、下游沿岸地势较平坦，土地肥沃，人口密集，河堤捍卫农田636公顷，人口1.85万人，还有两个圩镇及一些工矿企业，中、小学校。东石河流域是历史洪灾区，黄田河中下游堤围低矮，每遇暴雨两岸成灾。1995年，县水务部门按10年一遇洪水标准进行加固设计、20年一遇洪水标准较核。1996年，争取广东省省拨资金70万元，加固坝头段堤围。1997年11月，动工兴建县城防洪工程。县城防洪工程从大柘镇岭下村雷公陂至梅东村，上游集雨面积139.51平方千米，捍卫农田911公顷，捍卫人口5.8万人，是集堤、湖、路相结合的水利基础建设工程。工程范围的主河道大柘河及支流官田河，大柘河从雷公陂至梅东，官田河从旱河陂至二河沙。主要工程项目包括加固防洪堤长13.63千米，兴建长43.2米的栏河交通桥闸一座，闸后建装机125千瓦的电站一座，建筑面积2 000平方米的堤围管理所综合楼一栋。防洪堤按20年一遇洪水标准设计，交通桥闸按50年一遇洪水标准设计。1999年10月1日，完成了第一、二期工程，建成8.3千米的防洪堤路，完成交通桥闸、闸后电站、管理所综合楼等主体工程项目。此外，1979年至2000年，完成了镇、村大小河堤工程31宗，长98.6千米。保护农田3 685公顷、捍卫人口13.3万人。其中仁居河邹坊段和黄田河坝头段，按抵御10年一遇洪水能力进行维修加固外，其余是小修小补。

三是全力清除山塘水库安全隐患。改革开放之前，因受经济和工程施工条件限制，建成的山塘水库普遍质量不高，存在不少安全隐患。1988年10月，县水务部门对全县小型水库施放灭蚁灵毒饵。1991年开始，争取省、市水利部门的重视，将黄田水库列入广东省除险加固工程项目。1993年，广东省水利厅拨款500多万元，着手实施黄田水库除险安全加固工程。

20世纪90年代末，全省中小型水库安全隐患问题引起了广东省人大常委会的高度重视，将解决中小型水库除险加固工作列入广东省人大议案。1998年，平远县境被列入广东省人大议案五年计划除险加固的水库16宗。2001年，被列入广东省人大议案除险加固的小型水库6宗，富石水库的安全加固工作已列入广东省2002年度基建计划。2002年，完成了被列入广东省人大议案的16宗中小型水库除险加固工程和东石、坝头、大柘河堤治理任务，治理水土流失面积87平方千米。2003年，被列入广东省人大年度实施的小型水库议案工程5宗。2004年，富石水库的安全加固工程基本完成。2005年，被列入广东省人大实施计划的小型水库加固工程4宗。2007年，县城结合防洪堤扩建，完善沿河两岸道路和绿化、亮化等市政配套建设工程经广东省发改委批准立项，东石镇坝头段堤围10.38千米被列入韩江、梅江沿江两岸重点堤围除险加固工程规划。2009年，完成了平远县城防洪堤续建4.94千米，河堤扩建4.82千米；完成了东石河坝头段堤围除险加固西堤段9.01千米工程。建成三面光圳道3.5千米，维修山塘35宗，陂头110宗，改善灌溉面积3 015公顷。完成了石正、大柘等8宗农村饮水安全工程。黄田水库除险加固工程列入全省水库除险加固总承包试点项目。2010年，完成了县城防洪堤扩建工程和东石河坝头段堤围除险加固工程。完成了14宗小型水库和51宗万方山塘加固，解决了上举、泗水、差干3个镇农村人口饮水不安全问题。平远县被列入第二批中央财政小型农田水利建设重点县，仁居河堤建设工程列入第二批全国重点地区中小河流近期治理建设项目。至2011年，完成了黄田水库除险加固、高峰滩灌渠改造、仁居河堤建设3宗重点工程建设任务，累计投入资金13 730万元。完成了6.67万人的农村饮水安全规划任务，使8.6万人受益。灌溉渠道改造282千米，改善灌溉面积576公顷。累计投入资金2 760万元，建成三面光圳道54.4千米，维修加固山塘42座，改善灌溉面积958公顷。城乡抗灾减灾能力全面提升，灌溉条件得到有效改善，饮用水更加洁净安全。

（四）城镇设施建设

改革开放以后，历届中共平远县委、平远县人民政府对城镇建设非常重视，不断修编规划，完善城镇设施，加快扩容提质。

1982年至1985年，平远县人民政府编制了县城和各乡（镇）集镇总体规划方案。1987年，在双企岃兴建规划面积27.1公顷的平远公园，修建了公园大门、新福亭、春晖亭、蘑菇亭、环保亭、滴翠亭、博物馆、环山步道等。1989年，对县城大柘镇进行整体规划修编。至1990年，县城主街有16条，总长9.76千米，道路面积13.76万平方米。1994年起，对各建制镇进行了新一轮整体规划修编。20世纪90年代以后,新建了平远大道、工业大道、柘东路、新岭路、站前路、建设路、新建路等10多条主要道路。至2000年,城区主街有22条,总长34千米,道路面积37.6万平方米。县城区规划面积为11.1平方千米,建成区面积扩展到5.14平方千米。为加快城镇建设扩容提质步伐,2000年,平远县人民政府聘请苏州科技大学专家对县城总体规划进行全面修编,对15个圩镇进行总体规划修编。2003年,在县城新建了集蓄水发电防洪排涝于一体的南湖、河滨公园等工程。2006年以后,县城建设步伐加快。完成了县城防洪堤围扩建工程,建成了石龙寨公园、文化体育中心、新汽车客运站、污水处理厂等项目,在平远公园内增设程旻雕像、文化墙等"程旻文化"元素,将"平远公园"冠名为"程旻公园"。县城规划面积扩大至8.53平方千米。

1980年之前,平远县城居民饮用水主要靠引大水坑水库水,经蓄水池简易过滤后定时供居民饮用。1981年,采取抽用深层地下水的办法,建起了平远自来水厂,供水能力3 000立方米/日,定时供给居民饮用。1986年,在跃进岗兴建了600立方米高位水池,结束了县城定时供水历史。1993年,平远净水厂竣工投产,日制水能力5 000立方米。平远净水厂以黄田水库为水源,设有反应、沉淀、过滤、消毒等制水工艺,县城居民真正饮用了自来水。2000年7月,粤港合资的高峰清流制水公司投产,日制水能力2万立方米。供水主管道41.3千米,用水人口4.23万人,基本满足县城生产生活用水需要。

1985年以前,县城住宅多为二至四层的砖混结构房屋,绝大多数为房管公房和单位兴建的福利住房。至1985年,县城住宅总建筑面积61万平方米,人均住宅建筑面积26平方米。1993年后,住宅建设步伐加快。平远县人民政府兴建教师住宅区,并在平远大道侧兴建新村商住区。1999年取消职工福利分房后,由社会资金兴建的商品房快速发展，先后兴建了平远广场小区、官田小区、桂园小区、新田花园、平城花园、优山美地、金色华府、翠拥华庭等宜居社区，基本满足了广大居民的住房需求。

1992年之前，城镇居民以蜂窝煤为主要燃料。1993年，平远县液化石油气站成立，城乡居民逐步改用瓶装液化气燃料。2005年，县城新田花园住宅区安装液化气管道，该小区居民开始使用管道液化气。2011年开始，中国燃气平远分公司在优山美地、平城花园等新建住宅区和人口集中的老住宅区安装天然气管道。2012年以后，县城居民逐步使用管道燃气。

（五）通信网络建设

改革开放后，通信事业快速发展。1979年12月27日，开通了HJ-905型纵横制自动电话交换机。1993年10月，县城开通了万门程控电话。1994年2月3日，开通移动电话。1994年10月16日，开通无线寻呼。1995年1月，平远县电话号码由6位升为7位。1996年，拉开了建设电话村、电话管理区、电话镇序幕。至1997年，全县实现了城乡电话传输数字化、交换程控化、城乡一体化，城乡电话交换机总容量3.44万门，电话用户1.91万户，移动电话964户，平均每百人拥有7.8部电话。

1998年至2002年，通信条件进一步改善，五年新建电话自然村639个。2002年年底，全县电话主线普及率达16.8%。2003年后，信息化建设步伐加快。2005年，全县电话4.8万户，普及率23.24%，实现互联网到镇，互联网用户2 900户。

2006年以后，移动网络、宽带进村和农村信息化建设提速，网络服务能力增强，进入了"网络到镇、信息到村"的信息服务多元化时期。至2011年，本地固定电话用户4.11万户，移动公司移动电话用户11.8万户，电信公司移动电话1.69万户，宽带用户1.52万户。宽带进入平常百姓家，电脑、智能手机成为广大市民的新宠，用智能手机看电视、看手机报、微信聊天、网上购物、微信支付逐步成为广大市民的生活方式。

（六）广播电视事业发展

1979年，平远县只有独立传输的有线广播系统。1980年以后，全县逐步实现有线广播专线化。

1984年7月，撤销平远县广播站，成立平远县广播电视局，负责管理全县广播电视业务。1986年，在县城双企岽山顶建成电视卫星地面接收站，新增一个电视差转台，并先后在差干、石正、仁居、泗水、黄田五级电站建成小功率电视差转台。至1989年，全县16个乡镇均设立广播站，建成了电视差转台。1991年后，平远县广播电视局筹划发展有线电视。1993年1月，平远县有线电视台正式开播。

1995年5月后，平远县广播电视局筹办《平远新闻》固定节目。1995年10月3日，平远县有线电视台正式开播《平远新闻》节目。《平远新闻》节目用客家话逢星期二、五首播，其余时间除星期天外为重播。1995年年底，全县形成了以平远县广播电视台为传播中心，各镇站为传输骨干，有线与无线相结合，全方位、多层次的广播电视网络覆盖格局，全县三套广播节目、两套电视节目人口覆盖率分别达到90%以上，县、镇、村三级有线电视用户达到2.2万多户。

1998年5月，平远人民广播电台、平远有线电视台两台合为平远县广播电视台一个播出实体，平远县广播电视局与平远县广播电视台实行局、台合一体制，实行统一机构建制，统一人事管理，统一宣传规划，统一事业建设，统一经营管理。

1999年，平远有线电视与梅州市电视台成功联网，县城均能收看到30多套信号清晰的电视节目。1999年5月，电视《平远新闻》从"周二"新闻改为"周三"新闻，逢星期一、三、五首播，二、四、六重播。2002年，全县广播、电视综合人口覆盖率分别达96%和98%。2002年10月，《平远新闻》增设普通话栏目，实行普通话和客家话双语播出。2003年12月，全面完成了全县15个镇级广播电视站收编工作，并更名为平远县广播电视网络维护管理站。广播电视网络维护管理站人、财、物归平远县广播电视台管理，实行报账制，各镇站实行独立核算，自负盈亏。2003年12月，完成了全县有线电视县、镇光纤联网工作，实现了全县统一信号。

2005年9月，成立平远县文化广电新闻出版局，撤销平远县广播电视局（行政职能归属平远县文化广电新闻出版局），新组建平远县广播电视台，接受平远县文化广电新闻出版局的行业管理和业务指导。

2008年5月1日，成功开办周一至周五的《每日新闻》，每周六、日制播《一周要闻回放》节目。2009年9月，启动有线数字电视的整体转换工作。2011年11月，全面实现有线电视数字电视城乡全覆盖，城乡均能收看到60多套信号清晰的电视节目。2011年，建成虚拟演报室。

（七）体育事业发展

改革开放后，各级党委、政府以满足人民群众日益增长的强身健体活动需要为出发点，加快体育场馆建设。1983年，占地1.6万平方米，内设小型足球场、6条300米环形跑道的县城官田体育场投入使用。与此同时，坚持竞技体育与群众体育协调发展的方针，以学校体育为基础，以全民健身为重点，以体育活动为载体，促进群众体育、学校体育、竞技体育、业余训练的协调发展。1992年，平远县被评为"广东省体育先进县"。1993年，占地2.6万平方米，内设标准足球场、8条400米环形跑道的平远体育场投入使用。

至2000年，全县有标准体育场1座，小型田径场19座，小足球场19座，篮球场150座（其中，灯光球场16座），乒乓球台240张，羽毛球场200座，全县人均体育场地为0.22平方米。

在完善体育场馆建设的同时，认真培养体育人才，积极组织各类体育竞赛活动，有效地增强了人民群众的身体素质，涌现出一批批体育竞技人才。平远运动员在历次广东省、梅州市举办的重大体育比赛中均取得较好成绩。2000年，平远县被国家体育总局授予"全国体育先进县"荣誉称号。

2000年以后，实施《全民健身计划纲要》第二期工程。按照"青少年体育以学校为重点，农村体育以镇为重点"的要求，坚持组织群众性体育活动、重大节日体育竞赛活动，有效推进了全民健身运动的健康发展。同时，认真落实《中小学体育工作条例》，全面施行中小学《国家体育锻炼标准》，坚持每年举办全县中小学生田径运动会，保障中小学生有较好的身体素质。2011年，建成1座建筑面积1.9万平方米多功能文化体育中心和1座占地5.3万平方米的全民健身广场。至2011年年底，全县拥有各类体育场（设施）667个，面积391 698平方米，人均体育场地1.52平方米。

（八）精神文明建设

改革开放以后，中共平远县委按照中央提出的一手抓物质文明建设，一手抓精神文明建设的要求，在进行改革开放和经济建设的同时，开展了丰富多彩的群众性精神文明建设活动。

改革开放之初，中共平远县委通过举办各种学习班，帮助党员干部解放思想，更新观念，增强改革开放意识。

随着改革开放的深入，平远干部群众从孤陋寡闻的山民意识中逐步解放出来，开阔了视野，增长了知识，更新了观念。改革开放和发展商品经济的客观环境，迫切要求加强精神文明建设，坚决抵制西方资产阶级腐朽思想文化的错误倾向，如金钱万能、唯利是图、腐化堕落的生活方式等。中共平远县委坚持"两手抓，两手都要硬"的方针，明确要求各级各部门既要有所引进，又要有所抵制，既要积极吸收先进技术、管理经验和进步的文化成果，又要坚决地抵制资本主义一切腐朽的东西。

中共平远县委结合经济和各项业务工作，加强思想和纪律教育。运用群众喜闻乐见的形式，广泛进行以共产主义思想为核心的社会主义精神文明的宣传教育，同时进行爱国主义、集体主义和职业道德教育，开展"五好家庭""文明家庭""文明校园""五讲四美"（讲文明、讲礼貌、讲卫生、讲道德、讲秩序，语言美、行为美、环境美、心灵美）等创建活动，有效地提升了干部群众的政治思想素质。

1986年9月，中共十二届六中全会作出了《关于社会主义精神文明建设指导方针的决议》。1987年，中共广东省委制定了《广东省社会主义精神文明建设规划》，对各级党委加强精神文明建设提出了明确要求。为加强领导和协调工作，1987年8月，中共平远县委、平远县人民政府成立了"平远县精神文明建设领导小组"。1990年，成立了"平远县精神文明建设委员会"并下设办公室，建立了各级党政一把手对精神文明负总责的责任制，建立健全群众性的精神文明建设活动和社会主义文化建设的各项管理办法和检查、考核、评比、表彰制度。

1991年6月，中共平远县委印发了《平远县"八五"期间社会主义精神文明建设规划要点》。1992年以后，全县城乡广泛开展了文明村（镇）、文明户、文明单位创建活动，每年评选出一批"文明村（镇）""文明户""文明单位""文明单位标兵"进行表彰。1992年和1995年元旦，平远县精神文明建设委员会先后组织县城和乡镇新婚夫妇举办集体婚礼，引导城乡新事新办、好事简办。

1996年，全县上下开展了提炼"平远精神"活动。1997年，经中共平远县委员会、平远县人大常委会、平远县人民政府、政协平远县委员会、平远县纪律检查委员会班子领导会议研究讨论，确定"团结、务实、创新、自强"为平远精神。

为掀起新一轮职业道德建设热潮，1997年7月，中共平远县委、平远县人民政府决定在全县干部职工中开展向刘连珍同志学习的活动。刘连珍是一名36年如一日扎根山区卫生站，为病人送医送药、救死扶伤、不图名利的主治医师。刘连珍的先进事迹先后在《南方日报》《深圳特区报》《人民日报》《梅州日报》《文明导报》以及广东电视岭南台、珠江台，广东人民广播电台，梅州电视台，梅州人民广播电台等新闻媒体刊播。1997年，刘连珍被广东省人民政府评为"广东省劳动模范"，被中共广东省委、广东省人民政府评为"职业道德建设先进个人"。通过开展向刘连珍同志学习活动，促进了全县职业道德水平的提高。

1998年以后，中共平远县委、平远县人民政府认真贯彻落实《爱国主义教育实施纲要》和《公民道德建设实施纲要》，在全县干部群众中开展"百歌颂中华、百片扬国魂、百书育英才"爱国主义教育和"爱我中华、爱我广东"读书活动，促进了城乡文明程度、公民道德水平、科学文化素质的提高。

2004年以后，中共平远县委充分运用实践"广东精神""梅州精神""平远精神"的活动载体，组织全县上下开展"八荣八耻"（以热爱祖国为荣、以危害祖国为耻，以服务人民为荣、以背离人民为耻，以崇尚科学为荣、以愚昧无知为耻，以辛勤劳动为荣、以好逸恶劳为耻，以团结互助为荣、以损人利己为耻，以诚实守信为荣、以见利忘义为耻，以遵纪守法为荣、以违法乱纪为耻，以艰苦奋斗为荣、以骄奢淫逸为耻）为主要内容的社会主义荣辱观教育活动，引导广大市民争创"孝敬之星""爱心之星""校园之星""诚信之星""外来之星"，积极参与"送温暖、献爱心""社会志愿服务"和建设"生态文明村镇""双拥模范县"等系列活动，推进创建"省级文明县城"活动的深入开展。

（九）计划生育工作

1979年以后，中共平远县委、平远县人民政府认真落实计划生育工作这项基本国策，始终把计划生育工作放在重要战略位置，使计划生育工作得到落实。

1980年9月，中共中央《关于控制我国人口增长问题致全体共产党员、共青团员的公开信》发表后，中共平远县委、平远县人民政府把宣传教育工作作为计划生育的重要内容来抓，用宣传教育的方式去改变人们旧的生育观念，使之自觉自愿接受和实行计划生育。1981年4月，成立平远县人民政府计划生育办公室，开始制定并逐步完善计划生育措施和奖罚政策。

党的十二大提出"实行计划生育是我国的一项基本国策"后，中共平远县委、平远县人民政府大力开展宣传学习基本国策的活动，帮助群众了解人口现状，理解生育政策，提高实行计划生育的自觉性。

1982年12月起，全县实行审批发放计划生育"准生证"制度。

1983年1月，全县各区（镇）设立计划生育工作指导站。1983年11月，相继成立县、区（镇）计划生育服务站（所）后，技术队伍由医疗卫生部门和计划生育部门两家组成。1984年1月起，分别设立县计划生育服务站、乡（镇）计划生育服务所、村计划生育服务室。1984年7月，平远县计划生育办公室改称计划生育委员会。

1986年8月起，按照广东省的统一规定，全县逐步实施流动人口的计划生育管理。1987年11月，各乡（镇）人民政府计划生育办公室成立，仍保留原计划生育工作服务站（所）事业机构，村级成立计划生育领导小组。1988年8月，县、乡（镇）、村各级成立了干部群众对计划生育实行自我教育、自我管理、自我服务的计划生育协会。

20世纪90年代开始，对各级党员干部的政绩考核、奖励、表彰、提拔、晋升与人口计划生育目标的完成情况挂钩。实行群众自愿与国家指导相结合的原则，逐步实现从孕后型管理转变为孕前型管理，从突击性工作转变为经常性工作。重点抓好宣传工作、人口计划的制定和执行、生育证发放、统计台账管理、人口考核和评估、经费投入与管理、流动人口计划生育管理等工作。

20世纪90年代以后，通过大力推行"三结合"（计划生育工作与发展农村经济相结合、与帮助农民勤劳致富相结合、与建设文明幸福家庭相结合）计划生育新举措，积极开展创建计划生育合格村活动，稳定了低生育水平。2000年，全县人口出生率8.98‰，自然增长率3.67‰，多孩率0.53%，计划生育率提高到93.24%。平远县先后被国家计生委和中共广东省委、广东省人民政府评为"计划生育先进集体""全国先进计划生育服务站""计划生育先进集体"。

2000年以后，认真贯彻落实《人口与计划生育法》，扎实抓好计划生育工作重心下移。至2006年，实现了广东省人口与计划生育工作一类县管理目标。

2001年至2011年，全县人口出生率控制在10.67‰以内，自然增长率控制在4.56‰以内。平远县先后被国家人口计生委、广东省政府评为"全国计划生育优质服务先进单位""广东省人口与计划生育先进单位"。2011年年末，全县户籍人口为26.09万人，常住人口23.07万人。

（十）社会治安综合治理

平远县地处粤、赣、闽三省交界处，由于平远县地理位置特殊，随着改革开放的深入，某些地方容易出现治安突出问题。为稳控社会面，平远县公安机关按照广东省、梅州市政法部门和中共平远县委、平远县人民政府的具体要求，坚持组织"严打"专项斗争和专项治理，坚持"严打"和"严防"相结合，专门工作与群众路线相结合，确保社会治安好转和社会稳定。严打斗争以打击车匪路霸、整治各种突出治安问题为重点，把大坝镇作为重点地区，把国、省道沿线作为主要部位，把侦破杀人、强奸、抢劫、抢夺、入室盗窃、盗窃机动车、车匪路霸、敲诈勒索案件作为主攻方向，实行打现行、破积案、捣团伙、抓流窜、追逃犯相结合，重拳出击，多策并举，先后开展各类专项斗争。

为了形成齐抓共管社会稳定的治理体系，从20世纪80年代开始，全县逐步建立并完善了县、区（乡、镇）、村三级工作机构，落实"谁主管、谁负责"的领导责任，认真做好国有企业转制、职工下岗、征地拆迁、历史遗留问题等引发的矛盾纠纷的排查和调处工作，及时调处各种矛盾纠纷。

1991年7月，成立了平远县社会治安综合治理委员会并下设办公室，与县委政法委员会合署办公。各乡（镇）、各战线、县直副局以上单位均成立了社会治安综合治理领导小组及办公室。

1991年以后，中共平远县委、平远县人民政府将学校法制教育工作纳入社会治安综合治理的重要内容。

1995年，中共广东省委、广东省人民政府印发了《关于加强社会治安综合治理的决定》，提出要认真落实社会治安综合治理领导责任制和目标管理责任制。此后，中共平远县委、平远县人民政府每年与各乡（镇）、县直副局以上单位签订社会治安综合治理目标责任书，各乡（镇）党委、政府与管理区（村民委员会）签订责任书，局与所属单位签订责任书，层层落实社会治安综合治理工作责任制，做到齐抓共管，共同维护社会政治稳定。中共平远县委、平远县人民政府每年都按照社会治安综合治理责任制的要求，对各乡（镇）和县直副局以上单位的综治工作进行检查考评，对全县落实综治责任制的单位实行"一票否决权制"，把综合治理责任制同经济责任制、领导任期目标责任相结合，将社会治安综合治理目标管理同责任人的政治荣誉、政绩考核、职级提升和经济利益相挂钩。对当年社会治安综合治理工作不达标的单位，否决该单位当年的评先评优资格，同时否决该单位主要领导、主管领导和责任人的评先晋级资格。

按照广东省社会治安综合治理委员会提出的"全省各地要积极创办安全文明小区，让安全文明小区遍布南粤"的要求，1995年6月，平远县社会治安综合治理委员会制定了《1995—1996年平远县安全文明小区建设规划》，部署开展安全文明小区建设工作，并纳入社会治安综合治理检查考核内容。至1997年，全县共创建安全文明小区350多个，住户25 800多户，覆盖人口10多万人。

1999年开始，平远县政法委、平远县综治办在全县中小学开展聘任学校"法制副校长"工作。法制副校长由公安、检察、法院、司法干警和镇综治司法干部担任。法制副校长参与学校的德育工作，为学校师生上法制教育课，开展法制宣传，及时处置学校的治安案件，维护和整治学校周边治安环境。

2000年以后，加大打击违法犯罪力度，先后开展了声势浩大的打击入室盗窃、盗抢机动车、扫除"黄赌毒"、打击"六合彩"赌博、反飞车抢夺、打恶治烂、打击"双抢双盗"、侦破命案专项行动等集中整治行动，成功破获了一批刑事案件。

2007年以后，加强社会的防控、减压刑事发案。公安部门每天安排民警着装巡逻，组织警力在晚上进行不定时、不定点的便衣伏击，形成以徒步巡逻与机动车巡逻相结合、便衣巡逻与着装巡逻相结合、蹲点伏击与设卡拦截相结合的立体化防控方式，打击现行犯罪，加强社会面防控。同时，建立以"110"为龙头，以巡控警力、卡点警力、社区警力为依托的"天网""地网""人网"防控机制，打造"无缝合作警务"，从源头上控制和压减犯罪分子的活动空间，加大力度侦破影响社会治安稳定的刑事案件，狠狠打击了各类违法犯罪分子。

2008年以后，县政法综治部门围绕县委中心工作，积极发挥统筹协调职能，深入推进平安平远、法治平远建设，从基层的难点重点抓起，不断夯实基层综治信访维稳平台，致力于打造全省最具安全感的山区县。先后建立和完善了县、镇、村、村民小组"四级调处"网络，镇、村综治信访维稳中心（工作站）和镇、村社会治理服务中心（工作站）等综治信访维稳工作平台建设。通过加强对流动人口的管理，创建安全文明小区，加大对重点地区的整治，加强治安防范管理，社会治安形势逐年好转，大案要案持续减少，群众安全感满意度逐年提升，为平远经济发展和改革开放提供了良好的治安环境。

九、党的政治思想和廉政建设

（一）党的政治思想建设

中共十一届三中全会以后，中共平远县委按照上级党委的要求，组织全县党员干部开展关于真理标准问题的讨论，并根据中共中央提出三年调整、休养生息的方针，做出1979年至1985年调整经济、发展农业的初步构想，要求各级党组织必须端正思想路线，摆脱长期"左"倾错误思想的严重束缚，坚定不移地贯彻执行"调整、改革、整顿、提高"八字方针,把党的工作重点转移到社会主义现代化建设上来。

为进一步端正作风,提高各级党组织的战斗堡垒和广大党员的先锋模范作用,1981年5月,中共平远县委根据中共中央《关于党内政治生活的若干准则》,就进一步改变领导作风作出了四个方面决定:一是无条件同党中央保持政治上的一致,二是自觉维护党的团结,三是切实纠正不正之风,四是努力钻研业务,提高工作效率。

1983年10月,中共中央发出《关于整党的决定》。1984年9月21日至24日,中共平远县委召开了第五次党员代表大会。大会要求全县各级党组织和共产党员,必须坚决贯彻执行中共中央《关于整党的决定》,认真完成"统一思想,整顿作风,加强纪律,纯洁组织"的整党任务。1985年7月到1986年12月,全县分三批开展整党工作。这次整党,用延安整风精神对全体党员进行了系统的党性、党纪、党风教育。

为进一步增强各级党员干部的纪律观念,1988年,中共平远县委制发了加强纪律,保持廉洁,提高办事效率的规定,开展了以廉洁为主要内容的纪律教育,建立了县委常委岗位责任制和党政机关各部门保持廉洁的有关制度。

按照中共广东省委、梅州市委的部署,1991年8月至次年12月,全县分三批开展农村社会主义教育运动。中共平远县委共抽调县、乡工作队员800人和省、市工作组59人组成16个工作队,在圩镇机关和全县农村开展社会主义思想教育运动。教育运动期间,各级各单位投入大量资金帮助群众解决用水难、行路难、用电难等问题,密切了党群、干群关系。1994年3月,中共广东省委作出了派工作队抓好农村基层组织建设工作的决定。中共平远县委成立了农村基层组织建设领导小组,抽调140名工作队员和省、市工作队派驻人员，共组成16个工作队，进驻71个管理区加强农村党支部建设，解决群众关心的热点、难点问题。1995年，中共平远县委制定了《关于加强农村基层组织建设的实施规划》。1995年至1997年，全县开展第一轮加强农村基层组织建设活动。中共平远县委从县、镇机关抽调980名干部组成116个工作队，对116个年收入3万元以下的管理区驻点指导、帮扶，帮扶绝对贫困户脱贫，促进农村经济的发展。2000年，按照中共广东省委作出的"两大会战"（开展村级通机动车和解决贫困户半亩"保命田"为主要内容的扶贫）工作部署，全县开展了新一轮农村基层组织建设工作。全县共投入820万元解决村村通公路、通电话、通广播电视问题，实现了村村通公路、通电话、通广播电视目标。

按照中共中央和中共广东省委的要求，2000年6月15日至2000年9月5日，在中共平远县委、平远县人大常委会、平远县人民政府、政协平远县委员会、中共平远县纪律检查委员会领导班子和领导成员中，开展"三讲"（讲学习、讲政治、讲正气）教育活动。2000年7月16日至2000年9月13日，在中共平远县委组织部、中共平远县委宣传部、平远县人民检察院、平远县人民法院、平远县公安局领导班子及其领导成员中开展"三讲"教育活动。2001年3月至2002年1月，在各级党组织中开展了三批"三个代表"（中国共产党代表着中国先进社会生产力的发展要求，代表着中国先进文化的前进方向，代表着中国最广大人民的根本利益）重要思想学习教育活动。2005年至2006年，在全县607个基层党组织开展保持共产党员先进性教育活动。2009年3月至2010年2月，在全县党员干部中开展学习实践科学发展观活动。

通过加强和改进党的政治思想和组织作风建设，建立健全发展党员工作规章制度，壮大了党的队伍，改善了党员队伍结构，提高了党员队伍的政治思想素质。2011年，全县党员人数为13 691人。

(二) 党风廉政建设和反腐败斗争

改革开放以后，中共平远县委坚决贯彻执行从严治党的方针，始终把加强党风廉政建设和反腐败斗争作为新时期党的建设的系统工程来抓。

1979年7月，重新设立了"中共平远县委纪律检查委员会"，其领导体制受同级党委领导。1984年9月，"中共平远县委纪律检查委员会"改为"中共平远县纪律检查委员会"，其领导体制改为受同级党委和上级纪委双重领导。1987年11月，平远县监察局成立，其领导体制受县人民政府和上级行政监察机关双重领导。

1988年7月至1989年3月，全县各级党政机关开展了以廉洁为主要内容的纪律教育。中共平远县委、平远县人民政府作出了《关于加强纪律，保持廉洁，提高办事效率的若干规定》《关于加强廉政建设的若干规定》，提出了党政机关要建立和逐步实施政务公开制度，县、乡（镇）领导干部要坚持接访日制度和与群众对话制度，坚持执行各级党组织抓党风廉政建设责任制和各单位一律不得用公款宴请送礼，严格执行机关备车和领导用车等各个方面的具体要求。

1993年7月，中共平远县纪律检查委员会和平远县监察局机关合署办公，实行"一套人员，两块牌子"，受中共平远县委、平远县人民政府和上级纪委、监察局的双重领导，履行党的纪律检查和政府行政监察两种职能，对中共平远县委、平远县人民政府负责。

1995年以后，中共平远县委加大了领导干部廉洁自律力度，要求各镇、县直副局以上单位的党组织每年召开一次廉洁自律专题民主生活会，各级领导干部必须参加民主生活会进行自查自纠，严格执行各项规章制度。1996年，中共平远县委、平远县人民政府作出了《关于进一步加强反腐保廉工作的若干规定》，对全县领导干部进行住房建档工作，开始实行各镇党政以及县直副科以上单位"一把手"离任审计评议制度。1997年，对县领导干部使用小车的标准、来源及定编情况逐一登记，并健全公务用车管理制度、购车审批制度、小车定编审批制度和工作用车调度制度。1998年以后，中共平远县委狠抓中央廉政建设各项规定的贯彻落实，对违反规定公款安装和购买的住宅电话、移动电话、传呼机，按规定作出了处理。2000年开始，每年7月开展全县纪律教育学习月活动，并不断完善各项监督约束制度，制发了《中共平远县委、平远县人民政府领导成员党风廉政建设岗位职责》，建立健全离任审计制度和廉政谈话制度。2005年后，建立了领导干部廉政卷宗，进一步规范"小汽车"使用管理，严格规范领导干部出国（境）管理，加强收支两条线管理。2009年后，深入贯彻落实惩防体系实施纲要，实行科级党政"一把手"向县纪委全委会述廉制度，把加强对"一把手"的监督作为廉政建设和反腐败工作的重中之重。

　　改革开放以后，各级党委、政府和执法执纪机关始终把查处违纪违法案件作为反腐败的中心环节来抓，认真查处党政机关、司法机关、行政执法部门、经济管理部门及其工作人员中违纪违法案件。1979年至2000年，平远县纪检监察部门立案查处党员干部违纪案件334宗，给予党纪政纪处分334人。其中，开除党籍117人，开除公职18人。追缴违纪金额454.5万元。2001年至2011年，立案查处党员干部违纪案件188宗。给予党纪政纪处分199人。其中，开除党籍38人，开除公职3人。涉案金额588.89万元，追缴违纪金额191.28万元。

1993年以后，平远县把纠正行业不正之风列入反腐败斗争之中，有计划、有部署、有组织地开展纠风工作，针对群众反映强烈、涉及面广、社会影响大的不正之风，如党政机关向企业乱收费、乱摊派、乱要赞助和无偿占用企业钱物，公路上乱设卡、乱收费、乱罚款，中小学乱收费，向农民乱收费、乱摊派等歪风，进行大力整治。1996年开始，平远县把清理预算外资金工作纳入部门和行业不正之风的重要内容来抓。1997年至1999年，全县纠风工作重点放在减轻国有企业负担、清理预算外资金和"小金库"方面。2000年至2003年，重点放在加强医疗机构、药品市场整顿，纠正医药购销中的不正之风、开展行风评议、切实做好减轻农民负担方面。同时，做好"收支两条线"的管理，加强对社保资金管理监督检查，做好党员干部公职人员逾期贷款清收工作，建立单位内部财务监督审理制度和推行政务公开制度。2004年以后，重点治理中小学乱收费工作、治理公路"三乱"工作，加大专项资金发放情况检查力度，认真抓好四项制度（建设工程招投标、经营性土地使用权出让、产权交易、政府采购）的落实。

通过坚持贯彻党要管党和从严治党的方针，抓好党风廉政建设和反腐败斗争，建立和健全各项监管制度，促进了政府机关职能转变，促进了干部作风的好转。

第三节 伟大复兴，高质发展

2012年，以中国共产党第十八次全国代表大会为标志，中国特色社会主义进入了新时代。中共平远县委、平远县人民政府在以习近平同志为核心的党中央坚强领导下，以习近平新时代中国特色社会主义思想为指导，以加强党的建设为抓手，以构建民生福祉为核心，全面深化改革，持续扩大开放，促进全面协调可持续发展。民生福祉持续改善，广大人民的获得感、幸福感和安全感不断增强。

一、经济向高质量发展转变

2012年中共十八大召开以后，中共平远县委、平远县人民政府按照中共中央"创新、协调、绿色、开放、共享"的发展理念，抢抓原中央苏区和粤东西北两大振兴发展的政策机遇，坚持主攻"一城一区一带"的发展战略，优化经济结构，统筹城乡发展，加强生态保护，改善重点民生，全面提升经济社会发展的质量和效益。至2017年，全县生产总值82.13亿元，比2011年（调整口径）的46.78亿元增长79.3%；全口径税收收入11.95亿元，比2011年的4.9亿元增长143.8%；县级财政一般预算收入8.14亿元，比2011年的2.3亿元增长249.7%；固定资产投资55亿元，进出口总额30 202万美元（其中，进口总额299万美元，出口总额29 903万美元）；全社会消费品零售总额（调整口径）

27.15亿元；金融机构各项存款余额84.8亿元，各项贷款余额41.1亿元。

（一）发展特色农业

2012年以后，中共平远县委、平远县人民政府制定完善农业产业化和精致高效农业发展扶持奖励政策，引导龙头企业创办大庄园，带动农民兴办小果园，形成镇有龙头、村有庄园、户有果园的发展格局，推动传统农业向集约规模转变。2014年以后，积极培育壮大新型农业经营主体，在国省道、旅游公路沿线打造现代农业示范基地和品牌农业示范公园。至2017年，全县共有市级以上农业龙头企业达到39家，建成飞龙脐橙产业园、新大地油茶产业园、南药产业园、金穗优质稻产业园等10个集种植、加工、销售于一体的农业产业园，培育连片种植33.33公顷以上的农业生产基地36个。全县已有脐橙834公顷，油茶12 127公顷，南药3 216公顷，优质稻4 020公顷。建成了全国绿色食品原料（脐橙）标准化生产基地、广东凉茶药材生产基地、"三系"杂交水稻制种基地、优质脐橙生产基地、良种油茶苗繁育基地等五大农业生产基地。平远县曼佗山庄被评为"广东省农业公园"，平远县金穗山庄获评"全国休闲渔业示范基地"。县级以上在册农业龙头企业达到58家（其中，省级5家，市级8家，有3家入选广东省现代产业企业500强和现代农业企业100强），专业合作经济组织413个，家庭农场52家，直接带动5 600户农户参与基地建设，依法流转土地523公顷。

大力实施标准化种养，积极推进"三品一标"认证，大力培育脐橙、油茶、南药、优质稻、有机茶等名优农产品。2013年，平远源丰农业发展有限公司生产的"古意新茗牌石正金红"红茶获广东省第十届名优茶质量竞赛金奖，"古意新茗牌石正岩韵"乌龙茶获特等金奖。2014年，"平远脐橙"被评为国家安全食品、绿色食品A级产品;"辰曲"大米、"锅𠙶"茶被评为广东省农业类名牌产品,"石正云雾"绿茶被评为广东名茶。2017年,"石正岩韵"乌龙茶被评为广东省级名牌产品,"平远脐橙"在广东省第二届名特优农产品评选中被评为区域公用品牌,平远县园山湖农业开发有限公司的"南台一品红"红茶、"南台翠绿"绿茶同时荣获金奖。至2017年底,"石正云雾"绿茶、"石正云雾"乌龙茶、"石正金红"红茶、"辰曲"黑香米、"辰曲"香米(晚籼米)、"锅𠙶水仙"绿茶等产品先后被评为广东省名牌产品,全县经国家认证的无公害农产品50种,绿色食品9种,有机食品7种,省级名牌产品6种。

为切实保障农民合法权益,2015年9月以后,平远县人民政府进一步完善农村土地承包关系,明晰农村土地承包经营权的归属,做好农村土地承包经营权确权登记、颁证工作。通过公开招投标的方式,确定广州建通测绘地理信息技术股份有限公司为平远县开展农村土地承包经营权确权登记、颁证工作的作业单位。在县、镇、村、村民小组的共同努力和广大农户的配合下,完成了省、市、县规定的确权登记、颁证任务。到2017年底,全县完成合同签订51 756份、颁证51 756本,合同签订率和颁证率达98.86%。

通过出台加快现代农业发展扶持政策,积极引导农村土地规范流转,促进规模化种植、产业化经营,加快农业深加工项目建设,培育农业龙头企业和农特产品,促进农产品加工转化率和产品附加值的不断提升。依托广东华泰农兴农产品交易中心、村级电商综合服务中心等平台,大力推进"互联网+农业",充分发挥农民经纪人的牵线搭桥作用,把镇村田头市场、城乡农贸市场、大城市批发市场、大型连锁超市与农业园区有效地连接起来,为农产品走向市场开通新的销售渠道。2017年,全县农业生产总值达12.25亿元，比2011年9.23亿元增长25.65%。

（二）发展绿色工业

2012年至2013年，按照"生态园区、产城联动、工业新城"的定位，平远县人民政府聘请广东省规划设计院专家对平远县生态工业园区进行分期分区、高起点、高标准的规划设计，加大投入建设园区基础设施，申报省级园区并获验收通过。

2014年7月，平远县生态工业园被广东省人民政府评为优秀园区，获得广东省人民政府奖励资金570万元，土地指标30公顷；竞得招商选资专项资金1 000万元，获得广东省人民政府支持基础设施建设资金5 000万元，12月被广东省工业园区协会评为"十佳会员单位"和"广东省产业转移数据报送先进园区"。2015年，平远县生态工业园以扩能增效作为关键点和着力点，成功竞得广东省产业园扩能增效专项资金"基础设施建设专题"扶持资金1亿元和"招商引资选资专题"扶持资金1 000万元。2015年7月，平远县生态工业园被广东省经信委确定为"省循环化改造试点园区"。

平远县生态工业园区自2013年纳入广东省级园以来，4年考

平远县生态工业园区

核3次获评广东省优秀园区,获各项扶持资金2.5亿元和70公顷用地指标奖励,"七通一平"(通水、通排水、通电、通讯、通路、通燃气、通热力以及场地平整)的建成区面积从214公顷扩展至402公顷。至2017年底,入园企业从2013年的31家增加至68家,投产企业从23家增加至51家,规模以上企业(年产值达2000万元以上)从8家增加至24家,产值从11.96亿元增加至23.5亿元,税收从0.53亿元增加至1.81亿元,各项数据均实现了翻番。园区初步形成了以稀土新材料、机械制造、家居建材、电子信息等为主导的生态适宜型产业集群。2017年,全县工业总产值达79.95亿元,比2011年的59.94亿元增长33.38%。

　　平远县在抓好生态园区扩容增效的同时,贯彻实施"广东省实体经济十条",加大对中小微企业的政策扶持力度,促进小微企业提质上规。中共平远县委、平远县人民政府先后出台股权投资、信贷补偿基金、贴息贷款、专项扶持资金等系列扶持政策,扶持民营企业技改挖潜、增资扩产、转型升级,力促中小微企业提升产品质量扩大生产规模。自2012年以来,全县共落实股权投资、信贷风险补偿、专项扶持资金3亿多元,鼓励工业企业做大做强,有力地促进了企业落户见效、技改挖潜和增资扩产。全县规模以上工业企业总量和规模不断扩大,共有30多家企业成功上规模。同时,大力支持中小微企业利用多层次资本市场融资,全县有3家企业签订了新三板挂牌协议(其中获赛尔成功在新三板挂牌上市,成为平远县第一家上市企业),6家企业成功在区域性股权交易中心挂牌。通过建园区筑平台,攻项目优结构,扶持中小微企业提质上规,大力推动工业经济从资源依赖型向质量效益型转变,不断降低资源开采类企业产值占经济总量的比重,积极实施环境治理工程,努力减少环境污染源,新型工业化进程全面提速,县域经济的发展呈现崭新局面。

（三）发展生态旅游

2012年以后，平远以创建国家全域旅游示范县为抓手，制订和不断完善旅游产业发展扶持奖励、专项资金使用办法，在逐年加大政府投入的基础上，每年安排500万元扶持奖励各类经营主体发展旅游产业。至2013年，位于五指石景区内的高空栈道一期工程建成并正式对外开放，完成了佛文化产业园的大佛寺第一、二期工程，上举相思谷景区建成10千米游览步道、4.5千米自行车绿道，以及9.5千米的电瓶车道，完成了松溪河码头及游船、贵妃湖水上游船、电瓶车观光游览项目。

2014年以后，加快旅游开发力度，以整体打包开发景区形式，引进广东山水漫画旅游发展股份有限公司、广东合拓投资管理公司等企业，投资建设差干五指石、上举相思谷等景区。五指石景区绿道建成开放，游客服务中心、地质博物馆、观光索道等项目全面动工。上举相思谷、松溪河景区成为国家AAA级旅游景区。2015年，积极探索旅游资源资本化的实现模式，引进佛山

五指石高空栈道

逸景文化旅游投资有限公司、张家界老道湾旅游休闲发展有限公司、广东合拓投资管理公司等企业，撬动社会资金近30亿元，分别对差干长布半岛、松溪河、上举相思谷等景区（点）进行开发建设。长田曼佗山庄·四季花海项目建成开园，五指石景区升格为AAAA级景区，金穗休闲度假区成为国家AAA级旅游景区。2016年，主动融入梅江韩江绿色健康文化旅游产业带建设，加快旅游产业转型升级，全力打造平远旅游品牌。曼佗山庄成功创建国家AAA级景区。2017年，在投入近两亿元推动景区提档升级的同时，引进行业龙头企业，启动仁居古镇、泗水梅畲田园综合体等项目建设，探索实践"全景平远、全域旅游、全民幸福"旅游发展新模式。

在加大景区硬件建设的同时，加大"绿满平远"和自然生态保护力度，使生态景区更具绿色魅力，自然保护区野生动植物栖息环境不断改善。自然保护区野生维管植物由原来的1 273种增加至1 317种，野生脊椎动物由原来的254种增加至310种，仙湖苏铁、半枫荷自然群落和鸳鸯、白鹇、云豹等珍稀野生动物以及主要保护对象种群数量明显增加。2012年，平远县被亚太旅游联合会评为"中国最佳文化生态旅游目的地"。2013年7月，南台山国家森林公园被推荐为全国最具潜力的国家森林公园。2015年，龙文—黄田省级自然保护区被评为"广东十大最美森林"；平远县荣膺"中国候鸟旅居县"（"斑斓红叶十佳"类）称号，入选"中国最美生态休闲旅游名县"，被评为"全国绿化模范县"。2016年，南台山森林公园通过国家"四星级森林公园"质量等级评审验收，平远县被农业部评为"全国休闲农业与乡村旅游示范县"，被林业部评为"全国森林旅游示范县"，被评为"全国十佳生态休闲旅游城市"。2017年，平远县被评为"生态自然旅游城市和大众休闲健康养生旅游城市""第七届广东省县（市）域旅游创新发展十强""中国候鸟旅居小城"。

通过举办脐橙文化旅游节、三月三"客家炒绿"茶香节、六月六民俗文化节、九月九酒香节、茶花节、红叶节、北京国际山地徒步大会平远分站赛等四季节会，组织全国摄影大赛和百名画家画平远等创建国家全域旅游示范县活动，使平远旅游的知名度和美誉度不断提升，到平远休闲旅游的游客量逐年增多，带动了第三产业的快速发展。2017年，来平远旅游人数达876.05万人，旅游综合收入达82.08亿元。

二、民生福祉显著提升

中共十八大以来，中共平远县委、平远县人民政府按照中共中央的决策部署，始终不忘初心牢记使命，坚持民生优先的发展理念，坚持公共财政支出向民生倾斜，坚持补齐短板，连续六年县级新增财力70%以上用于民生事业，民生支出累计70亿元，统筹推进医疗教育、扶贫开发、社会保障、平安建设等重点民生，使城乡居民衣食住行用条件明显改善。

（一）着力提高城乡居民收入

2012年以后，中共平远县委、平远县人民政府坚持把全面提高城乡居民收入放在促进城乡区域协调发展、全面建成小康社会的大局中统筹推进，结合精准扶贫精准脱贫工作，加快振兴发展步伐。特别是2011年12月28日平远县被确认为"中央苏区县"以后，中共平远县委、平远县人民政府积极抢抓国务院编制实施《赣闽粤原中央苏区振兴发展规划》和广东省作出"加快粤东西北地区振兴发展"重大决策的历史机遇，结合实际，强化对接，加强项目储备，共编制整理了168个项目、计划总投资700亿元振兴发展的重大项目库（2015—2020）。至2017年，先后争取了59个中央预算内投资项目，总投资4亿元，中央下拨资金累计1.56亿元，为全县经济社会建设注入了强大动力。

2017年，全县农村居民人均可支配收入15 223.12元，比2011年的（调整口径）7 539元增长101.9%，城镇居民人均可支配收入22 430.63元，比2011年的（调整口径）12 198元增长83.9%，人民群众的获得感显著增强，为实现与全国同步建成小康社会打下了坚实基础。

（二）着力帮扶困难群众脱贫

2012年以后，中共平远县委、平远县人民政府把脱贫攻坚工作放在更加突出的位置，积极推广特色种养扶贫、资产收益扶贫、小额贷款扶贫、乡村旅游扶贫、光伏和"互联网+扶贫"、党建引领扶贫等模式，扎实推进省定贫困村新农村示范村建设，形成镇镇有产业、村村有基地、户户有项目的产业扶贫格局，进一步催生贫困村和贫困户内生发展动力。2015年后，认真贯彻落实中共中央办公厅、国务院办公厅《关于加大脱贫攻坚力度，支持革命老区开发建设的指导意见》精神，大力实施"大众创业、万众创新"工程，深化产业共建共享帮扶，完善创业扶持政策，以创业带动就业。2015—2017年，共发放小额担保贷款2 176万元，贴息360万元，带动4 687人实现就业。2016年开始，全面启动精准扶贫精准脱贫攻坚工作，筹集扶贫开发资金11 348万元，深入实施政策、产业、就业帮扶。

2012年至2017年，6年累计投入帮扶项目资金5.99亿元，帮扶农业综合开发土地治理938公顷，帮扶农村劳动力转移就业4.64万人，帮扶71个贫困村、4 942户贫困户实现稳定脱贫；城镇新增就业1.216万人，城镇登记失业率控制在2.4%以内。

（三）着力提高民生保障底线

2012年后，中共平远县委、平远县人民政府把社会中最困难群体的社会保障作为重中之重的工作来抓，民生保障底线逐年得到提高。

2017年，全县有城乡低保4 850户10 842人（其中，城镇低保户454户784人，农村低保户4 396户10 058人）。城镇低保标准由2011年的每人每月235元提高到580元，月补差水平由2011年的每人每月129元提高到457元。农村低保标准由2011年的每人每月150元提高到400元，月补差水平由2011年的每人每月80元提高到206元。全县有五保老人611人。其中，集中供养（入住敬老院）147人，分散供养（原居住地居住）464人。集中供养标准由2011年的每人每月420元提高到700元，分散供养标准由2011年的每人每月370元提高到700元。有孤儿、困难儿童107人（其中，集中供养7人，社会散居100人），福利机构集中供养的标准由2011年的每人每月1 000元提高到每人每月1 450元，社会散居孤儿基本生活保障金从2011年的每人每月600元提高到每人每月880元；80周岁至99周岁老人每人每年高龄老人补（津）贴由2011年每人每年200元提高到每人每年360元，百岁老人高龄补（津）贴由2011年每人每月200元提高到每人每月300元。同时，对患重大疾病的困难群众，除城乡居民医疗保险住院报销外，民政部门再给予适当

长田镇社会福利服务中心

的医疗救助，最高救助金额由2011年的2 000元提高到五保户5万元，低保户3万元，普通困难群众2万元。

2013年以后，在提高城乡居民大病保险制度的基础上，将低保户残疾人生活津贴和重度残疾人护理补贴配套资金列入县财政预算。2017年，发放低保户残疾人生活津贴每人每月150元，比2012年每人全年100元增长了10多倍；发放重度残疾人护理补贴每人每月200元，比2012年每人全年600元增长了4倍。

2016年，职工医疗保险、城乡居民医疗保险与广州6家医院实现联网即时结算。新农保试点全覆盖工作通过省验收，参保人数达10.04万人。2017年，发放医疗救助金人均3 049元，比2012年的人均1 090元增加1 959元。

（四）着力改善农村生产生活条件

2012年后，县财政每年拨出专项资金用于改善城乡居民生产生活条件。至2017年，共改造农村低收入困难户住房1 874户，解决城镇低收入家庭保障性住房694（套）户，帮扶1 482户"两不具备"（指不具备生产条件和不具备生活条件）的106个村庄实现整体搬迁。

2017年开始，平远县围绕"三年攻坚、两年巩固，至2020年如期全面建成小康社会"的总体目标，启动了20条省定贫困村新农村示范村建设，制定了《平远县省定贫困村创建社会主义新农村示范村工作方案》。广东省人民政府下拨财政奖补资金1.5亿元，县财政筹集资金1亿元用于示范村建设。为有效推进示范村建设，中共平远县委成立了统筹推进新农村示范村建设领导小组，县党政领导及县人大、政协主要负责人挂钩20个省定贫困村，与各镇签订创建责任书，住户20户以上的182个村庄全部成立了村民理事会，形成了"县统筹、镇实施、村创建"的分级负责工作格局，全面整治村庄环境脏乱差，补齐基础设施建设短板，实施特色种养等产业发展，努力增加村集体收入和农民收入。2017年8月以后，20个省定贫困村全面开展"三清三拆三整治"工作，先后完成民居外立面改造31.5万平方米，拆除危旧弃房12 939间28.8万平方米，违规广告、招牌305处，违章建筑90处3 446平方米，复绿33.9万平方米，清理村巷道、池塘、溪河1 553处共20.08万平方米，清理积存垃圾2 296处3 105吨，整治生活污水947处，整治排放暗渠229处，农村居民的生产生活条件得到有效改善。

三、生态环境更加靓丽

中共十八大以后，中共平远县委、平远县人民政府坚持树立和践行"绿水青山就是金山银山"的理念，大力度推进生态文明建设，坚持像"保护眼睛一样保护生态环境，像对待生命一样对待生态环境"，全面加强生态文明制度建设，全面加强生态环境整治，着力解决人民群众反映最强烈的突出环境问题，在生态文明建设上的重视程度、投入力度前所未有。全面节约资源有效推进，能源资源消耗强度大幅下降，重大生态保护和修复工程进展顺利，森林覆盖率持续提高，美丽平远建设取得了阶段性成效。

（一）县城建设扩容提质

2012年后，按照中共梅州市委、梅州市人民政府把平远县定位为"梅州生态文明示范区"的工作部署，确立了"主推城南、提升城北、拓展城西、改造老城"的县城中长期发展目标，扎实推进市政工程建设。大力推进碧桂园、优山美地、平城花园、金色华府、翠拥华庭、鸿禧中心城等宜居社区建设。

至2017年，累计投入资金56.7亿元，盘活整合和改造提升存量建设用地804公顷。百川商业中心、凯旋商业中心、城南商业城城市综合体投入运营。完成了县城污水处理厂、排污管网、燃

在建中的平远县城城南新区

气管道、垃圾填埋等市政建设工程。城区主干道、街道全部路面铺设沥青，城区实现公交正常运营。城市管理和综合执法局挂牌成立，数字化城市管理平台投入使用，县城综合管理执法和保洁水平明显提升，居民的生活居住环境得到明显改善。通过改造老城区、建设新城区，拉开了城市架构。县城建成区面积由2011年的7平方千米扩展至2017年的12.8平方千米，城镇化率达到53.8%，成功创建"广东省卫生县城"。

（二）农村面貌大大改善

中共十八大以后，中共平远县委、平远县人民政府把改善农村环境作为实施乡村振兴战略，建设美丽平远的主要任务来抓，积极开展治理农村生活垃圾、规范农村建房、保护水源水质、农村环境连片整治、幸福村居以及乡镇"三个一"（建好一个镇级文化广场，抓好一个耕山致富基地，创建一个美丽乡村示范点）等活动，有效地推动了美丽乡村建设。

2012年，上举镇获评"中国绿色名镇"，仁居镇和上举龙文村、长田镇长安村分别获评"广东省宜居示范城镇""广东省宜居示范村庄"。

2013年，平远县成功竞得广东省农村环境连片整治示范县项目资金3 000万元。至2017年，实现了全县镇级垃圾分类回收站、村级环卫队伍全覆盖，垃圾分类率达45%，生活垃圾无害化处理率达100%，主要河段交接断面及饮用水源地水质达标率保持在100%，空气质量优良天数比例达100%。平远县被评为"广东省农村环境连片整治示范县"，入选"2016中国百佳深呼吸小城"。

2014年以后，按照"一路、一城、两核、四镇、多村"（即建设一条路，修葺一座城，提升两个景区，联动四个镇，统筹数十村）的总规划，以项目建设为载体，创建农村新型城镇化示范区，加大基层法治建设力度，深入开展省级民主法治村创建工作。至2017年，在全国首批绿色村庄评选中，有79个村入选"绿色村庄"。同时，有75个村被评为"广东省民主法治村"，上举镇被广东省评为"岭南魅力名镇"，上举镇畲脑村被评为中国"最美休闲乡村"，东石镇凉庭村、上举镇畲脑村被列入第二批"中国传统村落名录"。

四、社会事业建设全面推进

（一）交通建设

中共十八大以后，平远县抓好以高速公路为主骨架、国省道干线为重要支撑、县乡公路为联络支线的交通网络建设。2012年12月28日，济广高速平远段动工兴建。2015年9月29日，梅平高速开工建设。2015年12月31日，全长39.6千米的济广高速平远段竣工通车，结束了平远县无高速公路的历史，圆了老区人民的"高速梦"。

为对接高速分流，畅通地方交通路网，2012—2017年，累计投入资金50亿元抓好国、省、县、乡村公路的建设和改造，完成国、省道改造117.96千米，县、乡道改造149.1千米，新农村公路建设378.4千米；省道331线升格为国道358线，有4条县道和10多条乡道升格为省道。平武（平远—武平）高速已列入修编的《广东省高速公路网规划（2017—2035年）》，平蕉大（平远—蕉岭—大埔）高速已列入梅州市"十三五"路网规划，瑞梅（瑞金—梅州）铁路已列入国家中长期铁路网发展规划。

至2017年，全县公路通车里程1 751千米，机动车辆达66 700辆，县域互通回环能力大大增强，城乡交通条件大为改善。随着"四高一铁"（济广高速、梅平高速、平武高速、平蕉大高速，瑞梅铁路平远段）交通项目的落地，平远将成为珠三角、潮汕揭连接海西区、长三角等地的重要交通节点。

（二）水利建设

2012年以后，积极抢抓中央和广东省高度重视民生水利建设的历史机遇，扎实推进防洪抗旱减灾一体化、高效节水灌溉一体化、河堤道路景观一体化建设。先后对中小河防洪堤围进行重点治理，对病险水库实施除险加固，全面实施中央财政小型农田水利重点县建设、农村饮水安全、农田水利示范镇建设工程，6年累计投入民生水利建设资金11.34亿元。先后实施了黄田水库等病险水库除险加固，高峰滩灌区改造，石正河、热柘河、河头河、东石河、仁居河等堤防堤围建设，山区中小河流治理，村村通自来水，城乡污水处理等一批水利重点建设工程，凤池水库建设项目列入了中央扶持项目。

通过抓好民生水利建设，构建了一个覆盖全县的融合"水安全、水环境、水景观、水文化、水经济"五位一体的城乡水利防灾减灾工程体系。城乡水利设施在防洪减灾、堤路共建、生态休闲等方面发挥了较好的生态、经济和社会效益。

（三）电力信息

2012年后，平远电网加快了建设步伐。2013年12月，110千伏八尺变电站建设投运，有效解决了北部乡镇电压等级在10千伏及以下供电线路末端电压偏低、电压质量差的问题。2014年底，全面完成35千伏中行站综自改造和35千伏平中线311（平远县城至中行镇）、35千伏干仁线（差干至仁居）等技改项目共20项。2016年，35千伏八尺至仁居线建成投运。2016年6月，开始实施新一轮农网升级改造工程。至2017年12月，新建及改造10千伏线路40.54千米，配电变压器容量10 560千伏安/51台，低压线路465.64千米。2016年3月，平远实施首宗10千伏线路带电作业。2012年至2017年，累计投入资金6亿元用于优化电网结构。2017年7月，首次利用无人机对重复跳闸次数比较多的泗水10千伏金田线516进行巡视，开启了"飞天巡线"作业模式。2017年11月，平远完成了智能电表的全覆盖，建成集抄台区878台，建立"自主运维、采维一体"体系和抄核收自动流水线式机制，平远电网真正迎来了信息化、智能化时代。

至2017年，全县电话用户拥有量19.46万户（其中，固定电话用户2.46万户，移动电话用户17万户）。建成1个县级、8个镇级、90个村级电商综合服务中心或电商驿站，中国电信移动4G网络实现全覆盖，全县区域实现光纤到户。

（四）科教事业

中共十八大以来，平远县科技工作紧紧围绕实施创新驱动发展战略，在推动科技创新方面取得了较好成绩，科技综合实力得到较大提高，科技进步对经济增长的贡献率不断提高，促进了经济社会的发展。2012年以后，东石镇被认定为广东省级"汽车部件铸造专业镇"，差干镇为广东省级旅游专业镇，中行镇为广东省级优质稻种植与加工专业镇,八尺镇为梅州市级酒业专业镇。至2017年,全县共有广东省级专业镇7个,梅州市级专业镇8个,有博士后科研工作站1家,广东省级高新技术企业3家,广东省级民营科技企业8家,广东省级工程技术研究开发中心4家,梅州市级工程技术研究开发中心4家,梅州市级农业科技创新中心1家。全县共有高新技术企业6家,高新技术产品27件,广东省级工程技术研究开发中心3家,梅州市级工程技术研究开发中心8家,实现了规模以上工业企业设立研发机构比例达到20%以上目标。2017年,全县专利申请150件,同比上年增长51.52%,授权123件,同比上年增长98.39%（其中,发明专利申请13件,授权7件。有效发明专利37件,每万人口发明专利拥有量1.4件）。2012年至2017年,全县各科研单位共申报科技计划项目100多项,立项27项;国家知识产权局授权的专利授权量260多件;获市级科技成果奖20多项,县级科技成果奖30多项。

大幅增加教育资金投入。县财政每年用于办学的教育经费占总支出的29%以上。2012年,全县12个镇全部创建为广东省教育强镇,33所义务教育阶段学校全部通过市级规范化学校验收,基本形成一镇一所初中、一所完小或九年一贯制学校格局。2013年以后,积极创建"教育现代化先进县",全面推进教育信息化进程。至2017年,共投入资金8亿元,按省级示范学校标准建成实验中学、实验小学、实验幼儿园,特殊教育学校建成投入使用;新建水泥钢筋结构的教学楼近300幢,县直学校及各镇中学、中心小学实现了校舍楼房化,顺利完成"广东省推进教育现代化先进县"督导验收和教育创强复评。

2017年,全县有学校37所（其中,普通高中3所,职业学校、进修学校1所,初级中学13所,小学19所,九年一贯制学校1所）,在校学生25 197人（其中,普通高中3 574人,职高836

人，初中5 937人，小学14 850人），在职教职工2 833人（其中，高中教师500人，初中785人，小学969人）。公办幼儿园4所，在园幼儿1 779人，幼儿园教师109人；民办幼儿园35所，在园幼儿6 164人，幼儿园教师337人。国民教育成人高校1所（平远开放大学），有注册学员1 200人。

（五）医疗卫生

从2012年开始，大力推进医疗机构综合改革，巩固和完善基本药物制度，建立平价医疗服务体系，配备使用基本药物、零差率销售服务。实行全员聘用和岗位管理制度、院长竞聘并建立任期目标责任制，完善绩效分配机制和多渠道补偿机制，足额落实基层医疗卫生机构专项补助和基本公共卫生服务经费。创新公立医院办院模式，平远县中医院被列为广东省公立医院综合改革试点医院，实行定岗定编、成本核算、临床路径管理、规范临床抗生素的使用及科学管理等改革重点工作，全面取消药品加成。2014年以后，实施偏远乡镇卫生院在编人员岗位津贴补贴政策。2015年以后，平远县被梅州市确定为县镇医疗卫生一体化改革试点县，采取医院联办、管理联动、知识联学、骨干联训、病患联诊、效益联创的"六联"机制，组建医疗联合体，优化公立医院规划布局，优化卫生资源配置，实行绩效考核制度，推进医联体建设，安排专家下沉基层，探索建立分级诊疗、远程会诊制度。2017年7月，全面铺开县级公立医院综合改革，调整医疗服务项目价格，取消药品加成，实行药品零差价销售。

加大投入改善城乡医疗条件。2012年，全面完成12间基层卫生院标准化改造，新增县级综合住院大楼1幢，新增基层卫生院门诊综合大楼12幢和住院大楼4幢，医疗业务用房总面积增加2 300平方米。建立县、镇、村三级卫生VPN专网平台，实现基本医疗、公共卫生等各个系统之间互联互通。2013年，规划建

2013年启用的平远县人民医院医技大楼

设平远县医疗卫生养生保健中心，开展"广东省卫生县城"创建活动。2014年，平远县卫生局与人口和计划生育局整合设立平远县卫生和计划生育局，设立县120急救指挥中心。同时，深化县级公立医院综合改革，全面推进公共卫生服务均等化，拓展平价医疗服务，实施偏远乡镇卫生院在编人员岗位津贴补贴政策。2015年，实施医疗卫生服务管理县镇一体化改革，加快医联体建设，全县12间镇卫生院配备"五个一"设备（B超、心电图仪、全自动生化仪、救护车、X光机），动工建设县医疗养生保健中心。2016年，启动建设"卫生强县"工程，提出用3年时间提升县镇医疗服务水平。2017年，投入4.16亿元改善县镇村三级医疗卫生基础设施，129所村卫生站实施规范化升级改造。全县有各类医疗卫生机构202所（含村卫生站136所），床位640张，每千常住人口占有床位2.67张，在职卫生专业技术人员992人（其中，副高职称55人、中级职称195人）；共有1个省级卫生先进镇、2个市级卫生镇、93个省级卫生村、134个市级卫生村。

（六）文化惠民

加大投入提升文化惠民工程。至2012年，全县有7个镇跨进了市级文化先进镇行列，有2个镇文化站为广东省一级文化站，2个镇文化站为广东省二级文化站，4个镇文化站为广东省三级文化站。基本完成了平远县电影公司、平远县山歌剧团改制工作。2012年后，继续抓好梅州市级文化先进镇创建活动，大力开展文化"三下乡"（文化、科技、卫生）活动，完善镇级、村级公共文化设施建设，推进广播电视"户户通"文化惠民工程，对未通有线电视的农村地区开展直播卫星公共服务。

2012年至2017年，全县新公布广东省级文物保护单位4处，梅州市级文物保护单位16处，平远县级文物保护单位11处。新公布梅州市级非物质文化遗产保护项目1个，平远县级非物质文化遗产保护项目5个。建成平远县级法治文化主题公园1个、镇级公共电子阅览室和文化广场12间（座）、村级文体广场126座、农村文化俱乐部29家、村级文化室30间、农家书屋143间。平远县图书馆、平远县文化馆、平远县博物馆、程旼纪念馆、红四军纪念馆、毓秀书院，各镇综合文化站、村（社区）文化室、农家书屋面向社会免费开放，保障所有群众享受均等化基本服务。

2012年，平远县广播电视台创办了《平远新闻手机报》，使新闻更具时效性，传播范围更广。建成多功能虚拟设备演报厅，新购置1台大型摄像机、3台小型摄像机、3台非线性编辑系统、1部新闻采访车等设备。2015年，取消《平远新闻手机报》，承接平远县人民政府办公室"平远发布"微信公众号，开设《平远新闻》《平远专题》《平远视听》等栏目。2016年12月，与广东省广播电视网络股份有限公司梅州分公司融合发展，签订《梅州数字电视整体平移项目合作协议》。至2017年，完成了安装直播卫星设备10 800多套，受益群众5万多人，全县广播电视覆盖率

100%。

2013年以后，升级改造平远县体育场，完善县城晨晚锻炼体育活动点18个，建成600平方米以上健身广场6个，新建平城花园、优山美地、翠拥华庭3个社区体育公园。2014年，全面完成乡镇农民体育健身工程建设。2015年以后，每年举办县级足球联赛。2016年，举办了第七届北京国际山地徒步大会梅州·平远站徒步活动，体育健身场馆实现全面免费开放，平远县体育局被国家体育总局评为2013—2016年度全国"群众体育先进单位"。2017年，举办了第八届北京国际山地徒步大会梅州·平远站徒步活动。全县共有体育场地面积479 172平方米，人均体育场地面积1.8平方米，各类足球场地23块。镇村拥有600平方米以上文体广场116座（其中89座为行政村文体广场）。

（七）精神文明

2012年11月，中共十八大明确提出"三个倡导"（倡导富强、民主、文明、和谐，倡导自由、平等、公正、法治，倡导爱国、敬业、诚信、友善），积极培育和践行社会主义核心价值观。为深入开展社会主义核心价值观宣传教育实践活动，平远县依靠广播电视、互联网媒体、公益广告、宣传漫画等宣传教育阵地，深入宣传社会主义核心价值观的基本内容，组织开展"尊道厚德""知善行善""诵中华经典、学道德模范、做有德之人"和评选"广东好人""梅州好人""身边好人"等系列教育实践活动，努力培育城乡居民的社会主义核心价值观。

中共十八大以后，进一步抓好未成年人思想道德建设，加强校园及周边文化市场环境整治，开展净化视频、声频行动，组织开展了"国学经典进校园""书香校园""温暖阅读""童心向党""向国旗敬礼"等主题实践活动，培养青少年爱祖国、爱学习、爱劳动的思想意识，积极构建学校、家庭、社会三结合的未成年人思想道德教育体系,未成年人的成长环境得到了根本改善。

2012年后,平远县文明委先后开展了"情暖留守儿童、牵手共圆中国梦"学雷锋主题实践活动,成立"平远县青年志愿者服务队"和"平远县南粤春雨公共法律服务队",为县内各项大型活动提供志愿服务,募集社会爱心资金资助特困大学新生圆了大学梦,组织青年志愿者上街为市民提供送医送药、免费理发、免费法律咨询,到敬老院打扫卫生、为老人赠送慰问品等活动,服务覆盖面不断扩大。

大力推进生态文明村镇建设步伐,努力改善生活环境,提升村容村貌,促进乡风文明。强力推进文明城市创建活动,狠抓城乡环境整治,努力营造良好的城乡环境和秩序。2017年,平远县获评"广东省诗词之乡",成功创建"广东省县级文明城市"。

(八)社会治安综合治理

2012年,中共平远县委、平远县人民政府印发《创建平安平远行动计划(2012—2022年)》,全县上下紧紧围绕"一强二升三降"(群众安全感不断增强;破案率、起诉率、审结率、执结率、调解率上升,人民群众对政法工作的满意度上升;重大刑事案件下降,重大群体性事件下降,重大安全事故下降)的工作目标,组织实施平安平远十大工程。

2012年以后,不断加强和创新社会治理,着力抓好社会稳定风险评估机制的实施,对容易引发社会稳定问题的重大决策事项,在作出决策前都要进行社会稳定风险评估,从源头上避免发生群体性和突发性事件。先后在全县推行"无缝合作新警务模式""外出人员联络服务站""村民议事日制度""严重精神障碍患者监护人责任保险制度""司法互联网+公共法律服务""省际联防协作机制""人大代表担任禁毒'四员'"等一系列社会治理新模式。抓好治安联防队、治保会、调委会、护村队等群防群治队伍建设。构建与相邻的江西省寻乌县、福建省武平县接壤的14个行政村省际边沿地区村级治安联防协作防控网，实行联巡、联防、联调、联治、联谊的工作新机制。推进"雪亮工程"建设，在主要路口、场所增设高清治安视频，推动城乡视频监控连接贯通，增强社会防控能力。加强易肇事肇祸严重精神障碍患者等特殊人群的服务管理，积极开展排查摸底、评估定级、登记建档、救治救助、监护管控等工作，为每位患者落实监护人，为他们购买保险和发放监护补助资金。把"三打两建"（打击欺行霸市、打击制假售假、打击商业贿赂，建设社会信用体系、建设市场监管体系）作为综治工作的重点，着力把"三打"与城乡环境整治、与重点地区整治结合起来，努力营造良好的发展环境，推进宜居城乡建设。

2014年以后，开展法官示范庭审、检察官进基层、整合基层法律服务资源等活动，优化司法环境，深化司法公开，完善审判流程、裁判文书、执行信息公开平台运行机制，敞开"门户网站、官方微博、微信公众号"等公开渠道。

2016年以后，稳步推进司法体制综合配套改革，建立法官会议制度，制定审判委员会工作规则，完善司法责任制。推进"中心+网格化+信息化"建设，打造县、镇、村三级综治"中心"升级版，完善中心机构设置，"中心"硬件设施进一步完善，信息化水平明显提升。

至2017年，全县有22名律师与143个村（社区）签约，实现了"一村（社区）一法律顾问"全覆盖；共成立155个镇村（社区）调委会和10个行业性、专业性调委会，长田镇长安村、大柘镇杞园村、八尺镇黄沙村等75个村被评为"广东省民主法治村"；12个镇建立起一套以分析研判为核心、以排查服务为基础、以化解处置为根本的"中心+网格化+信息化"综治工作新模式。公众安全感逐年提升，平远县连续7年被评为"广东省最具安全感山区县"。

五、党风政风持续向好

中共十八大以后，中共平远县委下大力气抓紧抓牢各级党组织的政治思想建设，组织广大党员干部认真贯彻落实中共十八大和十八届历次全会精神、习近平总书记系列重要讲话精神，先后开展了一系列专题学习教育活动，努力增强广大党员干部的党性观念和政治意识。

2012年，中共平远县委制定了《关于开展"创先争优比奉献、敢想会干为人民"主题实践活动的实施意见》，开展"创建一批党建示范点、评选一批奉献之星、践行一个争创理念"的"三个一"活动，召开专题民主生活会，共查找各类问题150个，制定整改措施218个。2014年，按照中共中央和中共广东省委、梅州市委的部署，组织全县各单位紧紧围绕"为民、务实、清廉"主题，深入开展党的群众路线教育实践活动，群众反映强烈的"四风"（形式主义、官僚主义、享乐主义和奢靡之风）问题得到有效遏制。同时，建立镇、村（居）网上办事大厅事项目录，将涉及群众切身利益的办事、办证项目纳入网办系统或下放至镇、村受理（初审），认真解决关系群众切身利益问题，干部作风明显好转。2015年，按照中共中央和中共广东省委、梅州市委的统一部署，在县处级以上领导干部中开展"三严三实"（严以修身、严以用权、严以律己，谋事要实、创业要实、做人要实）专题教育活动。2016年，组织全县各级各部门开展"两学一做"（学习中国共产党党章党规、学习贯彻习近平总书记系列重要讲话精神，做合格中共党员）学习教育。通过严肃党内政治生活，规范了党的组织生活，加强了党内监督，解决了基层党建的突出问题。

在抓好党的思想政治建设的同时，统筹推进基层党组织和党员队伍、领导班子和干部队伍、人才队伍三大建设。大力抓好软弱涣散基层党组织的整顿治理，帮助"后进村"晋位升级，选派"两新"组织（新经济组织和新社会组织）党建工作指导员。严把发展党员入口关，更加注重从优秀人才中吸收新鲜力量。至2017年，全县党员人数15 045人。坚持正确的选人用人导向，落实好干部标准，强化领导班子分析研判，选优配强各级领导班子。2013年至2017年，中共平远县委整治超职数配备干部、"裸官"、违规破格提拔等选人用人突出问题，加强对干部的日常管理和监督，对县管领导干部推行"三责联审"（由组织部门、编制部门、审计部门联合对党政领导干部开展用人责任审查、编制责任审核、经济责任审计）。实施人才强县战略，制定《平远县拔尖人才选拔管理使用暂行办法》等政策性文件，组织实施广东省扬帆计划人才工程项目3个，做好"千人计划"高素质人才和急需紧缺人才的引进工作，抓好县管拔尖人才的评选工作，不断优化人才队伍结构。

中共十八大以后，中共平远县委高度重视党员领导干部的教育培训工作，充分发挥党校培训轮训党员领导干部主阵地和主渠道作用，认真办好科级干部班、村（社区）干部班、新录用（调任）公务员班、中青干部班、党外干部班等各类培训班。

中共平远县委在抓好党的自身建设同时，充分发挥平远县人大常委会、政协平远县委员会的民主监督和政治协商作用，全面推进依法行政和依法治县进程，充分发挥工青妇、工商联等人民团体的桥梁纽带作用，增进了党和政府与人民群众的血肉联系。

2012年以来，中共平远县委坚持把落实中共中央"八项规定"精神和纠正"四风"作为一项经常性工作，先后制定了《平远县农村"两委"干部庸懒散奢贪行为问责办法（试行）》和《违反工作纪律问责处理办法》等规定。坚持暗访、查处、追责、曝光"四管"齐下，紧盯公车私用、公款消费、服务窗口作风等问题多发领域和春节、国庆、中秋等关键节点，加大查处力度。对违反中共中央"八项规定"和出现"四风"问题的单位及个人作出严肃处理。

2012年开始，组织开展创建"廉洁镇村"活动，规范农村集体"三资"（农村集体所有的资金、资产和资源）清理监管，建立镇级农村集体"三资"监管服务中心，下设农村集体财务监管服务办公室和农村集体资产交易服务办公室，村（居）、组集体资金资产资源纳税中心管理和交易。不断加大对农村基层党员干部的查处力度，聚焦扶贫监督，严查群众身边不正之风和腐败问题，认真抓好违纪违法线索的排查和立案工作，使基层腐败问题得到有效治理。加强"一把手"履行"一岗双责"（"一岗"即领导干部的职务所对应的岗位，"双责"就是领导干部既要对所在岗位承担的具体业务工作负责，又要对所在岗位应当承担党风廉政建设责任制负责）情况监督，严格落实"一案双查"（即既要追究当事人责任，又要倒查追究相关领导责任，包括党委和纪委的责任），倒逼责任落实，对党风廉政建设责任制不到位的领导班子和个人实行一票否决。2013年开始，建立新提拔任职的科级干部进行集体廉政谈话制度，增强新任领导拒腐防变和抵御风险能力。实行科级正职述责述德述廉评议制度，每年选定一批科级正职向县纪委委员、县党代表、人大代表、政协委员、特邀监察员组成的评议团述责述德述廉，建立起立体监督机制。先后开展了公务用车管理、"小金库"、食品安全、涉农收费、教育乱收费、公路"三乱"（乱设卡、乱收费、乱罚款）等方面的专项治理，对公职人员违规从事或参与营利性活动进行清理，对医疗机构及企业执行中标（入围）结果、网上采购、药品配送、贷款返还等情况进行监督检查，对"四类资金"（社保资金、住房公积金、扶贫资金、救灾物资资金）进行监督检查，对殡葬、交通、供水、供电、供气、银行、电信、有线电视等公共服务行业进行行风评议。通过专项治理，规范了行政事业单位津贴补贴发放标准，规范了公车购买、入户及使用管理，清理出19个单位736名公职人员违规参与入股企业，涉及金额437万元，落实解决群众反映的问题83件，促成政府职能部门修订完善9项制度。

纪检监察部门在加强党风廉政建设同时，严肃查处各类违纪违法案件，保持惩治腐败的高压态势。2012年至2017年，立案查处党员干部违纪案件270宗，给予党纪政纪处分249人，追缴违纪金额185.95万元。检察机关严肃查处发生在人民群众身边的职务犯罪，2012年至2017年，共立案侦查各类贪污贿赂案件29件48人，渎职侵权案件22件22人，为国家挽回经济损失300万元。以检察官"五进"（进机关、进企业、进乡村、进学校、进社区）活动为抓手推进职务犯罪预防工作，深入各镇各单位开展警示教育及法治宣传，对"平兴高速"平远段建设项目、广东电网梅州平远供电局新建配网项目、高标准农田示范项目、"梅平高速"建设项目等重点工程开展同步监督和专项预防，不断创新"预防职务犯罪邮路"及"镇级搭建村级"微信公众平台等预防职务犯罪工作新机制，推动平远县党风廉政建设和反腐败斗争的深入开展。

通过加强各级党组织的政治思想组织建设，不折不扣地贯彻落实中共中央"八项规定"精神，从严执行领导干部重要事项报告和"三责联审"等制度，着力整治"四风"问题和群众反映强烈的突出问题，严肃查处各种违法违纪行为，着力解决群众身边的不正之风和腐败问题，党风政风持续向好，为振兴发展提供了强有力的政治思想组织纪律保障。

六、新时代新征程

2017年4月，习近平总书记对广东工作作出重要批示，对广东提出"四个坚持、三个支撑、两个走在前列"的要求。2018年3月，对广东提出了"四个走在全国前列"的目标要求。中共广东省委根据习总书记的重要批示精神，深刻把握广东区域特点和发展条件的变化，改变粤东西北作为同类地区的思维定势，结合实施主体功能区战略，进一步明晰珠三角、东西两翼和粤北山区的发展定位，明确协调发展的努力方向；要牢牢把握粤北山区的生态发展定位，筑牢粤北生态屏障，以生态优先和绿色发展为引领，在高水平保护中实现高质量发展。

中共梅州市委根据习近平总书记对广东工作的重要批示精神和广东省委作出的决策部署，提出了各县（市、区）要充分利用自身的产业基础、自然资源、历史人文等独特优势，坚持保护中开发、开发中提质，探索建设特色小镇等新型发展平台，打造"宜创宜业宜居宜游"新型发展空间，把梅州引向实现绿色崛起、生态富民强市的发展轨道。

平远土地资源、矿物资源、森林资源、旅游资源丰富，历史文化、客家文化、红色文化底蕴深厚。为贯彻落实好习近平总书记的重要批示和中共广东省委、梅州市委的战略部署，中共平远县委、平远县人民政府根据平远的资源优势，确立了"十三五"时期的发展目标和发展重点，开启了建设新时代幸福平远新的征程。

（一）"十三五"时期发展的指导思想

坚持"创新、协调、绿色、开放、共享"五大发展理念，抢抓原中央苏区和粤东西北两大振兴政策机遇，坚持主攻"一城一区一带"，全面深化改革，优化经济结构，统筹城乡发展，加强生态保护，改善重点民生，维护社会稳定，加强党的建设，全面提升经济社会发展的质量和效益，确保实现与全省同步率先全面建成小康社会。

（二）"十三五"时期经济社会发展目标

经济保持中高速增长，全县生产总值年均增长11%以上，人均生产总值年均增长10.6%以上；县级一般公共预算收入年均增长12%以上，收入结构和质量持续优化；全社会固定资产投资年均增长30%以上，基础设施支撑能力显著增强；三次产业结构比例调整为12.2∶43.1∶44.7，产业结构进一步优化；贫困人口实现整体脱贫，社会保障体系更加健全，基本公共服务均等化水平稳步提升。

（三）"十三五"时期的发展重点

建设宜居宜业美丽县城、生态工业园区和生态富民带。

坚持实施县城"南拓、北延、东扩、西联、中优"的发展战略，以国道206线绕城段、瑞梅铁路等重大交通项目建设先行，规划建设宜居社区、商贸综合体、医院学校等，不断拉开县城框架，着力提升城区综合承载能力，形成新老城区融合、产城联动、组团发展格局；同时以创建"国家卫生县城"和"国家县级文明城市"为契机，推动县城建设管理上层次提水平，把县城建设成为全县政治经济商贸文化中心。

围绕"万千百十"目标（力争到2020年，园区建成区面积达666.67公顷，保持可用储备土地66.67公顷以上，入园企业100家以上，规模以上工业增加值10亿元以上，税收收入3亿元以上），坚持工业强县不动摇，按照"生态园区、工业新城"定位，发挥交通、土地、劳动力等要素相对集中的优势，以产业提质增效为目的，以园区扩容和招商引资为主要抓手，不断完善园区水电路讯等基础设施，以"园中园"模式促进产业集聚发展，着力培育壮大稀土新材料、家居建材、机械制造、电子信息等先进制造业和战略性新兴产业，切实把园区建设成为全县产业聚集高地和产城联动新区。

立足加快乡村振兴发展，以生态立县、全域美丽、全民幸福为目标，践行"绿水青山就是金山银山"理念，依托平远乡村良好自然生态、深厚文化底蕴、特色农业产业等优势，按照突出产业支撑、空间承载和环境提升三位一体的布局，统筹规划、因地制宜打造各具特色互为融合的旅游综合体、田园综合体、特色农业基地、休闲养生基地、特色小镇等产业平台，并以交通、水利、环保等基础设施为纽带，构建将全县12个镇的产业平台串珠成链的生态富民带，实现圩镇美、乡村靓、群众富，助推国家全域旅游示范县、平远国家公园和国家地质公园创建，力促平远走上生产发展、生活富裕、生态文明的乡村振兴发展道路。

新时代新征程，新机遇新挑战。中共平远县委、平远县人民政府按照习近平新时代中国特色社会主义思想统领平远一切的工作，"不忘初心、牢记使命"，着力抓好班子队伍的政治思想和组织作风建设，团结带领全县人民紧密团结在以习近平同志为核心的党中央周围，积极传承苏区精神，克难攻坚，奋力拼搏，为实现中华民族的伟大复兴，加快平远的振兴发展而努力奋斗。

第四章
革命遗址、纪念建筑

平远县在大革命、土地革命、抗日战争、解放战争等各个时期，发生过许多重大历史事件，留下了许多重要的革命遗迹遗址。中华人民共和国成立后，中共平远县委，平远县人民政府新建了石北革命烈士陵园、平远县革命烈士陵园、平远红军纪念园、平远县烈士纪念园等纪念建筑。至2018年12月底，全县保存较好的革命遗址文物、革命英烈和革命历史名人故居、纪念建筑有100多处。2017年6月，中共平远县委党史研究会编、中共党史出版社出版了《平远红色地标》一书，录入《平远红色地标》的革命遗址文物、革命英烈和革命历史名人故居、纪念建筑有88处（其中，列为县级文物保护单位15个，县级爱国主义教育基地7个，市级历史建筑或文物保护单位3个，市级党史教育基地2个，市级爱国主义教育基地2个，省级重点文物保护单位6个，省级爱国主义教育基地、省级党史教育基地、省级红色旅游示范基地、省级国防教育基地、广东省红色革命遗址重点建设示范点各1个）。

改革开放以后特别是中共十八大以来，平远县把挖掘红色资源作为一项重要工作来抓，对革命遗址遗迹、革命英烈和革命历史名人故居、纪念建筑进行保护、修缮，对遗存的古驿道实施红色之旅活化利用。

中共平远县委、平远县人民政府在保护维护好革命遗址遗物、革命英烈和革命历史名人故居、纪念建筑的同时，充分利用一些重要场所作为爱国主义教育基地，在清明祭奠日、平远解放纪念日、烈士纪念日、七一建党节等纪念日，组织中共党员到爱国主义教育基地重温入党誓词，提高政治站位；组织干部群众、青少年学生到革命烈士陵园等纪念场馆祭奠革命先烈，对广大干部群众特别是青少年一代开展革命传统教育，鞭策广大干部群众弘扬红色文化，传承革命精神，把爱国之情、报国之志化为实际行动，为实现中华民族的伟大复兴作出应有贡献。

第四章 革命遗址、纪念建筑

第一节 被列为县级以上文物保护单位的革命遗址

平远县的革命遗址被列为县级以上文物保护单位的有中共平远县委旧址（毓秀书院），仁居邹坊农会旧址（邹坊文祠），与红军纪念园连成一体的红四军第一纵队军需处旧址（仁居善友草庐），红四军军部和第一纵队政治部旧址（仁居中学），红四军第一纵队司令部旧址（仁居泰山萧公祠），红四军第一纵队后勤处旧址（仁居张家试馆），红四军第一纵队驻地旧址（仁居下四家李屋），红四军第二纵队第四支队驻地旧址［仁居陇西堂（儒林第）］，平远县总工会、仁居区革命委员会、红四军驻地旧址（仁居镇仁居村东门街10号），红四军第一纵队政委驻地旧址（仁居华宝馆），广东四大银行金库旧址等古建筑。

一、中共平远县委、东石区委、平远县第一个苏维埃政府旧址（毓秀书院）

毓秀书院（亦称毓秀学校）位于东石镇灵水村白岃下，始建于清光绪年间，一直作学校使用。1928年5月，中共党员曾庆禄在毓秀书院秘密从事革命活动，成立石北乡农会和石北乡赤卫队，8月建立中共灵水支部。同年10月，中共平远县委成立，县委机关设在毓秀书院。1929年3月17日，中共东石区委在毓秀书院成立。9月11日，在毓秀书院成立平远县第一个苏维埃政府——石北乡苏维埃政府。

1985年3月，平远县人民政府确定毓秀书院为平远县重点文物保护单位。2007年，中共平远县委、平远县人民政府重修毓秀书院，在书院内陈列展出平远县革命斗争史，成为平远县革命传统教育基地。2008年8月，毓秀书院被平远县精神文明建设委员会、中共平远县委宣传部确定为"平远县爱国主义教育基地"。2015年12月，毓秀书院被梅州市精神文明建设委员会、中共梅州市委宣传部确定为"梅州市爱国主义教育基地"。

二、仁居邹坊农会旧址（邹坊文祠）

邹坊文祠（原名邹坊文昌阁，建于1794年，俗称八角亭）是仁居邹坊农会旧址，位于仁居镇邹坊村口。仁居镇邹坊村与江西省寻乌县的吉潭、项山两地邻近，粤赣古驿道穿过村中。土地革命战争时期，村民能经常接受红军的革命思想宣传。1929年农历三月，一批热血青年组织了邹坊赤卫队。赤卫队的主要任务是想方设法越过敌人的层层封锁，为红军购买和运送食盐、中西成药等紧缺物资。

邹坊文祠

1930年5月14日，红四军第一纵队分兵平远时，邹坊赤卫队到磜头村的大畲坳、分水坳迎接红军当向导。红四军进占平远的第二天，赤卫队就在邹坊文祠召开群众大会，宣布成立邹坊农民协会（农会），广大群众踊跃报名参加农会，仅两天时间就有120多人加入了农会，农会会址就设在邹坊文祠。

当地农民在农会的组织带领下，开展了打土豪、分田地的农民暴动。

红四军部队转移后，邹坊农会干部、赤卫队坚持对敌斗争，继续为苏区红军送盐、送药，一直坚持了5年多。

1985年，邹坊文祠被平远县人民政府确定为平远县重点文物保护单位。2002年，广东省人民政府拨款维修邹坊文祠。2008年11月，广东省人民政府将邹坊文祠列为广东省重点文物保护单位。

三、红四军第一纵队军需处旧址（仁居善友草庐）

善友草庐位于仁居镇仁居村后山冈。1929年11月13日至15日，红四军第一、二、三纵队设在善友草庐。1930年5月14日至31日，红四军第一纵队军需处设在善友草庐。

2009年7月，善友草庐被平远县人民政府确定为平远县重点文物保护单位。2010年7月，善友草庐被广东省人民政府公布为广东省第七批重点文物保护单位。2015年，广东省人民政府拨款对善友草庐进行修缮。

修缮后的仁居善友草庐

四、红四军军部和第一纵队政治部旧址（仁居中学）

仁居中学创办于1924年，原校址包括孔庙、考棚、文昌阁、明伦堂、训导署等。

1929年11月13日，红四军军长朱德、前委书记兼政治部主

仁居中学文昌阁

任陈毅、参谋长朱云卿等率领红四军第一、二、三纵队5 000多人由寻乌回师闽西途经仁居。在仁居驻扎3天期间，军部设在仁居中学。1930年5月14日，红四军第一纵队在司令员林彪、政治部主任谢唯俊、政治委员彭祜率领下从江西寻乌分兵平远，政治部设在仁居中学。至2003年，孔庙、文昌阁等老建筑均被拆建。

2009年，梅州市和平远县人民政府将仁居中学确定为梅州市和平远县文物保护单位。

五、红四军第一纵队司令部旧址（仁居泰山萧公祠）

泰山萧公祠位于仁居镇仁居村官塘唇，始建于清代，是典型的客家祠堂类建筑。1929年11月13日至15日，红四军第一、二、三纵队在泰山萧公祠驻扎。1930年5月14日至31日，红四军第一纵队司令部设在泰山萧公祠。

2009年7月，泰山萧公祠被平远县人民政府确定为平远县重

第四章 革命遗址、纪念建筑

修缮后的泰山萧公祠

点文物保护单位。2010年7月，泰山萧公祠被广东省人民政府公布为广东省第七批重点文物保护单位。2016年，广东省人民政府拨款对泰山萧公祠进行修缮。

六、红四军第一纵队后勤处旧址（仁居张家试馆）

张家试馆位于仁居镇仁居村后山冈，始建于清代，是当时平远张氏族人到县城读书、应试、办事的落脚点。

1929年11月13日至15日，红四军第一、二、三纵队在张家试馆驻扎。1930年5月14日至31日，红四军第一纵队后勤处设在张家试馆。

2009年7月，张家试馆被平远县人民政府确定为平远县重点文物保护单位。2010年7月，张家试馆被广东省人民政府公布为广东省第七批重点文物保护单位。

仁居张家试馆

七、红四军第一纵队驻地旧址(仁居下四家李屋)

下四家李屋位于仁居镇仁居村官塘唇,始建于清光绪年间,是三堂一横典型的客家建筑。

1929年11月13日至15日,下四家李屋为红四军第一、

下四家李屋

二、三纵队驻地。

1930年5月14日至31日，下四家李屋为红四军第一纵队第一、二、三支队驻地。

2015年12月，下四家李屋被梅州市人民政府公布为梅州市历史建筑并挂牌保护。

八、红四军第二纵队第四支队驻地旧址［仁居陇西堂（儒林第）］

陇西堂（儒林第）位于仁居镇仁居村后山冈，始建于清朝中后期，整屋为三堂三横街客家祠堂建筑，是平远李姓族人在县城（仁居）的祠堂。

1929年11月13日至15日，陇西堂（儒林第）为红四军第二纵队第四支队驻地。

2015年12月，陇西堂（儒林第）被梅州市人民政府公布为梅州市历史建筑并挂牌保护。

陇西堂（儒林第）

九、平远县总工会、仁居区革命委员会、红四军驻地旧址（仁居镇仁居村东门街10号）

仁居镇仁居村东门街10号始建于民国时期，是三进三开二层的典型客家建筑。

1930年5月14日至31日，红四军在平远的18天里，帮助中共平远县委在全县分期分批开展暴动，建立了县、区革命政权和武装组织。先后成立了县革命委员会、县模范赤卫队、县总工会、商会和区革命委员会等。其中，平远县总工会、仁居区工会和第一区革命委员会及区赤卫队队部设在该屋。同时，该屋又是红军驻地。其间，红四军宣布员用墨汁在屋中墙壁上书写有10条革命标语。

2010年7月，该屋被广东省人民政府公布为广东省第七批重点文物保护单位。

仁居镇仁居村东门街10号

十、红四军第一纵队政委驻地旧址（仁居华宝馆）

华宝馆位于仁居镇仁东门街14号，始建于清代，为上举镇（原属东石乡）畲脑村吴玑衡所建（当时畲脑又称华宝，故名华宝馆）。

1930年5月14日至31日，华宝馆为红四军第一纵队政委彭祜驻地。

20世纪90年代，华宝馆被丘姓村民购得进行修缮、拆建。

2009年7月，华宝馆被平远县人民政府确定为平远县重点文物保护单位。

仁居华宝馆

十一、广东四大银行金库旧址

广东四大银行金库旧址

广东四大银行金库旧址位于仁居镇仁居村东门外青云桥旁。

旧址原是邑人黎子芹于1936年兴建的民宅，曰"芹庐"，为中西合璧式三层小楼。1945年1月至9月，广东省政府搬迁平远时，广东的中央、中国、交通、农民四大银行随省政府播迁至平远县城（仁居），并征得"芹庐"改建为临时金库。四大银行金库作为抗日战争时期广东金融中心，为抵制日军侵略，稳定抗战大后方的经济，特别是对稳定金融局势而取得抗战全面胜利发挥了重要作用。

2010年5月，广东四大银行金库旧址被广东省人民政府确定为广东省文物保护单位。

第二节 中央苏区重要交通运输线遗址——"马克思路"和"列宁路"

平远古驿道作为盐上米下的商贸路线，在土地革命时期发挥着特殊作用，沿线保留了许多红色遗址，有着丰富的红色历史文化。

在中央苏区时期，因国民党实行经济封锁，商品长途运销中断，只得通过边境交易转口经销。蕉平寻（广东蕉岭、平远和江西寻乌）是闽粤赣的联系中心县份，平远一直肩负着"发展出口贸易"和赣闽粤三省交通及药品、食盐等紧缺物资输送的主要任务。寻乌地区的进出口物资均由蕉平（蕉岭、平远）、兴龙（兴宁、龙川）与寻乌交界地区的个体商贩，采取晚上偷运、乔装过境等办法进行经营，将赣南地区的大米、茶叶、土纸、木材、香菇、茶油等大宗出口物资通过水、陆两路从寻乌县吉潭、牛斗光、留车、岑峰、芳塘肚、菖蒲经平远县的差干、仁居、八尺、中行、大柘、石正等地，向梅县、潮州、惠州等地输出，换取布匹、百货、食盐等商品。

当时，中共蕉平寻县委和各级党组织，组织农民运输小分队，利用耕作或上山砍柴割芦作掩护，冒着杀头的危险，把食盐、药品、布匹、氯化钾等物资带出封锁线，千方百计打破敌人对中央苏区的经济封锁，为解决中央苏区军民穿衣、吃盐、伤病员医药和制造弹药的奇缺原材料等后勤补给起过重大作用。其中"平远中行—寻乌留车"和"平远石正—寻乌岑峰"两条山路，

被蕉平寻县委、县苏维埃政府命名为"马克思路"的中行仲石村段古桥

在打破敌人封锁中发挥了关键作用,曾被蕉平寻县委、县苏维埃政府分别命名为"马克思路"和"列宁路"。

中共十八大以来,平远县以南粤古驿道修复活化利用为契机,深入挖掘红色革命历史,最大限度地保留、还原古驿道历史面貌,打造红色教育基地,提高红色之旅的吸引力。

第四章 革命遗址、纪念建筑

第三节 红军墙标

红军墙标是珍贵的红色文化资源。分布在平远各地的红军墙标，经过几十年的风吹雨淋，斑驳风化，字迹模糊，但仍有一部分墙标的字迹能够辨认。

2003年以来，中共平远县委、平远县人民政府陆续将保存较好的标语公布为县级重点文物保护单位。时至今日，全县仍有120多条能辨认字迹的红军墙标，其中老县城仁居镇就有114条。由此，平远仁居的红军墙标被广东省博物馆誉为全省保存最多、最集中的红军墙标群。

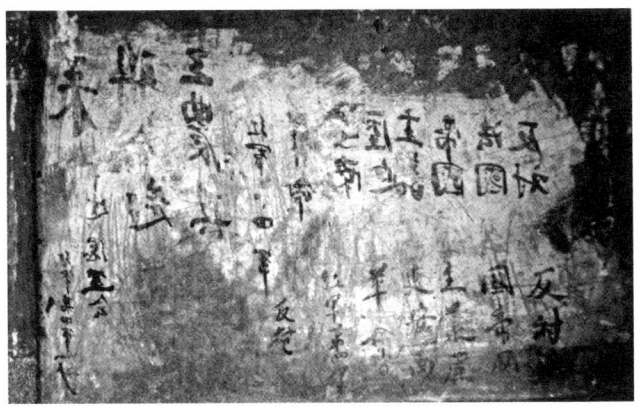

仁居镇仁居村东西方街10号中堂墙壁上的红军标语是："工农兵联合起来""反对法国帝国主义压迫安南革命"

仁居镇仁居村乌石岗街墙上的红军标语是："推翻帝国主义在中国的统治和特权　红军1"

239

第四节 中华人民共和国成立以后兴建的纪念建筑

一、东石石北革命烈士陵园

在土地革命战争时期，石北（灵水和白岭）苏区人民在中国共产党领导下，与国民党反动派进行了针锋相对的斗争，为革命付出了巨大牺牲，作出了重大贡献。1957年，为纪念土地革命战争时期牺牲的石北革命烈士，中央人民委员会拨款在东石镇灵水村白岽上兴建石北革命烈士纪念亭。1964年，因兴建东石冷水坑水库，烈士纪念亭被拆除，后在毓秀书院东南面100多米小山岗上重建烈士纪念碑，并历经多次重修扩建为革命烈士纪念陵园。纪念碑主体由碑身、台基组成，坐西北向东南，碑身断面为正方形，边长1.23米，高5.1米。碑身南北两面刻有"革命烈士纪念碑"字样，东西两面刻有"革命烈士精神永垂不朽"字样，纪念碑的碑石上刻有24位革命烈士姓名。2015年，在纪念

东石石北革命烈士陵园纪念碑

碑后面新建一座24位革命烈士事迹介绍墙。

1985年12月，石北革命烈士纪念陵园被平远县人民政府确定为平远县重点文物保护单位。1996年，石北革命烈士纪念陵园被平远县精神文明建设委员会、中共平远县委宣传部确定为"平远县爱国主义教育基地"。

二、平远县革命烈士陵园

为纪念在历次革命战争中牺牲的革命烈士，1957年9月，平远县人民政府根据第二届人民代表大会第一次会议决议，拨出专款在新县城大柘镇平城中路三巷兴建占地1 626.13平方米的平远县革命烈士陵园。革命烈士陵园内建有纪念碑、亭、门楼等。纪念碑坐东北向西南，碑身断面为正方形，边长2.2米，高7.5米。碑身、台基为大理石面，碑身南、北两面刻有"革命烈士纪念碑"字样，碑座南面刻有平远县人民政府碑文和历次革命战争时

平远县革命烈士陵园

期，以及中华人民共和国成立后牺牲的193位革命烈士姓名。烈士陵园南面建有一座仿古式木质梁架结构的纪念亭。

1996年，平远县革命烈士陵园被平远县精神文明建设委员会、中共平远县委宣传部确定为"平远县爱国主义教育基地"。2003年3月，平远县革命烈士陵园被平远县人民政府确定为平远县重点文物保护单位。

三、平远县红军纪念园

为纪念朱德、陈毅、朱云卿、罗荣桓、粟裕、萧克、罗瑞卿等老一辈革命家率领红四军三次进军平远的历史，2008年8月，中共平远县委、平远县人民政府在当年红四军召开军民大会，成立平远县革命委员会的旧址——仁居镇东教场兴建平远县红军纪念园。园区占地面积66.6万多平方米，内设主展馆区（红四军纪念馆）、主题雕塑区、纪念亭、纪念塔和休闲观光区等。红四军纪念馆面积810平方米，用文字、图片和实物翔实展示红四军的诞生、红四军三进平远、平远红色政权的建立等历史，充分显示平远在中央苏区的历史地位和突出贡献。

2009年8月，平远县红军纪念园被平远县精神文明建设委员

平远县红军纪念园

会、中共平远县委宣传部确定为"平远县爱国主义教育基地"。2009年9月,平远县红军纪念园被梅州市精神文明建设委员会、中共梅州市委宣传部确定为"梅州市爱国主义教育基地"。2010年8月,平远县红军纪念园被中共广东省委宣传部、广东省发展和改革委员会、广东省旅游局确定为"广东省红色旅游示范基地"。2013年11月,平远县红军纪念园被中共广东省委党史研究室确定为"广东省党史教育基地"。2015年1月,平远县红军纪念园被广东省精神文明建设委员会、中共广东省委宣传部确定为"广东省爱国主义教育基地"。2018年3月,红四军纪念馆被中共广东省委宣传部列为"广东省红色革命遗址重点建设示范点"。 2018年3月,平远县红军纪念园被中共广东省委宣传部列为"广东省国防教育基地"。

四、平远县烈士纪念园

平远县烈士纪念园位于大柘镇梅二村公益性公墓南山园内,占地面积3 300多平方米,共有墓位123个,现已完成散葬烈士墓迁移103个。

平远县烈士纪念园是根据民政部、财政部《关于加强零散烈士纪念设施建设管理保护工作的通知》文件精神,经平远县人民政府县长办公会研究决定新建的。该纪念园平远

平远县烈士纪念园

县发展和改革局批准立项，建设部门规划、设计及公开招标后，于2013年6月动工兴建。纪念园主要由一座门楼、一座纪念亭和123个烈士墓组成。2014年4月，纪念园工程建设已竣工，正式向社会开放。2015年12月，平远县烈士纪念园被平远县精神文明建设委员会、中共平远县委宣传部确定为"平远县爱国主义教育基地"。

附 录

附录一 历史文献

蕉平寻党团代表大会通告
——关于目前斗争工作布置

蕉平寻各级党部：

蒋阎军阀战争暂时过一段落，而蒋张战争急要爆发当中，蒋派军阀为要与张学良作残酷的战争，所以派大批军到西南来解决西南反蒋小军阀。我们知道，蒋派大批军到西南来是可以暂时把小军阀惩压下去，取得暂时抑制。但是我们更知道，蒋派大批军到西南来，即是军阀混乱的中心移到西南来，同时革命斗争的中心也转到西南来。在此一形势下，加重了党在西南的任务。同时我们人亦知道：蒋介石的破坏消灭西南革命势力的企图必不能成功。只有使群众在其摧残压迫底下更加痛苦，而更增加群众的反抗和摧废国民党军阀反动统治的决心。所以党更需要积极坚决布置斗争。争取千百万的广大群众在党的领导之下，与敌人作剧烈的斗争，消灭敌人。蕉平寻党在西南这一形势底下，切实布置蕉平寻的斗争工作。

一、加紧严密和发展群众组织：

（一）加紧城市工作积极派忠实勇敢坚决的同志深入城市去组织活动与领导工人斗争，从斗争中去发展组织，加强无产阶级领导，组织工人政治总同盟罢工！蕉平寻的工人运动的中心工作是：市政、矿工、运挑、汽车、蓬（篷）船、纸工，同时应积极地争取城市贫民小商人学生的反苛捐杂税，争取出自由的斗争的领导。

（二）苏维埃应立即召集广大的雇农贫农群众，组织雇农工会贫农团，马上成立乡区雇农工会贫农团（一乡数量太小时可以区为单位），同时应积极领导中农参加贫农团的组织，并要把广大的妇女群众团结在贫农团雇农工会。

（三）积极争取反动统治下的群众领导，争取公开路线的号召组织雇农工会，组织贫农协会，党对此一工作要派出忠实勇敢的同志深入反动统治下的乡村群众中去建立工作。

二、扩大党的政治宣传鼓动工作：

积极督促区委、支部及全党同志，加紧扩大党的宣传鼓动工作。运用党的策略配合实际情形，即是要提出党的政治口号联系群众迫切要求口号，深入广大群众中去提高群众斗争情绪，并须经常不断的刊发党壁报、传单、标语、歌谣及大批的宣传品，及颁布苏维埃的政纲法令。

三、扩大红军工作：

主席第三次会议决定原寻乌赤卫总队及平远赤卫特务营归编红军第六军第一师独立营。加强独立营的力量。这一决定是值得我们积极的注意打破农民意识和纠正同志和群众的错误观念！使同志和群众明白扩大红军与武装工农是相生相长的密切关系。特别是打破群众的地方界限，和党的尾巴现象。同时应积极去集中群众的武装，组织及编制大刀队等。

各级党部接此通知后，马上召集会议切实讨论坚决执行。并须将执行的情形报告前来。至要！

·完·

并致

布礼

蕉平寻党团代表大会主席团：赵冠鹏　赵尚杰　赖兴邦
　　　　　　　　　　　　　　李大南　廖裕德　林汉倜
　　　　　　　　　　　　　　陈传标　曾加棉　罗月福

一九三一年一月十六日印于黄田

（选自《蕉平寻苏区史料汇编》）

中共蕉平寻县委通告
——关于彻底分配土地问题

各区委特支县苏党团转全体同志们：

苏维埃是群众的政权机关，苏维埃是为劳苦工农群众彻底谋解放，争取永久的利益的，所以苏维埃的一举一动须以工农劳苦群众利益为前提，不得有丝毫的忽视的。过去蕉平寻的苏区分配土地均不十分妥当，不能为广大劳苦群众上来分土地，还是存着些富农路线去支配土地，不号召广大群众去解决土地问题，彻底取得雇农贫农的利益，生出种种弊病来，苏维埃去包办分土地，苏维埃负责同志霸占好田，这种不正确的观念，防（妨）害了广大的劳苦群众的利益，这都是过去党不动员同志去彻底分配土地，不号召广大劳动群众去分配土地，与群众脱离关系，致使土地不彻底平分的严重错误。今后分配土地号召广大劳动群众去解决此一问题，以贫农为基础，雇农为领导，争取中农，去反对富农，联合巩固战线，扩大彻底分配土地的宣传，迅速的组织雇农工会、贫农团，在这情形之下，来分配土地，才能彻底的雇农贫农的利益，才能彻底的真正平分土地，在兹秋收许久之后，各区未彻底平分土地的地方，应即推动各区苏党团积极的进行，免致防（妨）害耕作，兹将规定办法如下：

（一）分配土地须彻底的抽肥补瘦之原则；

（二）分配土地以人口平均分配；

（三）分配土地以乡为单位分配之；

（四）工人雇农亦与农民同样的分配，但在苏维埃颁布劳动法令能保护工人雇农利益时，可不分田；

（五）茶山木梓山、竹山亦同样的照人口平均分配；如不够分配时，按照分田的办法分，山多者分田少，分田少者分山多，园坝亦同；

（六）各区田地须即行分配，限二月五日以前一概分配完毕，如各乡分配土地适当，经多数贫农雇农同意时可不再分。

同志们！发动广大劳苦群众起来斗争，必须迅速的解决下去，要动员全党同志去解决这一问题，切要！切要！

此致

布礼！

蕉平寻县委

（1931）23/1

（选自《蕉平寻苏区史料汇编》）

减租减息暂行条例

（一）减租条例

（1）无论公田、私田、粮田（自耕田）、质田、地坜等，一律实行对半减租，最高租额不得超过该地实谷四分之一（即每石谷地主最多得两斗半，耕田者最少得七斗半）。

（2）如遇旱灾、虫灾、水灾、风灾，蒋匪兵灾者，据情另定。

（3）抗战胜利以前（卅四年以前）之旧欠租谷，一律废止。

（4）抗战胜利后之旧欠租谷，两成量交。

（5）减租后不得籍（借）故吊（调）佃。

（二）减息条例

（1）无论谷利、豆利、钱利等借贷期（半年为期）利率不得超过百分之十（即最多不得超过加壹息）。如系借钱完物者，按当时当地物价将钱折合实物计算。

（2）抗战胜利（卅四年）前之旧债，一律还头废息。

（3）抗战胜利后之借债，供息两倍以上者，本息一律停付，供息一倍以上者停止还本，供息满一倍者，照新例完纳。

（4）近一年新借随时得备款还拆，其本利按减息条例第一条之规定以实物计算。

（5）各地会谷之供纳，由会东大会自行决定。

附则

（1）减租减息后，学校、鳏、寡、孤、独及革命军人家属、革命先烈后裔难以维持者，由农会筹募补助之。

（2）……实借谷壹石，而字面则写一石五斗·或两石假作口利，……由借债人报告农会核实之。

（3）如遇灾情严重收割不及三成者，停租停息；收割在三成以上六成以下者，取销（消）原定钱租额，照实割谷成分之□量交（壹石谷中地主占二斗，耕者占八斗），实割谷在八成以上者照例申算。

（4）各业主能自动倡导实行者嘉奖，违抗不减者惩罚。

（5）各佃户如有暗中违反或不完租完息的，应予追究。

（6）本条例如有未尽善处，得由各乡农会修改之。

闽粤赣边区人民解放军粤东支队独四大队
中国共产党粤东地委梅兴平蕉边区县委
梅兴平蕉边区农民代表会
中华民国三十七年七月

附录二 革命大事记

1926年

秋冬间,中共汕头地委派共产党员魏挺群、连云鹊为平远农民运动特派员,到平远发动和组织农民协会,吸收东石铁民中学进步教师林汉偶加入中国共产党。林汉偶成为在平远入党的第一个共产党员。

1927年

2月,中共梅县部委派杨广存到平远中学任教务主任,秘密吸收李巴林、钟锡璆入党。

3月8日,中共平远中学支部正式成立,杨广存任书记,李巴林为组织委员,钟锡璆为宣传委员,支部隶属梅县部委领导。

7月,平远籍在外地教书或读书的共产党员林成藩、张昌英、曾庆禄等人暑假回乡,组织成立中共东坝支部,书记林成藩、组织委员曾庆禄、宣传委员张昌英。

8月间,由东坝党支部召集东石、坝头各回乡党员,在东石大屋场树林中召开第一次党员大会,决定成立中共平远区委,选举林成藩为书记。

秋,李巴林在东石沙排岃刘屋组织成立平远第一个农会——太平农会,刘增郎、林士基分别为正副主席。

是年,东石、坝头、河头、八尺等地先后组织农会,东石成立了区农会。

1928年

5月19日，石北乡召开农会成立大会，选举曾庆禄、丘展鹏为正副主席，同时建立石北乡赤卫队，队长李万炎。随后还建立了石北乡妇女会、石北乡儿童团。

春夏间，河头太阳寨、潭背、杞树坝农民运动蓬勃开展，并从中发展党员，建立太阳村党支部，黄维耀任书记。

6月间，蕉岭县党的主要领导人邓崇卯，以探亲为名到热柘礤尾进行革命串联活动。

8月，邓崇卯在德化学校主持召开热水乡农会成立大会。曹进洪等人由邓崇卯先后发展入党，建立了党组织。

是月，建立灵水党支部，曾庆禄任书记。

10月，各党支部代表在东石塔下集会，成立中共平远县委，选举李巴林为县委书记，县委机关设在东石灵水毓秀书院。

1929年

3月上旬，河头乡农会成立，陈学生为会长。同时成立河头乡赤卫队，黄锦秀任队长。

3月17日，中共东石区委在毓秀书院成立，曾庆禄任书记，谢天白任组织委员，李万炎任宣传委员。灵水支部书记改由丘展鹏担任。

4月，根据东江特委特派员刘某（大埔人）到平远视察工作时的指示，县委决定李巴林为县委专职人员，并将县委机关迁至河头太阳寨陈学生家中。同时成立中共河头区委，黄维耀任书记，太阳村党支部书记改由陈学生担任。

5月上旬，蕉平红军独立营成立，张宏昌任营长，邓崇卯任政治委员，下设两个连，以蕉岭、平远交界的二坑鸭薮里为根据地，受两县县委领导。

5月底，蕉平红军独立营夜袭热柘乡公所，缴获步枪10支，子弹300发。

5月，县委机关由河头迁回东石灵水树头塘，县委成员有：书记李巴林，组织委员修治文、林汉偶，宣传委员曾庆禄，总交通丘展鹏。

7月12日，蕉平红军独立营60多人出击大柘乡公所。

7月下旬，梅县、蕉岭、平远三县反动武装1600多人，分三路包围鸭薮里。红军浴血反击，奋战两昼夜，双方各有伤亡。因力量悬殊，红军突出重围，撤至河头河清村，后翻越大山折回坝头车子岗。次日由李巴林、刘玉贤等带领红军撤至锅叾村。蕉岭的队员向铁山嶂方向转移，平远的队员分散隐蔽，河头籍队员10多人由黄锦秀带领撤至寻乌丹溪。

8月，平远县国民党当局大举"清乡"。被捕杀的共产党人和红军赤色人员有坝头坑背余泉昌，河头陈维汉、陈瑞荫、陈星辉等。

是月，邓崇卯等人在平远磜尾组织赤卫队，有队员20多人。

是月，蕉岭县委张宏昌、邓崇卯等人在平远热水一带发展一批党员，建立热水支部，由张宏昌任支部书记。

9月11日，石北乡苏维埃政府在毓秀书院成立，曾庆禄任主席，丘展鹏任副主席。

10月19日至31日，红四军三个纵队共4000多人，在朱德军长和朱云卿参谋长率领下，从闽西分三路进军梅州地区。

11月1日，红四军攻打梅县城失利后，朱德、陈毅，朱云卿率红四军第一、第二、第三纵队，由卢伟良等引路，经梅县大坪、龙虎抵达平远石正。当晚红四军在石正宿营，开展革命宣传活动。

11月2日，红四军离开石正往寻乌岑峰、大田。

11月13日，红四军从寻乌留车出发，经上磜进入八尺，当晚到达平远县城仁居。

11月14日，红四军在平远县城开展革命活动一天。

11月15日，红四军离开平远，经下坝回师闽西。

11月底，中共蕉平县委成立。中共东江特委指派鲁达（张昌英）任蕉平县委书记，县委机关设在徐溪长滩头。

11月，李巴林到大信参加兴平寻龙四县县委书记联席会议。会议决定将平远的大信划归兴宁，寻乌的丹溪划归平远。

12月，中共平远县委机关迁至丹溪，并将丹溪编为平远第八区。

1930年

1月，寻乌大田红色区域遭受兴宁、平远、寻乌、龙川四县反动武装联合"会剿"。

2月中旬，刘光夏在寻乌主持召开兴宁、平远、寻乌、龙川四县联席会议，组织红军五十团。

2月下旬，红五十团进攻石正、八尺乡公所并取得胜利。

5月14日，由红四军第一纵队司令员林彪、政治委员彭祜、政治部主任谢唯俊率领1 000多人，分两路进抵平远。平远县委机关同时从丹溪迁抵平远县城。红四军进驻平远期间，县委召开了全县党员代表大会，有40多人参加。彭祜、谢唯俊到会指导。会议着重讨论研究建政建军问题和制定全县分期分区暴动计划。

5月17日，中共平远县委在县城仁居东较场召开群众大会，热烈欢迎红四军进驻平远，宣布成立平远县革命委员会，陈学生任主席；成立平远县模范赤卫大队，陈炳南任大队长；成立全县赤卫队总指挥部，李巴林（兼）任总指挥。

5月20日，红四军一纵队派出第一支队，由队长王良、党代表李赐凡带领开赴东石，帮助三区开展暴动。

5月27日，红四军第一支队第一大队进驻大柘，协助开展第四区暴动。

5月28日，驻河八区红军全数开往平远县城仁居。

5月31日，红四军一纵队奉前委命令离开平远，经差干回师闽西。

5月27日至6月3日，陈德明、刘接盛带领数百人，分别到热柘磜尾、院境、下山、黄竹坪、双坝、热水、长田的高南及蕉岭高田上等地打土豪，搞暴动，先后没收了刘威五等10家地主豪绅的家产，摧毁了国民党热柘乡公所。

6月3日，李巴林、陈学生等县党政领导出发第二、三区。该日，陈学生等人在八尺老圩区农会召开会议时，遭到国民党地方反动武装有预谋的包围袭击，平远县革命委员会主席陈学生、中共河八区委书记张辅高等9人壮烈牺牲。

6月5日，八尺、仁居反动武装进犯县城。城防赤卫队掩护县、区工作人员撤退，与敌血战一小时，县城防队队长何洪、县财政科科长林敬庭等牺牲，撤出县城人员当晚到达下坝。

6月6日，李巴林在东石得悉陈学生等在八尺遇难和县城失陷的情况后，召开紧急会议，作出撤退部署。李巴林、曾庆禄、陈炳南、余宝贤等率领三、四区的区乡干部和赤卫队向泗水转移，于7日到达下坝与县城撤出人员会合。

是日下午，东石吴振轩为首组织吴柳堂、吴应文等反动民团80多人进犯石北苏区，被曾达光带领赤卫队击退。

6月7日、9日、11日，敌人反扑石北苏区，施行烧杀抢掠，石北苏区被洗劫一空。

6月8日，平远县委率领仁居、东石两路撤出人员共200多人从下坝出发，绕道寻乌，于16日辗转到达丹溪。

6月18日、24日、26日、29日，罗骏超纠集梅县、蕉岭、平远三县反动武装近千人疯狂地向热柘完里、磜尾村实施

"清剿"。

6月30日，中共平远县委在丹溪召开县委扩大会议。会议调整了县党政领导成员及决定了其他事项。会议决定林汉偶为县委书记，李巴林为县革命委员会主席。

7月，县委、县革命委员会率赤卫队扫除丹溪附近反动武装，经过半个月的连续攻击，终于攻陷了彭溪，赶跑了叶子畲土匪。

10月底至11月初，李富春、邓发在大南山主持召开中共东江地区代表会议，决定成立中共闽粤赣边区特委，同时撤销中共东江特委，分设西南、西北两分委，隶属边区特委领导。平远县党组织归属西北分委领导。

11月20日，兴龙平寻各县游击队编为红十一军独立营，营长彭城，政委罗屏汉，下辖三个连和一个特务排。

12月，中共平远县委、平远县革命委员会、平远县赤卫大队总指挥部均移驻大塘山（寻乌属，处于八尺中行交界处）。

1931年

1月15日至21日，蕉平寻党团代表大会与工农兵第一次代表大会在寻乌黄田召开，选举产生了蕉平寻县委和蕉平寻县苏维埃政府。县委和县苏机关设在寻乌黄田。

2月初，红军三十五军攻破丹溪、石正、仲石、中行一带反动营垒。

3月至5月，蕉平寻县委印发《支部生活》。

4月下旬，蕉平寻县委召开党团大会。决定蕉平寻县原设5个区增设为10个区（寻城区、吉潭区、篁乡区、留车区、大柘区、八尺区、坝头区、平城区、蕉城区、新铺区）。

4月底，由石正至岑峰、中行至留车两条山路被蕉平寻县委分别命名为"列宁路"和"马克思路"，将留车桥命名为"列宁桥"。

10月1日，蕉岭、平远两地区委、区苏负责人在东石车子岗大湖背举行十月革命纪念活动筹备会议，会场被敌包围，邓崇卯在掩护同志突围中牺牲，14人被俘。

1933年

秋，中央军委任命罗屏汉为闽粤赣边区游击纵队司令员，并给该队配备一个步兵连、一个机枪连、两个驳壳连。罗屏汉率队回师兴宁、平远、寻乌、龙川边境，恢复革命根据地，坚持游击战争，牵制广东军阀陈济棠武装，使之不至北上江西夹击中央红军。部队在粤赣边区广泛开展游击战争，成绩显著。

1934年

10月10日，中央主力红军开始长征。平远籍有林钦才、林昭鼎、林盛绪、林辉士等参加了长征。

1937年

7月7日，日本侵略军向北平郊区卢沟桥发动进攻，中国守军奋起抵抗，全国抗战开始。

10月9日至15日，中共闽粤赣边省临时代表会议在福建龙岩召开，会议决定成立中共闽粤赣边省委，中共韩江工委隶属闽粤赣边省委领导。

1938年

2月，中共闽粤赣边省委改为中共闽西南潮梅特委。

1939年

6月21日，日军进攻汕头，22日汕头沦陷。中共闽西南潮梅特委向所属党组织发出扩大民众武装，肃奸防匪，训练军事干部，开展统战工作的指示。

1940年

10月，中共南方工作委员会（简称"南委"）成立，机关设在大埔，隶属中共南方局领导。南委成立后，撤销闽西南潮梅特委，分设闽西特委、闽南特委、潮梅临时特委（后为潮梅特委）。潮梅各县党组织受潮梅特委领导。

1941年

5月，为防范敌人破坏，贯彻"隐蔽精干"的方针，南委决定实行特派员制，党组织切断横向联系，转入纵向单线联系。

1943年

6月，贯彻执行中央提出的"隐蔽精干，长期埋伏，积蓄力量，等待时机"的方针，党组织停止活动，党员实行勤学、勤业、勤交友。李碧山为南委联络员。

1945年

春，中共广东区委经请示中央同意，在闽粤赣边区恢复党组织，建立游击根据地。梅埔党组织负责人李碧山召集闽粤边区党员二三十人，建立韩江纵队，以武工队形式分散活动，在闽粤边放点放线，建立游击根据地。

1946年

2月20日至28日，李碧山在铜鼓嶂胜坑沙窝里主持召开梅州地区党组织和韩江纵队领导干部会议。会议根据广东区党委的决定，成立中共闽粤赣中心县委。中心县委下辖梅县、兴宁、大埔、蕉岭、平远、丰顺、永定、平和、寻乌、上杭、武平等边县党组织。

1947年

3月，李发央介绍大柘景清小学教师陈玉堂加入中国共产党。陈玉堂入党后首先在其家乡超竹樟坑里发动青年，组织民兵，进行革命活动。

5月，闽粤赣边区人民解放军粤东支队成立。由边工委和粤东地委双重领导，主要在粤东地区活动。

9月26日，粤东支队政委杨建昌等率领小分队，摧毁了国民党长田乡公所。

12月，在梅西组建梅兴平蕉边县游击队（对外称"第四武工队"），同时成立梅平武工队。

是月，粤东支队副支队长程严率领第三中队一个小分队奔赴梅兴平蕉边区，开辟新区，巩固老区，扩大武装队伍。

1948年

1月18日至2月上旬，中共粤东地委在丰顺马图召开第二次执委扩大会议，会议之后，由刘永生率主力挺进杭武蕉梅地区，由徐达率10余人到饶和埔丰边地区，由程严率30余人挺进梅兴平蕉边地区，同梅兴平蕉边县工委及其游击队配合，开辟梅西、平远、兴宁地区，创建游击根据地。

1月下旬，根据粤东地委决定，在大坪薯田芹菜塘组建中共梅兴平蕉边县工作委员会。梅兴平蕉边县工委辖梅县西北，兴宁东北，平远全境和蕉岭新铺、三圳、徐溪以及寻乌边境等地。在成立边县工委的同时，成立独四大队，大队长程严，政委黄戈平。

2月16日晚，独四大队在梅平武工队配合下，突袭大柘乡公所、警察所、自卫队，俘敌100多人。

2月20日，程严率领独四大队二中队攻打坝头乡公所。

3月14日，由黄戈平、程严、黄旋率领独四大队、梅平武工队、平远区队共100多人强攻石正自卫队炮楼，击毙国民党平远"戡乱"建国委员会主任凌准，并查抄了石正乡公所。

3月23日，独四大队摧毁八尺乡公所，击毙敌县自卫大队队长赖士敏。

春，梅平武工队、梅西武工队相继进入石正上新、坪湖大窝里、南台、桐树下村活动，并在超竹各村及石正棉洋、热柘烂鱼塘等村建立民兵组织。

4月8日,独四大队和梅平武工队及平远区队共200多人,在南台山嶂肚里遭敌五路围攻,激战竟日,虽打退敌人多次进攻,毙伤敌军多人。但因敌强我弱,战斗失利。张新才、叶圣贤、张学忠等军事骨干牺牲,程严、黄旋受重伤被俘。后程严在兴宁被敌杀害。

5月,根据粤东地委决定,成立中共梅兴平蕉边县委员会。边县委成立后,主要是加强武工队的活动,巩固老区,发展新区,扩大活动范围,做好统一战线工作。

12月26日,中共梅州地委决定,梅兴平蕉边县委改为梅兴平边县委。

1949年

1月29日,成立中国人民解放军闽粤赣边纵队,刘永生任司令员。

2月18日,独四大队在蕉岭甜竹坑整编,分为程严独立营(代号"铁流")和独四大队(代号"曙光")。

4月6日,中国人民解放军闽粤赣边纵队第一支队直属四团在梅县桃源成立。

4月14日,独四大队攻打长田乡公所,全歼长田自卫队。

5月20日,闽粤赣边纵一支队直属四团及二团一部奉命进军平远。

5月21日,凌晨,闽粤赣边纵一支队直属四团到达茅坪杨梅坑与梅平区委及其武工队会合,迅速向东石进军,分两路包围东石乡公所和保安营驻地建泉祠,迫使保安营冯冠雄连拱手投诚。国民党平远县长黄纯仁、县党部书记长陈楷闻风而逃。

5月22日,闽粤赣边纵一支队直属四团进军仁居,受到严若寰所率官兵以及县参议会议长林永宏等开明人士的热烈欢迎。独四大队和一支队直属二团随后进驻仁居,平远宣告和平解放。

5月25日,梅兴平边县委率独四大队接管平远政权。

6月10日,中共梅州地委作出决定:粤东各县业已解放,原各边县委应予撤销,按原行政区划成立县委、县人民民主政府。据此精神,成立中共平远县委。

6月21日,成立平远县人民民主政府,下属7个区,同时成立各区人民民主政府。

7月3日,国民党胡琏兵团一个团从江西的项山经湖洋逃窜到达差干,傍晚开始攻打差干炮楼。踞守炮楼的中国人民解放军闽粤赣边纵队第一支队独立第八团一个排20多人英勇抵抗,至4日凌晨,炮楼被击毁,排长阿幸及12名战士在突围中牺牲。

8月28日,茅坪杨梅坑民兵赖昌荣等10多人伏击向新铺逃窜的胡琏兵,俘敌50多人。

9月3日,中共平远县委、平远县军管会及闽粤赣边纵队第一支队独立第八团返回仁居,收复县城,平远全境获得完全解放。

附录三 革命歌谣

打倒土豪分田地

一

紧想紧真紧惨凄，
竹笋倒菇勿死哩；
做倒柬多别人个，
灯草织布费心机。

二

紧想紧真紧痛肠，
因为么食正借粮；
借人三升还一斗，
霜上加雪雪加霜。

三

你莫急来你莫愁；
总会天晴出日头；
打倒土豪分田地；
翻身饱食做高楼。

四

老老实实话你知，
番豆剥壳还有衣（医）；

总爱穷人团结紧,
打倒土豪分田地。

五

饭甑落锅爱认蒸(真),
杀尽土豪并劣绅;
土豪劣绅杀亚黑[①];
大家安乐享太平。

六

白军兄弟听分明,
共产主义救穷人;
你也还是穷人子,
何苦穷人打穷人。

七

共产主义吾会差,
断么穷人杀穷侪;
穷人正是亲兄弟,
爱杀也杀资本家。

八

老老实实话你知,
共产主义么共妻;
总爱两人心甘愿,
不用媒人也可以。

---

① 杀亚黑,意为"杀完后"。

暴 动 歌

我们大家来暴动,
农村大革命,
打土豪,分田地,
一个不留情。
建立苏维埃,
工农来专政,
实行共产主义,人类得大同,
无产阶级革命最后得成功。
中国国民党,
反动大本营,
新军阀、反革命,
勾结美、日、英,
屠杀我工农,
卖国卖人民,
大家起来坚决打倒这敌人,
来!来!来!
打倒反动派,
怕什么国民党、改组派,
建立起工农政府苏维埃!

革命民歌二首

(一)

山歌一唱闹连连,将来定系共产天,
杀头好比风吹帽,坐监好比嬲花园。

(二)

唔怕死来唔怕生,唔怕杀头割脚跟,

三年一过手搅子,十八年一过又是好后生。

革命历史人物

林汉俱

林汉俱（1886—1931），平远县东石大坪里人。1915年秋，林汉俱在平远中学毕业后，先后在崇德小学、铁民中学教书。1926年3月4日，国民党平远县第一次全县代表大会召开，林汉俱当选为国民党平远县党部第一届候补执委兼秘书处干事。同年秋，中共汕头地委派共产党员连云鹊、魏挺群任平远农运特派员，林汉俱被吸收为平远农运干事，并由连云鹊、魏挺群介绍加入中国共产党，成为在平远入党的第一个共产党员。

1927年秋，林汉俱任东石区农会主席，后被指控为共产党人而被国民党平远县军警通缉。1928年春，林汉俱以筹款办学为名，避往马来亚教书。同年冬，回乡与李巴林、曾庆禄等积极从事革命活动。1929年5月任中共平远县委组织委员。

1930年5月14日，红四军第一纵队分兵平远，林汉俱与李巴林、陈学生等积极组织人民群众打土豪分田地。红四军5月31日撤离平远后，国民党当局即猖狂反扑，县城被国民党军队占领，林汉俱率领第一区干部和赤卫队撤退到差干、下坝，于6月25日辗转抵丹溪。6月30日在丹溪上坪村召开县委扩大会议，林汉俱被选为中共平远县委书记。9月，改任县委宣传委员。

1931年1月，成立中共蕉平寻县委，林汉俱当选为县委委员，任宣传部部长，担任《赤报》编辑，兼任《支部生活》撰稿员。同年夏秋之间，林汉偶被错杀，终年45岁。

1986年3月9日，平远县人民政府发文：按照《国务院批转民政部关于对土地革命战争时期肃反中被错杀害人员的处理意见的通知》精神，追认林汉偶为因公牺牲军人。

张辅高

张辅高（1893—1930），原名张绍良，平远县中行快湖村人。张辅高少年就读于快湖村私塾，由于他天资聪颖，勤奋好学，思维敏捷，15岁时，已擅诗文书法，深为师辈所称赞，谓其将来有辅佐贤君圣祖之才华，故授其号为"辅高"。

张辅高青年时代，深受孙中山民主革命思想的影响，为了追求真理，求知救国，他曾赴省城求学，考入广东法政专门学校。在学期间，时值反帝爱国学生运动风起云涌，革命浪潮席卷中华大地。在反帝反封建大革命的推动下，张辅高受到进步思想的熏陶，积极投身革命斗争洪流。后来，因时局动乱，学校停课，张辅高离开广州，返回家乡，开始从事耕田、教书等业。

1927年8月，在中国共产党的领导下，平远掀起了轰轰烈烈的农民革命运动高潮。受革命形势的影响，张辅高毅然投身革命，参加中国共产党，并在党的领导下积极发动工农群众开展革命斗争活动。翌年秋，张辅高到八尺樟田翠英小学任教，以教书为掩护，秘密建立了樟田、金溪两个与江西党组织和中央苏区联系的地下交通站，为沟通平远党组织与寻乌党组织和红军的联系发挥了重要作用。同时，张辅高还发展一批党员，建立了樟田、金溪、上远三个党支部，并担任支部书记。

1930年3月，张辅高受党组织派遣到河头区委发动一批有觉悟的青年参加赤卫队，加紧充实训练武装队伍，做好迎接红四军来平远的准备工作。5月14日，红四军一纵队从江西挺进平远，协助平远县委在全县分期分批暴动，建立和完善县区革命政权。张辅高被任命为中共河八区委书记兼区革命委员会主席。

在红四军进驻平远期间,张辅高领导河八区工农群众没收了地主豪绅的稻谷1 000多石、银圆1万多元、布匹及其他物资一大批。所得斗争果实,除上交红军,补充部队给养外,全部分给农民。当时,广大工农群众欢声雷动,高呼:"中国共产党万岁!红军万岁!"

1930年5月31日,红四军一纵队奉命撤离平远。为了巩固全县的革命成果,发展大好形势,县委迅速组织县区领导到基层指导工作。6月3日,当张辅高与县革命委员会主席陈学生等县区领导人在八尺开会布置工作时,遭到韩逸炉等地方反动武装的包围袭击。张辅高、陈学生等突遭袭击,边打边撤。由于反动武装分五路埋伏,结果县革命委员会主席陈学生等8人壮烈牺牲。张辅高冲出会场后,往肥田方向撤至塘角头地段时,遭到一群反动武装的截击,腿部中弹,不幸被捕。他们将张辅高五花大绑,押至凤头韩氏祠堂里关押。当晚,张辅高受尽严刑拷打,但他坚贞不屈,正气凛然,始终没有泄露党的秘密。第二天,穷凶极恶的反动首恶韩岳生命令爪牙将张辅高押到三花塘山下枪杀。张辅高就义时昂首挺胸,慷慨高歌:"辅高辞世龄不高,而立年华打土豪;革命事业虽未竟,吾辈努力他年歌。"

张辅高牺牲时,年仅37岁。几年后,烈士的母亲和妻子悄悄地将张辅高的遗骸收殓,安葬在烈士故乡的杨梅岗上。中华人民共和国成立后,平远县人民政府在县城建立烈士陵园,张辅高烈士英名勒入碑刻,永垂千秋。

陈学生

陈学生(1894—1930),平远县河头太阳寨人。陈学生少年就读于河头垂青学校,3年后因家贫而辍学,13岁时便跟随父母上江西、下梅县，以肩挑谋生，历尽艰辛。

1927年下半年，平远农民运动蓬勃发展。受革命形势的影响，陈学生毅然投身革命，参加中国共产党。

1929年4月，中共河头区委成立，陈学生任太阳寨支部书记。5月上旬，陈学生带领一批热血青年到鸭薮里蕉平红军独立营参加红军。7月下旬，梅县、蕉岭、平远三县反动武装1 000多人包围鸭薮里，独立营浴血突围，突围中，陈学生不幸负伤，他在战友的护送下回到家乡辗转医治枪伤，并继续从事革命活动。1930年4月任中共河头区委书记。

1930年5月14日，红四军第一纵队分兵平远游击，分两路挺进平远，其中一路直接到河头、八尺，发动群众开展以"打土豪、分田地"为中心的农民暴动，陈学生同张辅高等人积极发动群众开展农民运动，打击反动势力，建立基层政权和武装组织。5月17日，在县城东较场召开群众大会，宣布成立平远县革命委员会、平远县模范赤卫大队和赤卫队总指挥部。陈学生被任命为县革命委员会主席。中共平远县委、平远县革命委员会借助红军的力量，在全县分期分批举行暴动，建立基层政权。

5月31日，红四军奉命提前撤离平远。当时，平远的革命政权刚刚建立，敌情还十分严重。6月3日，县委和县革命委员会领导分赴基层，以巩固赤区，组织力量，向新区推进。陈学生偕同河八区委书记张辅高等率领10名赤卫队员，计划经八尺、河头、中行到大柘与县委领导会合。当日到达八尺在老圩区农会召开会议，布置工作。不料遭到地方反动武装的包围袭击。在危急关头，陈学生指挥赤卫队员与敌人搏斗，掩护其他群众撤退，随后，率领赤卫队员突围。突围中遭敌伏击，区委书记张辅高等8人被捕，后遭敌枪杀，陈学生中弹负伤，敌人穷追不舍，到肥田邓木坑时，陈学生再次中弹，壮烈牺牲，年仅36岁。

中华人民共和国成立后,陈学生被评为革命烈士。

丘展鹏

丘展鹏(1897—1930),平远县东石白岭树头塘人。1920年,丘展鹏在平远中学毕业后,先后受聘为上举、洋背、畲脑、大柘等地小学教员,几年后回到东石毓秀书院任教。

1927年夏,丘展鹏在曾庆禄等人的影响和引导下,积极投入农民运动。1928年5月,石北乡农会成立,丘展鹏被选为乡农会副主席。他与曾庆禄等一面教书,一面积极组织开展"二五减租"斗争,壮大农会组织。同年8月,丘展鹏由李巴林介绍加入中国共产党。

1929年3月,中共东石区委成立,曾庆禄任书记,灵水党支部书记改由丘展鹏担任。这时,毓秀书院已成为县委的活动据点,曾庆禄以毓秀书院校长的身份,趁学校改办完全小学需增加教员的机会,聘请丘展鹏等为毓秀书院教员。丘展鹏与曾庆禄等人密切配合,使石北乡农民运动得到进一步发展。5月,县委机关由河头转移到白岭树头塘丘展鹏家中。丘展鹏被提升为县委委员,并负责总交通。同年9月11日晚,石北乡苏维埃政府在毓秀书院成立,曾庆禄为主席,丘展鹏为副主席。丘展鹏等人经常组织农会会员、赤卫队员到东石圩一带剪电话线,散发革命标语、传单。丘展鹏亲自排练白话剧,演出前后向群众发表宣传讲话,鼓舞群众斗志。通过开展一系列的宣传发动,在东石一带造成很大的政治影响,当地土豪劣绅又怕又恨,千方百计镇压石北乡的农民运动,到处悬赏通缉曾庆禄、黄荣章、丘展鹏。丘展鹏只得转入隐蔽活动,到上举和雕坑里等地躲避。

1930年4月13日,丘展鹏与李巴林、曾庆禄、黄荣章等在曾达光家中开会,研究布置迎接红四军分兵平远有关事宜,遭到国民党平远县警中队包围。在突围时,丘展鹏身穿白上衣,往坑尾的大路跑去，有意把敌人引过来，掩护其他同志撤退。果然，敌人便朝他追去，就在这关键时刻，他失足跌倒在田坎上，被敌人追上，不幸被捕。敌人气势汹汹地问："你是谁？你们一共有多少人？"丘展鹏镇定地回答："我是丘展鹏，就我一个人。你们要抓共产党，我就是共产党！"

丘展鹏被捕后，被押到畲脑村显祖学校审问。国民党平远县政府县长罗骏超先是威逼利诱、封官许愿，妄图从他口中得到党的秘密。可是，他守口如瓶，罗骏超气得暴跳如雷，然后下令严刑拷打。将他倒吊在大神坳的一株古枫树上，并在其颈部系上装满石头的菜篮，吊了又放，放了再吊，敌以为如此折磨总可以达到目的。但是，丘展鹏视死如归，自豪地说："你们可以把我处死，革命自有后来人，为革命而死无上光荣！"罗骏超无计可施，下令将丘展鹏杀害。

中华人民共和国成立后，丘展鹏被评为革命烈士。

张晓光

张晓光（1902—1996），平远县坝头上南山人。原名张昌英，曾用名鲁达、张天白等。张晓光1921年7月毕业于平远中学。1922年2月，受聘于平远县城叙伦高小教书，1923年转到东石铁民高小教书。

1925年11月，张晓光加入中国国民党。1926年5月，张晓光不满蒋介石等发动的"整理党务案"，愤然提出退党，并对国民党右派口诛笔伐，投稿中共中央主办的《向导》周刊，予以揭露。广州平远留学公所根据其表现，召集会议讨论，决定开除他的国民党党籍。

1927年1月，张晓光到大埔高陂中学教书。同年4月加入中国共产党。"四一二"反革命政变后，张晓光受到国民党通缉，被迫回到家乡。

1927年7月，共产党员林成藩、张晓光、曾庆禄等在坝头华通学校商议成立中共东（东石）坝（坝头）支部，决定在东石灵水、汶水，坝头上南山等地发展党员，并积极联络各地回乡党员。

1927年8月，由中共东坝支部发起召集东石坝头各回乡党员，在东石大屋场树林中召开党员大会，成立中共平远区委，选举林成藩为书记，并派李巴林到梅县向中共梅县部委汇报。根据部委指示，平远区委决定组织农会，领导开展"二五减租"斗争，并在农民运动中发展党员。

张晓光根据区委关于"开展农民运动，在运动中发展党的组织"的决定，在坝头坑背、南山下发展党员，建立党支部。

1928年1月，国民党在平远镇压农民运动，侦缉共产党人和革命群众。张晓光通过亲友关系到梅县隆文中学教书，并在隆文中学党支部过组织生活。7月，隆文中学党组织遭到破坏，学校被迫提前放假。张晓光从此走上职业革命的道路。

张晓光离开隆文中学后，到蕉岭新铺羊古薮参加中共梅县县委扩大会议，会后，被分配做梅县县委秘书工作。

1928年9月，梅县县委成员处于动荡之中，张晓光回到家乡，参与当地党组织的工作。

1929年11月，东江特委向中共广东省委报告，决定蕉岭、平远两县党组织合并为一个县委，并调张晓光到蕉平县委主持工作。随后，张晓光到蕉平边境的徐溪、三坑鸭薮里一带赴任中共蕉平县委书记，与县委其他同志一起，发动农民组织农会，重振革命力量，使蕉平边境的革命活动再次活跃起来。

1930年2月，根据东江特委指示，成立蕉平县革命委员会，赖清芳任主席，张晓光任委员。5月，蕉平县委领导的边境红色区域受到梅蕉平三县反动武装的联合"进剿"，革命力量难以坚持。张晓光多次历险后，经汕头避难至马来亚。

张晓光到马来亚后，流转在吉隆坡、新加坡、印尼等地，以笔耕谋生。直到1949年回国，时间长达20年之久。

1949年5月，张晓光回到平远。时值平远刚解放，正值用人之际。张晓光向县军管会提出请求后留了下来，先在平远中学任教务主任，协助搞冬学、秋征等中心工作。11月，经中共平远县委审查，同意恢复张晓光的党籍。1951年2月，张晓光被调到平远县政府文教科工作。1952年，蕉岭与平远合县，张晓光任蕉平县文教科长。

1954年后，张晓光先后在新华社广东分社、广东省教育厅档案组和图书资料室等从事编辑出版工作。

"文化大革命"期间，张晓光被扣上"叛徒、内奸、国民党残渣余孽"的帽子，于1970年3月下放到英德"五七"干校，半年后回原单位工作。

1979年，张晓光把自己珍藏的1 000多册书捐献给平远中学。1980年，张晓光办理离休手续，享受老红军、厅级干部待遇。1996年5月，张晓光在广州逝世，终年94岁。

曾庆禄

曾庆禄（1905—1931），平远县东石白岭村人。曾庆禄1924年考入广东梅县东山中学，攻读之余积极参加反帝反封建的政治运动，1927年夏参加中国共产党。同年毕业后回到家乡，与外地回乡的中学教师、共产党员林成藩、张昌英等组织成立东坝党支部，曾庆禄任组织委员。

1927年8月，建立中共东石灵水支部，曾庆禄任书记。1928年，他以教书作掩护，以毓秀书院为阵地，开展农民运动，于5月19日组织成立石北乡农民协会，领导农民与地主豪绅开展"二五减租"斗争，发动农民暴动，破仓济贫。1929年春，曾庆禄受聘为毓秀书院校长。1929年3月，在毓秀书院成立中共东石区委，曾庆禄任书记。1929年4月，蕉平红军独立营成立。曾庆禄积极动员热血青年参军。5月，党组织任命曾庆禄为中共平远县委宣传委员。9月，又当选为石北乡苏维埃政府主席。

1930年5月14日，红四军第一纵队分兵平远游击。曾庆禄主持东石区委工作，主动派人到县城与红四军联络，引导红四军进驻东石，并依靠红军力量，开展东石区农民暴动。5月31日，红四军北撤，国民党平远县长罗骏超率部卷土重来。为了保存革命力量，曾庆禄等6月6日率领赤卫队经泗水撤到下坝，与县城撤退的同志会合，后转移到江西丹溪、岑峰一带。此时，他继续担任中共平远县委宣传委员兼县赤卫队第一大队政委职务。

1930年10月，曾庆禄受党组织派遣，前往五兴龙革命根据地。12月，中共五华、兴宁、龙川三县代表大会在兴宁黄陂新村南扒召开，成立五兴龙县委，曾庆禄当选为县委委员，任县委秘书。1931年4月底，他被错杀于兴宁黄陂新村。

中华人民共和国成立后，曾庆禄被评为革命烈士。

李巴林

李巴林（1906—1977），原名李捷桃，平远县东石黄坑角人，中共平远县委首任书记。李巴林1924年考入平远中学，1927年2月，由任平远中学教务主任的中共党员杨广存介绍加入中国共产党。

1927年7月，李巴林初中毕业回到家乡。8月的一天，李巴林、林成藩、曾庆禄、林汉倜等9人在东石大屋场树林中秘密集会，商讨建立平远党组织的大事。这次会议，成立了以林成藩为书记的中共平远区委员会，李巴林被指定负责农运工作。

1928年8月，李巴林召集曾庆禄、林荣贤等人开会，讨论并成立中共平远临时县委，李巴林等3人为临时县委负责人。会后，在平远健全和成立了12个党支部，党员发展到70人。10月，李巴林召集各支部负责人会议，正式成立了中共平远县委，县委机关设在东石毓秀书院，李巴林被选为县委书记。李巴林以石北为根据地，积极组织开展农民运动。

1930年5月14日，红四军分兵平远。17日，成立平远县革命委员会、平远县模范赤卫大队和平远县赤卫队总指挥部，李巴林兼任县赤卫队总指挥。红四军进驻平远18天，平远革命形势迅猛发展。5月31日，红四军撤离平远。为了巩固新生的革命政权，李巴林继续领导各地开展武装斗争。

1931年4月，李巴林被调至五兴龙县委工作。5月某日，敌人包围县委机关，李巴林潜回石正，后回到家中。

当李巴林回到家乡时，适逢蕉岭县委邓崇卯带领20多人秘密驻在东石坳上。李巴林拟随邓崇卯寻找蕉平寻县委，不料，邓崇卯在坳上活动被敌发觉，遭敌围攻，不幸牺牲。从此，李巴林再没有找到党组织。

李巴林在家乡过了6年的幽困生活后，1937年6月至1949年9月，先后在南京、江西、贵州等地铁路、公路、运输部门任职员、出纳、会计等。

1949年11月，李巴林从广州回到家乡，参加了农会。1950年3月由党组织重新吸收参加革命工作，被任命为东石乡乡长。6月，重新入党。1951年4月任东石区副区长。1952年8月，在审干过程中被清洗出党、出队。1977年在家病故，终年71岁。

1982年5月30日，中共平远县委根据上级指示精神，对李巴林的处分给予纠正，"对其原清洗出党、出队的处分改为留党察看一年，按期恢复正式党员，并从行文之日起恢复国家干部待遇，补办病故抚恤"。

黄维耀

黄维耀（1906—1930），平远县河头向阳（原称"太阳"）垂青人，土地革命战争时期平远河头革命斗争活动的主要领导人。

黄维耀少年在河头太阳村学校读书，他对人十分有礼貌，且聪明好学，深受村中父老乡亲喜爱。其父不甘祖祖辈辈受文盲之苦，下决心把黄维耀送到梅县读书，族人也极力赞同，并给予力所能及的资助。黄维耀在梅县读书期间积极追求进步，加入了中国共产党。1927年夏，黄维耀中学毕业后回到家乡河头。

1927年8月，中共平远区委成立后，决定在全县组织农民协会，开展"二五减租"斗争，在农民运动中发展党组织。中共平远区委农运干事李巴林到河头后，首先与黄维耀取得联系并共同研究组织开展农民运动事宜。

黄维耀根据区委指示，串联社会青年黄锦秀、陈维汉、黄焕章等一起参加革命活动，并发展陈学生、张辅高等加入中国共产党。陈维汉、黄焕章在平远中学读书时已加入共青团组织，思想觉悟较高，对家乡开展农民运动非常热心。他们聚会一堂，畅谈东石等地农运形势，讨论开展农运事宜。随后，积极组织成立太阳寨农会，发动群众开展"二五减租"。

1928年春，东石等地的农民运动遭到国民党反动派的破坏，革命形势出现低潮。在这困难时期，黄维耀仍然积极领导河头太阳村的革命活动，当地农民的革命热情依然十分高涨，1928年6月下旬，河头乡农民协会成立，农会会址设在河头新圩博爱药房。农会声势浩大地号召农民加入农会，实行"二五减租"，尝田归农会管理。这年夏天，太阳村农会组织不断发展壮大，活动范围迅速发展到河头田心、双溪、河清等地。

在农民运动中，黄维耀抓住有利时机，积极做好发展党员工作，成立太阳村党支部，黄维耀任书记。

1928年8月，由李巴林召集曾庆禄、林荣贤、黄维耀等在东石松溪小学开会，黄维耀参加会议并汇报了河头革命斗争活动情况。会议讨论吸收一批党员，成立了中共平远临时县委。1928年10月，平远全县12个党支部的代表在东石塔下集会，成立中共平远县委，选举李巴林为县委书记，黄维耀出席了这次会议。

1929年2月，县委书记李巴林与林荣贤到河头指导整顿农会和赤卫队组织，选举陈学生为农会会长，黄锦秀为副会长兼赤卫队队长。赤卫队下设垂青、潭背、杞树坝3个分队。4月，中共平远县委机关由东石毓秀书院转移到河头太阳寨陈学生家中。同时，成立中共河头区委，黄维耀任书记，太阳村党支部书记改由陈学生担任。河头区委下辖河头、中行、八尺等地。5月，河头区委组织动员赤卫队员到蕉平边境的鸭薮里参加红军。

河头农会、赤卫队组织的不断发展壮大，使国民党平远当局十分恐慌。1929年七八月间，国民党平远当局大举"清乡"，县长梁石荪驻河头"清乡"，成立"河头清乡委员会"。他们不问青红皂白，捕去赤卫队员陈维汉、陈星辉、陈瑞荫等人，并残酷地将他们杀害。

为了遏止国民党反动派的残暴，中共河头区委利用绅士饶菊逸在平远的影响，动员饶菊逸支持被害家属上诉，并寻找机会，于11月中旬派出赤卫队在河头到仁居的必经之地西洋地段伏击，镇压了太阳村的国民党走狗陈耀堂，从而迫使国民党平远当局停止了"清乡"。

1929年12月，中共平远县委机关迁到江西丹溪，黄维耀则在河头继续坚持斗争。1930年3月，黄维耀向县委书记李巴林汇报，计划组织赤卫队袭击国民党河头乡公所，除掉乡长刘仁仙，得到李巴林的支持。李巴林还将身佩的手枪交给黄维耀使用。不料，因机密泄露，黄维耀反被国民党河头乡公所捕杀，牺牲时年仅24岁。

中华人民共和国成立后，黄维耀被评为革命烈士。

林钦才

林钦才（1907—1987），平远县东石灵水村人。林钦才幼年家庭贫困，只读了两年半书，即在家务农。1928年春，在共产党员曾庆禄带领下，东石石北兴起农民运动，成立了农会和赤卫队，林钦才担任赤卫队小队长。1930年5月，红四军一纵队进驻平远，5月21日，红四军一纵队派出第一支队开赴东石，协助东石区委开展武装暴动。当红军扩军时，林钦才参加了红军，跟随部队转战福建、江西等地。

林钦才参加红军后，开始在红军二师四团当战士，后提任队长和政治指导员。1932年6月，林钦才加入中国共产党。1934年10月，任团政治处党总支书记，参加了长征。他是突破乌江天险的二十二勇士之一，又是爬雪山第二梯队的勇士。

1935年12月至1948年12月，林钦才先后任红军七十八师政治部组织科科长、二十军政治部总务科科长、担架团团长等职。林钦才参加过平型关战役、淮海战役；1949年1月至1949年8月，在第三野战军军政干部学校学习；1949年9月到广州，接管广州时，他任某部门的接管组长。1949年10月至1958年12月，先后在珠江地委任总务科长，在花县、顺德、粤中任税务局长、科长，在粤中油脂公司任经理，在广州东山区干校任副校长，在海南岛东方农场任场长；1959年1月至1976年8月，先后在佛山专署交通处任副处长，专区邮电局任副局长、党委副书记兼政治处主任等职。1976年9月离职休养，1987年1月逝世，终年80岁。

黄荣章

黄荣章（1908—1931），东石坳上村人。黄荣章少年时先后就读富有学校、铁民学校，1924年考入平远中学，1927年初中毕业。时值中共东坝支部成立，黄荣章在林成藩、曾庆禄等共产党员影响下，接受进步思想，向往革命。不久，林成藩、曾庆禄等人在东石大屋场树林中秘密召开会议，成立中共平远区委，黄荣章被吸收加入中国共产党。

1928年8月，坳上村建立党支部，黄荣章任支部书记。1929年春，东石区委书记曾庆禄以毓秀书院校长名义，聘请黄荣章到毓秀书院任教。黄荣章与曾庆禄等密切配合，一面教书，一面从事革命活动。黄荣章写得一手好字，经常在晚上誊写宣传标语，刻印革命传单，秘密到各地散发张贴，还亲自带领农会会员剪除敌人的电话线，因此遭到国民党当局悬赏通缉。

1929年秋，黄荣章被推荐到东石富有学校教书，他以教书为掩护，串联发动群众，组织成立坳上村农民协会，并积极配合石北村农会，到东石圩一带发动群众开展"二五减租"斗争。

1930年4月上旬，平远县委接到红四军一纵队将分兵平远的通知。4月13日，黄荣章、李巴林、丘展鹏等人在石北曾达光家中开会，研究部署迎接红军的准备工作。突然遭到国民党平远县警中队的包围袭击，丘展鹏被捕，黄荣章等人在群众掩护下得以脱险。5月14日，红四军一纵队进驻平远。5月17日，成立平远县革命委员会和平远县赤卫队总指挥部，黄荣章被任命为县赤卫队政治委员。红四军分兵平远期间，平远县委借助红军力量，开展轰轰烈烈的土地革命运动，建立了完整的县、区革命政权和武装组织。正当如火如荼的农民革命运动迅速开展的时候，红四军一纵队突然接到前委发来的撤离命令。5月31日，红四军一纵队奉命撤离平远，经福建下坝回师闽西，征调北上。红四军北撤后，反动势力疯狂反扑，形势急剧恶化。6月6日，黄荣章与李巴林等率领赤卫队员100多人，由东石撤至泗水，翌日到达下坝。6月16日，离开下坝，进入江西，经吉潭、南桥、留车、岑峰到达丹溪。

1930年6月30日，平远县委在丹溪召开县委扩大会议，调整县委领导，黄荣章被选为县委委员兼县委秘书，并继续任县赤卫队政委。

1930年9月间，兴宁、平远两县的反动武装1 000多人分三路进犯丹溪。黄荣章与李巴林、林汉偶等组织赤卫队反击。与敌激战两天，终因寡不敌众，不得不放弃丹溪，移驻岑峰。10月底，黄荣章率队由岑峰转移到八尺大塘山后奉命返回东石，继续从事革命活动。1931年3月，黄荣章返回留车组织农民武装，在一次战斗中不幸壮烈牺牲。

中华人民共和国成立后，黄荣章被评为革命烈士。

曹进洪

曹进洪（1912—1934），平远县热柘人。曹进洪幼年因家贫过继他人为子，高小毕业后，考进平远中学，半年后，因家贫而辍学。

1928年5月，中共党员邓崇卯、张宏昌等在热柘进行秘密串联活动，在他们的影响下，曹进洪毅然参加革命活动，由邓崇卯介绍加入中国共产党。8月，成立热水乡农民协会，曹进洪任主席。1929年5月，曹进洪与邓崇卯带队夜袭热柘乡公所，收缴长枪10支、子弹300多发，并没收了土豪刘耀合的棉布商店。

1930年5月，曹进洪先后4次率领数百农民进行暴动，没收土豪劣绅的家财。6月6日，在热水完里成立蕉平县革命委员会热水乡支会，曹进洪被选为主席。

1930年6月24日，国民党平远县政府县长罗骏超纠集蕉岭、梅县、平远三县反动武装围攻磜尾村，实行"二光"（杀光、烧光、抢光）政策。在这生死存亡的关键时刻，曹进洪与邓崇卯率领赤卫队发起冲锋，吸引敌人兵力，掩护群众向深山野岭转移。

1931年12月中旬，曹进洪带领赤卫队员辗转到达江西丹溪，坚持与敌人周旋。1932年，曹进洪任赣南挺进队政治委员。1933年2月，曹进洪随罗屏汉从江西赣南来到兴宁新村苏区，被增选为中共兴龙县委委员。6月，他率领几十名战士挺进龙川开辟新的游击区。12月，带领驳壳队先后烧掉由老隆通往铁场的罗坳桥和老隆通往黎咀的河田桥，使老隆交通中断，牵制了国民党军队北上"围剿"中央苏区的兵力。1934年8月12日，在龙川冷水坑反"围剿"战斗中，曹进洪临危不惧，英勇杀敌，在突围中壮烈牺牲。

中华人民共和国成立后，曹进洪被评为革命烈士。

陈玉堂

陈玉堂（1921—1972），平远县超竹樟坑里人。陈玉堂于1944年在梅县东山中学高中毕业。1945年至1947年在平远超竹聚星小学任教。其间，与李颂寿、李发英等共产党员一起从事革命活动，1947年春由李发英介绍加入中国共产党。

1947年下半年，全国解放战争由战略防御转入战略进攻。粤东各地革命武装逐步组建起来，有识之士纷纷加入革命武装，从事艰苦的游击活动。12月，陈玉堂放弃教书职业，参加梅平武工队。

1948年1月5日晚，陈玉堂等武工队员配合地方武装在超竹破仓分粮，解决群众年关困难。

1948年2月16日，独四大队、梅平武工队在大柘出其不意地打了一个大胜仗。事前，陈玉堂受命与姚铁汉分别找到大柘乡公所的林苑如、警察所的姚玉士和自卫中队的陈永水，通过讲明中共的政策，讲清形势，反复做思想工作，促使他们将兵员、武器装备、哨位等内部情况全部提供出来。独四大队根据陈玉堂调查了解的情况，对袭击大柘乡公所等作出周密部署。16日晚，独四大队在武工队的配合下,一举攻破大柘乡公所、警察所、自卫中队,缴获长、短枪80多支。

1948年9月,中共梅兴平蕉边县委任命陈玉堂为梅平区委书记,陈玉堂带领一批骨干到平远开辟新区,发展党员,建立党组织。1948年11月26日,为适应革命形势发展的需要,梅兴平蕉边县委调整为蕉岭县工委和梅兴平边县委,陈玉堂任梅兴平边县委委员,1949年3月任宣传部长。

在全国解放战争转入战略决战的历史阶段后,中共梅平区委大力加强统战工作。根据中共闽粤赣边第一次党代会关于"争取和吸收地方上有威信有影响的公正人士、开明绅士、社会名流等,争取国民党政府中那些中立的动摇人员,通过同乡、同学、老同事、亲戚等关系,直接或间接地和他们取得联系,劝他们多做些有利地方,有利于人民的事"的指示,陈玉堂和梅兴平边县委领导对国民党平远当局军政人员进行细致的背景分析筛选,认为林公顿是原任县长、省参议员,声望高,做好他的工作,有利于策动国民党平远当局党政军警人员起义。1949年3月6日,陈玉堂与陈玉湘找到林公顿原部属凌卫杰,由凌卫杰向林公顿转告武工队要与其接触的意图。3月13日,陈玉堂等按预先约定地点,在东石圩林家祠与林公顿初次接触,通过讲清形势,讲明意图,林公顿表示要尽力为武工队做些有益的事。3月23日,陈玉堂等人直接到林公顿家,要求他帮助解决一批枪支弹药。林公顿二话不说,便将自己用的手枪交给陈玉堂,并答应将林姓自治会的枪弹收集起来交给武工队。不久,陈玉堂又带领武工队员到林公顿家提取自治会的9支驳壳枪和2 700发子弹及林姓祖尝的100多支步枪、鸟枪。陈玉堂还通过林公顿做工作,使国民党平远警察局局长严若寰弃暗投明,与国民党决裂,靠拢共产党。1949年5月21日,中国人民解放军闽粤赣边纵队第一支队直属二、四团奉命解放平远。5月22日，四团、二团和独四大队先后进驻县城仁居，国民党平远警察局局长严若寰率部起义，平远宣告和平解放。

1949年5月26日，成立平远县军事管制委员会，陈玉堂任副主任。6月21日，陈玉堂任平远县人民民主政府县长。正当平远各级党政军组织领导全县人民致力安定社会秩序，发展生产的时候，从淮海战役败退南逃的胡琏残部窜扰平远，各项工作被迫中断。陈玉堂与县党政领导带领军民迅速撤离县城，转移到山区抗击敌人。这时，县内潜在的反动势力如沉渣泛起，四出骚扰，为非作歹，陈玉堂家房屋被烧毁，财物被洗劫一空，亲属40多人受株连遭关押。但陈玉堂仍义无反顾带领平远各区干部领导群众与敌人开展斗争。8月，胡琏残部溃退南逃。9月初，县党政军领导重返县城，平远全境获得完全解放。

1950年2月，陈玉堂到南方大学学习，学习结束后，到丰顺、兴宁参加土改试点工作，先后任土改工作队组长、队长。1950年10月，陈玉堂改任平远县委委员兼附城区委书记。1952年调任兴梅专署粮食局秘书科长。1952年10月，兴梅并入汕头，陈玉堂一直受审查，经历不公正待遇。陈玉堂1959年任中国人民银行汕头中心支行科长，1964年调到中国人民银行梅县中心支行工作。"文化大革命"期间，陈玉堂被扣上"特务""反革命破坏集团骨干分子"的罪名逮捕入狱。1972年6月17日在梅县地区医院含冤去世，终年51岁。

1978年11月30日，中共梅县地区委员会为陈玉堂公开平反昭雪，恢复名誉，并对其家属按政策规定给予抚恤和生活安置。

附录五 历任县委书记、县长简况

1928—2017年历任中共平远县委、蕉平寻县委、蕉岭县委、兴宁县委书记一览表

姓 名	职 务	任职时间
李巴林	中共平远县委书记	1928.10—1930.06
林汉佩	中共平远县委书记	1930.06—1930.09
李巴林	中共平远县委书记	1930.09—1930.12
赵冠鹏	中共蕉平寻县委书记	1931.01—1931.04
梁锡祐	中共蕉平寻县委书记	1931.04—1932.07
陈悦文	中共平远县委书记	1949.05—1950.02
刘 健	中共平远县委书记	1950.02—1952.06
刘连宗	中共蕉岭县委书记（蕉平合县）	1952.06—1954.02
叶雪松	中共平远县委书记	1954.03—1955.05
陈和亭	中共平远县委书记	1955.06—1956.05
	中共平远县委第一书记	1956.06—1958.11
栗恩仲	中共兴宁县委书记（兴平合县）	1958.12—1961.01
刘 京	中共平远县委第一书记	1961.02—1964.05
宋金英	中共平远县委书记	1964.05—1966.04
邢建坤	中共平远县委书记	1970.12—1973.05
冯博明	中共平远县委书记	1974.08—1978.08
杨淦书	中共平远县委代书记	1977.09—1979.02

（续上表）

姓　名	职　务	任 职 时 间
杨　元	中共平远县委书记	1979.02—1982.12
涂麟清	中共平远县委书记	1982.12—1984.05
陈烈锋	中共平远县委书记	1984.05—1988.09
古海燕	中共平远县委书记	1988.09—1989.08
谢荣章	中共平远县委副书记主持全面工作	1989.09—1990.05
巫礼仁	中共平远县委书记	1990.05—1992.08
王珍连	中共平远县委书记	1992.08—1996.05
谢荣章	中共平远县委书记	1996.05—2001.05
陈小山	中共平远县委书记	2001.05—2003.06
黄伟闻	中共平远县委书记	2003.06—2003.11
丘小宏	中共平远县委书记	2003.11—2006.04
肖文浩	中共平远县委书记	2006.04—2011.12
曾尚忠	中共平远县委书记	2011.12—2017.04
宋才华	中共平远县委书记	2017.04—

1930—2018年历任平远县革命委员会主席、蕉平寻县苏维埃政府主席、平远县人民政府县长、平远县革命委员会主任一览表

姓　名	职　务	任 职 时 间
陈学生	平远县革命委员会主席	1930.05—1930.06
李巴林	平远县革命委员会主席	1930.06—1930.12
李大南	蕉平寻县苏维埃政府主席	1931.01—1931.04
赵寿华	蕉平寻县苏维埃政府主席	1931.04—1933.12
陈玉堂	平远县人民民主政府县长	1949.06—1950.02
陈悦文	平远县人民政府县长	1950.02—1952.06

（续上表）

姓　名	职　务	任职时间
曾繁忠	平远县人民政府县长	1955.04—1957.01
陈仁珊	平远县人民政府县长	1957.01—1958.05
	平远县人民政府县长	1961.02—1968.03
李俊宝	平远县革命委员会主任	1968.03—1969.10
邢建坤	平远县革命委员会主任	1970.01—1974.08
冯博明	平远县革命委员会主任	1974.08—1978.08
杨淦书	平远县革命委员会代主任	1977.09—1979.02
杨　元	平远县革命委员会主任	1979.02—1980.12
涂麟清	平远县人民政府县长	1981.01—1982.11
丘志中	平远县人民政府县长	1982.11—1984.05
游宁丰	平远县人民政府县长	1984.05—1985.09
刘永华	平远县人民政府代县长、县长	1985.09—1990.05
谢荣章	平远县人民政府县长	1990.06—1996.05
谢裕炳	平远县人民政府代县长、县长	1996.05—1998.05
陈小山	平远县人民政府县长	1998.05—2002.01
傅学智	平远县人民政府代县长、县长	2002.01—2004.02
江理达	平远县人民政府代县长、县长	2004.02—2006.01
张映平	平远县人民政府代县长、县长	2006.01—2011.01
曾尚忠	平远县人民政府代县长、县长	2011.01—2012.02
梅方权	平远县人民政府代县长、县长	2012.02—2013.07
刘许川	平远县人民政府代县长、县长	2013.07—2017.12
杨　栋	平远县人民政府代县长、县长	2018.01—

后记

平远属原中央苏区县。近百年来，平远革命老区人民在中国共产党的领导下，历经大革命和土地革命战争、抗日战争和全国解放战争时期。在战火纷飞的战争年代，老区人民与国民党反动派进行不屈不挠的斗争，前赴后继，英勇无畏，为夺取中国革命的胜利作出了积极贡献。中华人民共和国成立后，特别是改革开放以来，老区人民弘扬苏区精神，艰苦奋斗，开拓进取，奋发图强，取得了令人瞩目的辉煌成就，平远大地发生了翻天覆地的变化。

2019年是中华人民共和国成立70周年，2021年是中国共产党成立100周年。按照中国老区建设促进会《关于编纂全国1599个革命老区县发展史的安排意见》和广东省老区建设促进会、广东省老区建设办公室关于编纂革命老区发展史的通知精神，中共平远县委、平远县人民政府决定成立《平远县革命老区发展史》编纂委员会，由中共平远县委副书记胡新文任编委会主任，下设编辑部，由平远县老区建设促进会会长谢平、常务副会长马志康分别担任正、副主编。

《平远县革命老区发展史》编纂工作于2018年1月正式启动。编辑部人员根据编纂方案，分工合作，有条不紊地查阅档案，收集资料，走访相关人员，有针对性地对资料进行摘录、

后　记

拍摄、复印、考究。经编辑部全体人员的辛勤耕耘，2019年1月，《平远县革命老区发展史》形成初稿。后经多方征求意见，反复修改，并经中共平远县委党史研究室、平远县人民政府地方志办公室审核，由《平远县革命老区发展史》编纂委员会审定后交广东人民出版社出版。

《平远县革命老区发展史》的编纂主要以《中国共产党平远县地方历史》《平远县志》《平远县军事志》《平远年鉴》及相关档案资料为依据，参考了《平远县党史资料选编》《平远县解放战争史料集》《蕉平寻苏区史料汇编》《中央苏区县——平远》《平远中学校史》等。

《平远县革命老区发展史》由林丙新、张日光负责编纂。其中，序言、第三章、第四章、附录五由林丙新编写，第一章、第二章、附录一、附录二、附录三、附录四、后记由张日光编写。书中的插图、照片由中共平远县委党史研究室、平远县人民政府地方志办公室、平远县博物馆、平远县体育局、平远中学、大柘镇及姚雁、黄新宇、林翔、李程、张日光、黎锴、林庄、吴远松、王瑞荣、冯锡权、刘国浩、李声淦、林广平、肖丁城等提供。

《平远县革命老区发展史》的编纂，得到中共平远县委、平远县人大常委会、平远县人民政府、政协平远县委员会、中共平远县纪律检查委员会的高度重视，得到县委党史研究室、县人民政府地方志办公室、县直各单位及各镇党委、政府的大力支持、配合，在此表示衷心的感谢。

参与《平远县革命老区发展史》初审的县直单位有：县委办公室、县政府办公室、县委组织部、县委宣传部、县纪委办公室、县人大办公室、县政协办公室、县政法委、县发改局、县国土局、县教育局、县科技局、县卫计局、县文广新局、县广播电视台、县体育局、县林业局、县农业局、县水务局、县交通局、县住建局、县供电局、县经信局、县工商质监局、县扶贫办、县旅游局、县社保基金局、县就业局、县中小企业局、县招商局、县公安局、县人民检察院、县人民法院、县司法局、县民政局、县委党校、县商业总公司、县物资总公司、县供销社、县粮食局、县邮政局、县电信局、县移动公司、县人民银行、县税务局、县财政局、县统计局。

参与《平远县革命老区发展史》复审的有：胡新文、肖桂华、陈琼宏、黄钧震、谢平、王志平、王远明、韩园德、林绪远、李程、马志康、丘德尧、肖新民、冯锡煌。

由于本书涉及内容广，时间跨度长，资料收集难度大，加上编辑人员水平所限，难免有错漏或表述不够准确之处，恳请专家学者、老领导、老同志、知情人士和读者批评指正。

《平远县革命老区发展史》编辑部

2019年8月